刘宝存　主编

比较高等教育研究丛书

初编　第 **8** 册

美国大学在亚洲的海外办学研究
——基于对纽约大学的考察

尤　铮 著

花木兰文化事业有限公司

国家图书馆出版品预行编目资料

美国大学在亚洲的海外办学研究——基于对纽约大学的考察
／尤铮 著－－初版－－新北市：花木兰文化事业有限公司，
2022〔民 111 〕
目 6+230 面；19×26 公分
（比较高等教育研究丛书 初编 第 8 册）
ISBN 978-986-518-743-9（精装）
1.CST：高等教育 2.CST：学校管理 3.CST：美国 4.CST：亚洲
525.08　　　　　　　　　　　　　　　　110022082

ISBN-978-986-518-743-9

9 789865 187439

比较高等教育研究丛书
初编　第 八 册

ISBN：978-986-518-743-9

美国大学在亚洲的海外办学研究
——基于对纽约大学的考察

作　　者 尤　铮
主　　编 刘宝存
企　　划 北京师范大学国际与比较教育研究院
总 编 辑 杜洁祥
副总编辑 杨嘉乐
编辑主任 许郁翎
编　　辑 张雅淋、潘玟静、刘子瑄　美术编辑 陈逸婷
出　　版 花木兰文化事业有限公司
发 行 人 高小娟
联络地址 台湾 235 新北市中和区中安街七二号十三楼
　　　　　 电话：02-2923-1455 ／传真：02-2923-1452
网　　址 http://www.huamulan.tw 信箱 service@huamulans.com
印　　刷 普罗文化出版广告事业
初　　版 2022 年 3 月
定　　价 初编 14 册（精装）台币 38,000 元

美国大学在亚洲的海外办学研究
——基于对纽约大学的考察

尤铮 著

作者简介

尤铮，男，北京外国语大学国际教育学院讲师、硕士生导师。中央民族大学教育学学士、北京师范大学教育学硕士、博士。主要从事比较教育、教育政策比较、跨境教育、教育文化史的教学与科研工作。主持校级课题、参与国家级和省部级课题及国际合作研究项目多项，在国内外核心期刊发表学术论文十余篇。

提　　要

　　20世纪80年代以来，跨境高等教育办学快速发展，逐渐形成了西方主导输出、亚洲主导输入的格局。进入新世纪，亚洲国家进一步谋求提高本国高等教育的全球话语权。本研究聚焦美国，从进入亚洲的历程、在亚洲办学的制度化、向亚洲移植的模式要素、在亚洲进行的本土化调适四个方面分析美国大学的海外办学，归纳经验与启发。针对高等教育国际化，世界社会理论指出：教育在全球范围内高度制度化，行动者按照强国教育模式生产并推广全球模型，导致了国家间教育的同质化。由于被动国的误传、创新、差异化接纳，又产生了同质化表面下的制度差异。上述理论主张引导笔者构建了研究框架。

　　研究发现，宗教传播时期以传教士为主的行动者在殖民背景下到亚洲建立教会大学，搭建了美国高等教育向外移植的制度基础；"二战"后，高等教育专业人员和政府官员成为主要行动者；"冷战"结束后，亚洲开始成为海外办学的主要目的地。纽约大学在上述阶段完成了建校、欧洲海外初探、学校品牌塑造，并在新世纪从参与者发展为引领者。

　　美国大学在亚洲办学的制度化首先表现为规模和分布的规律性，52.4%的美国大学海外机构位于亚洲国家；其次体现在亚洲国家的政策具有稳定性，相关国家形成了特定的政策模式。纽约大学代表着来源国母体机构的主流制度原型，其在亚洲办学制度化的过程表现为：获得办学合法性、深度嵌入亚洲制度环境、开展广深兼具的办学活动。

　　对纽约大学的文献分析和关键人物访谈可知，其向亚洲移植的核心内容包括：高等教育理念、高等教育治理模式、本科生为主体的通识教育；并采用"适应—改变—利用"三种与制度环境双向互动的策略。纽约大学的案例结论具有代表性，其倡导的跨校区融合治理、摒弃"主校—分校"的定位已经成为美国顶尖大学海外办学的创新趋势。

　　后发输出型国家有必要深化认识海外办学的风险性、着力打造本国高等教育品牌、利用合理的规约体系保证办学的正确方向，也有必要构建回应本国实践的理论体系，与海外办学探索形成良序合力。

《比较高等教育研究丛书》总序

刘宝存

　　20 世纪 80 年代以来，科学技术突飞猛进，知识经济迅猛发展，国际竞争日趋激烈，经济全球化不断深入，文化多元化趋势增强……世界教育面临前所未有的新形势、新问题和新挑战。为了应对这些新形势、新问题和新挑战，以更好的姿态进入 21 世纪，世界各国无不把教育作为优先发展的战略领域，把教育改革与创新作为应对时代挑战和提高国际竞争力的重要举措，在全球范围内兴起了一场教育改革运动。在如火如荼的全球性教育改革中，世界各国都致力于建构世界一流的教育体系和教育标准，推动教育公平，提高教育质量，改进教学模式和方法，推动教育的国际化和信息化，促进教育治理体系和治理能力的现代化，提升教育为社会经济发展服务的能力，满足社会民众日益增长和个性化的教育需求。与以往的教育改革多聚焦于某一个层次或某一个领域的教育不同，世纪之交的教育改革运动涉及学前教育、基础教育、高等教育、职业教育、师范教育、教育管理、课程与教学等各级各类教育和教育的各个领域，是一场综合性的教育改革，而且迄今已经持续三十多年，但是仍然呈方兴未艾之势。

　　高等教育是一国教育体系中的最高层次，在培养高层次人才、开展科学研究和社会服务、推动国际合作与交流等方面发挥着至关重要的作用。从各国高等教育领域的教育改革看，新自由主义教育思潮成为占主导地位的教育思潮，新公共管理和治理理论被奉为圭臬，追求卓越和效率、倡导分权和扁平化管理、强调公民参与和公共责任，成为高等教育管理的价值取向。世界各国在高等教育中追求卓越，致力于创新人才的培养，特别是培养面向 21 世纪的教师、提高博士生培养的质量成为高等教育改革的重点。为了培养创新人才，各国高等学校在人才培养目标、课程设计、教学模式和方法、教学评价等方面进行改革，本科生科研、基于问题的学习、服务性学习、新生研讨课等以探究能力和实践能力为导向的教学模式和方法风行世界，建构高等教育质量保障体系成为各国的共同选择。在信息技术和全球经济一体化的推动下，各国致力于打造智能化校园，促进信息技术与教育教学、大学治理的融合；致力于发展跨境教育和学生流动，提升高等教育的国际竞争力和影响力。

北京师范大学国际与比较教育研究院是中国成立最早、规模和影响最大的比较教育研究机构，也是比较教育学科唯一的国家重点学科依托机构。该院 1999 年获批首批教育部普通高等学校人文社会科学重点研究基地，2012 年获批教育部国别和区域研究基地，2017 年成为教育部高校高端智库联盟成员单位。该院的使命是：（1）围绕世界和我国教育改革与发展的重大理论、政策和实践前沿问题开展研究，探索教育发展的规律，把握国际教育发展的趋势，为我国教育改革与发展提供理论支撑；（2）为文化教育部门和相关部门培养具有国际视野、通晓国际规则、能够参与国际事务与国际竞争的高层次国际化人才；（3）积极开展教育政策研究与咨询服务工作，为中央和地方政府的重大教育决策提供智力支撑，为区域教育创新和各级各类学校的改革试验提供咨询服务；（4）积极开展国际文化教育交流与合作，引进和传播国际先进理念和教育经验，把我国教育改革发展的先进经验和教育研究的新发现推向世界，成为中外文化教育交流的桥梁和平台。60 多年来，该院紧紧围绕国家战略，服务国家重大需求，密切跟踪国际学术前沿，着力进行学术创新，提升咨政建言水平，成为世界有重要影响的国际与比较教育理论创新中心和咨政服务基地；牢牢把握立德树人的育人方向，创新人才培养模式和方法，成为具有全球竞争力国际化人才的培养基地；充分发挥舆论引导和公共外交功能，深化国际交流与合作，成为中国教育经验国际传播中心和全球教育协同创新中心。

为了总结该院在比较高等教育领域的研究成果，我们以该院近年来的博士后报告和博士论文为基础，组织了这套《比较高等教育研究丛书》。《比较高等教育研究丛书》的各位作者现在已经在全国各地的高等学校工作，成为在比较教育领域崭露头角的新秀。首辑丛书包括十四部，具体如下：

黄海啸　美国大学治理的文化基础研究

陈　玥　中美研究型大学博士生教育质量保障体系的比较研究

翟　月　美国大学非营利管理教育课程设置研究

孙　珂　美国高校创新活动的风险治理机制研究

李丽洁　美国营利性高等教育机构的组织学分析

李　辉　美国联邦政府对外国留学生的监管研究

苏　洋　「一带一路」国家来华留学博士生教育质量监控体系研究

尤　铮　美国大学在亚洲的海外办学研究——基于对纽约大学的考察

肖　军　德国大学治理模式变迁研究

褚艾晶　荷兰高等教育质量保证政策研究

徐　娜　俄罗斯提升国家研究型大学国际竞争力的策略研究——以制度
　　　　变迁理论为视角

郑灵臆　芬兰「研究取向」的小学教师教育研究

朋　腾　俄罗斯高等师范教育人才培养模式变革研究

王　蓉　美国高校服务－学习实践的研究

根据我们的设想，《比较高等教育研究丛书》将不断推出新的著作。现在呈现在各位读者面前的只是丛书的第一辑，在条件成熟时我们陆续将推出第二辑、第三辑……。同时我们也希望在第二辑出版时不仅包括北京师范大学国际与比较教育研究院的研究成果，而且希望将国内外其他高等学校的研究成果纳入其中；不但出版基于博士后研究报告和博士论文修改而成的研究成果，而且希望出版高等学校和研究机构教学科研人员的研究成果，不断提高丛书的质量。同时，我们还希望聆听大家在选题方面的建议。

《比较高等教育研究丛书》的出版，得到花木兰文化事业有限公司的大力支持，特别是杨嘉乐女士为丛书的出版花费了许多心血，在此我谨代表各位作者向她们表示衷心的感谢。

刘宝存

2021 年 11 月 28 日

于北京师范大学国际与比较教育研究院

目

次

图目次

缩略语表

英文缩写	英文全称	中文名
AAUP	The American Association of University Professors	美国大学教授协会
ACE	American Council on Education	美国教育理事会
APQN	Asia Pacific Quality Network	亚太质量网络
C-BERT	Cross-Border Education Research Team	跨境教育研究团队
CCIHE	Carnegie Classification of Institutions of Higher Education	卡内基高等教育机构分类
CITI	Collaborative Institutional Training Initiative	合作机构培训课程
DIAC	Dubai International Academic City	迪拜国际学术城
DKU	Duke Kunshan University	昆山杜克大学
FCGNU	Faculty Committee on Global Net University	纽约大学全球教育体系教工委员会
GATS	General Agreement on Trade in Services	服务贸易总协定
HSR	Human Subjects Research	以人为受试的研究
IBC	International Branch Campus	海外分校
IGC	Incheon Global Campus	仁川全球校园
IRB	Institution Review Board	人学伦理审查委员会
LAU	Lebanese American University	黎巴嫩美国大学
MSCHE	Middle States Commission on Higher Education	中部高等教育委员会
NYUAD	New York University Abu Dhabi	阿布扎比纽约大学
NYUSH	New York University Shanghai	上海纽约大学

OBHE	Observatory on Borderless Higher Education	无国界高等教育观察组织
OECD	Organization for Economic Co-operation and Development	经济合作与发展组织
SAIS	School of Advanced International Studies	约翰斯·霍普金斯大学高级国际问题研究院
SCUPI	Sichuan University-Pittsburgh Institute	四川大学匹兹堡学院
TNHE	Transnational Higher Education	跨国高等教育
TUJ	Temple University, Japan Campus	天普大学日本校区
UNESCO	United Nations Educational, Scientific and Cultural Organization	联合国教科文组织
USAID	U.S. Agency for International Development	美国国际开发署
USDE	United States Department of Education	美国教育部
WCMCQ	Weill Cornell Medical College in Qatar	康乃尔大学威尔医学院卡塔尔分院
WTO	World Trade Organization	世界贸易组织
YNC	Yale-NUS College	耶鲁新加坡国立大学学院

第一章 导 论

第一节 研究缘起

一、研究背景

（一）高等教育国际化的发展前沿

上世纪中叶以来，随着人类站在新的历史起点上对世界格局、国际秩序、国家关系进行深度审思和重构，国际合作逐渐成为民族国家交往的应然和必然状态，经济的全球化和人类现代文明活动的国际化也随之成为不可逆转的趋势。教育同样受到这种时代背景和进程的深刻塑形，时至今日，国际化已经成为高等教育的显著特征和重要职能，诸多国家和大学都在积极采取措施，不断提升高等教育国际化的水平和层次。

一般而言，国际化的策略主要见于：学生和教师的国际流动、课程设置的国际化、构建国际合作伙伴关系、以互联网技术作为工具推动国际合作、远程教育、加盟教育、跨国跨境合作办学、建设海外分校等，[1]在以英美为代表的高等教育发达国家，上述策略得到了普遍应用。上述策略之中，建设海外分校（International Branch Campus，IBC）具有诸多独特性，有别于师生等人员的国际流动、有别于课程和学位项目层面的国际合作、也有别于以互联网为基础的跨境在线教育，海外分校是一个跨境的、完整的、实体的大学机构，开设一

---

[1] 曾满超，王美欣，蔺乐，美国、英国、澳大利亚的高等教育国际化[J]，北京大学教育评论，2009，7(02)：75-102+190。

所海外分校面临的复杂性和挑战性显著高于其他国际化措施。同样由于这种独特性，对于高等教育国际化而言，海外分校所蕴含的价值、体现的程度也高于人员、课程、教学、项目层面上的国际化。

基于此，新世纪以来，海外分校逐渐被越来越多的学者视为高等教育国际化的前沿模式，例如，澳大利亚西澳大学（University of Western Australia）的学者蒂姆·马扎罗（Tim Mazzarol）等在新世纪初期提出，学生流动（第一代）和跨境学位合作项目（第二代）之后，大学到异国市场建设分校、通过信息通信技术（ICT）修读海外学位项目是当前高等教育的新模式（第三代）。[2]近年来，加拿大多伦多大学（University of Toronto）简·奈特（Jane Knight）提出一种新的划分观点，她认为师生流动、合作项目等常见举措是高等教育国际化的第一代；第二代可称为"卫星模式"，指高校在全球范围内建设以联络办公室、研究中心、海外分校等为形式的"卫星办公室"；第三代则是指多国、多主体共同投资建设的国际大学。[3]事实上，奈特所指的第三代国际大学，包括宁波诺丁汉、上海理工中英国际学院等，在国际学术语境下，上述机构也被视为海外分校的一种类型，它与第二代海外分校的显著区别在于不是由输出国单方面举办，而更多地体现着国际合作，办学主体至少是输出国—输入国两方，甚至还有第三方国家的参与。从来源国的视角看，它们仍然被等同于海外分校。因此，可以把上述学者对海外分校概括为高等教育国际化的发展前沿。

与新生事物相伴而生的是问题、挑战、风险，菲利普·阿特巴赫（Philip G. Altbach）曾经指出，海外分校很可能只是昙花一现（Flavor of the Month），但个中存在的办学陷阱，以及由此引发的对母校学术声誉、财务、学生服务等环节的损害可能长期存在。[4]美国教育理事会（American Council on Education，简称 ACE）也曾发出"海外分校是下一个前沿还是泡沫？"（Next Frontier or Bubble?）的疑问。[5]与这种担忧相反的，根据目前两个最具影响力的专门研究机构——美国纽约州立大学奥尔巴尼分校（SUNY-Albany）跨境教育研究团队（Cross-Border Education Research Team，简称 C-BERT）和英

2　Mazzarol T., Soutar G., Seng M. The Third Wave: Future Trends in International Education[J]. International Journal of Educational Management, 2003, 17(3): 90-99.

3　Knight J. International Universities: Misunderstandings and Emerging Models? [J]. Journal of Studies in International Education, 2015, 19(2): 107-121.

4　Altbach P. Why Branch Campuses May Be Unsustainable[J]. 2015(58): 2-3.

5　Green M. Campuses Abroad: Next Frontier or Bubble? [J]. New England Journal of Higher Education, 2009(5): 28.

国无国界高等教育观察组织（the Observatory on Borderless Higher Education，简称 OBHE）——的数据，海外分校在全球范围内一直保持增长：C-BERT 截至 2017 年 1 月的数量为 247 所。[6]OBHE 截至 2017 年 12 月的统计数据为 263 所，同比增长 5.6%。[7]C-BERT 截止 2020 年的数据，这一数量已经来到 306 所。[8]基于数量的变化，海外分校被视为二十一世纪以来跨境高等教育实践中增长最快的部分。[9]数量稳增的同时，也有学者指出海外分校的发展越发成熟，逐渐成为高等教育全球版图中的重要组成部分。[10]因此，对于积极融入高等教育国际化进程、谋求成为高等教育强国的国家而言，应该对海外分校给予充分的重视，并审慎、适时地参与其中。

（二）我国高等教育国际化的迫切需求

改革开放伊始，我国就积极推动高等教育国际化，随着综合国力不断提升、全面开放新格局逐渐形成，我国已经成为高等教育国际化的重要参与者。从积极融入者到重要参与者，这个变革的过程也经历了奈特所归纳的三个阶段：首先是人员的国际流动：邓小平 1978 年 6 月的留学讲话——"我赞成留学生的数量增大……要成千成万地派，不是只派十个八个"——拉开了人员流动的序幕，到今天，我国已经是最主要的留学生源地国之一，也是世界第三、亚洲最大的留学目的地国；[11]其次是中外合作办学项目的出现：随着改革开放的不断深入、人员往来的日益密切，20 世纪 80-90 年代，我国境内开始出现南京大学—约翰斯·霍普金斯大学中美文化研究中心（1986）、延边大学科学技术学院（1992）、上海交通大学中欧国际工商学院（1994）等较早的一批合作办学项目，在这些探新项目的推动下，"中外合作办学"成为我国教育领域的

6　Cross-Border Education Research Team. Quick Facts [EB/OL]. (2017-01-20) [2018-06-06]. http://C-BERT.org/.

7　Observatory on Borderless Higher Education. Abstract of 2017 IBC Report [EB/OL]. (2017-12-06) [2018-06-06]. http://www.obhe.ac.uk/documents/view_details?id=1076.

8　Cross-Border Education Research Team. International Campus Listing[D/OL]. (2021-02-14) [2021-03-27]. http://C-BERT.org/resources-data/intl-campus/.

9　Wilkins S., Huisman J. The International Branch Campus as Transnational Strategy in Higher Education[J]. Higher Education, 2012, 64(5): 627-645.

10　Kinser K, Lane J. International Branch Campuses: Evolution of a Phenomenon[J]. 2016(85): 3-5.

11　新华网，陈宝生：中国已成为世界第三、亚洲最大的留学目的地国[EB/OL]，(2017-10-22) [2018-08-22]，http://www.xinhuanet.com/politics/19cpcnc/2017/10/22/c_129724590.html。

重要学术话语以及教育政策的规范性术语，国家出台了系列政策引导和约束办学行为；当前，我国中外合作办学的规模不断扩大，28 个省级行政区域开设了仅 3000 个合作办学项目，仅北京一地，合作办学机构就达 11 个，合作办学项目达 78 个。[12]此外，高等教育国际化的第三代，海外分校的最新模式——即奈特概括的"国际大学"在我国也有了长足的发展，具有独立法人资格的中外合作办学机构已有 9 所。

然而，在规模稳增的同时，办学层次、质量和方向还有很大的优化空间。首先，中外合作办学成果的层次不高，办学项目占据主导，学院层面的机构次之，真正大学层次的办学机构仍然稀少。教育部的全国高等学校名单显示，截至 2020 年 6 月，在我国境内开设的中外合办大学仅有 9 所（不含港澳台），其中本科层次 7 所、专科层次 2 所。[13]其次，中外合作办学项目的质量还存在一些问题，在已有的本科以上中外合作机构和项目中，教育部依法终止了 286 个，其中不乏因质量问题而被干预终止的情况；第三，国际合作的方向有待优化，作为高等教育新兴国家，我国在国际合作中侧重于引进服务，根据官媒的报道，截止 2018 年 7 月，我国共有 84 所高校开展境外办学，境外办学机构和项目共 128 个。[14]经过教育部审批的境外办学机构仅 3 个、境外办学项目 92 个，[15]可见，引进和输出之间存在较大不平衡，高等教育国际贸易长期处于逆差。

在"一带一路"倡议、深入推进"世界一流大学和一流学科"建设等新时代的背景下，在我国在从质和量两个方面建设全世界增长最快的高等教育体系的今天，[16]上述问题阻碍了我国高等教育国际化的良序发展，因而，提高办学层次、优化办学质量、平衡合作方向成为了可为的方向。2017 年 9 月，深圳北理莫斯科大学举办开学典礼，中国国家主席习近平和俄罗斯总统普金向学校致贺电，两国领导人指出教育合作是中俄全面战略协作伙伴关系的重

---

12 教育部中外合作办学监管工作信息平台，教育部审批和复核的机构及项目名单 [D/OL]，（2021-05-20）[2021-09-02]，www.crs.jsj.edu.cn/aproval/getbyarea/1。

13 教育部，全国高等学校名单[EB/OL]，（2020-06-30）[2021-09-02]，http://www.moe.edu.cn/srcsite/A03/moe_634/201706/t20170614_306900.html。

14 姜泓冰，高校境外办学研讨会举行[N]，人民日报，2018-07-04。

15 教育部教育涉外监管信息网，境外办学的现状如何？[EB/OL]，（2014-04-24）[2018-07-08]，http://www.jsj.edu.cn/n2/12068/12070/388.shtml。

16 [美]柯伟林，谢喆平译，中国世纪？——高等教育的挑战[J]，清华大学教育研究，2014，35(03): 1-8。

要组成部分。[17]2018 年 3 月，海外分校的新闻再次出现在《人民日报》头版，北京大学英国启动校区被誉为"中国高等教育发展的一个重要里程碑"。[18]这意味着，一方面着力举办实体性质的大学，提升中外合作办学的层次，另一方面积极"走出去"，平衡合作办学方向成为新时代赋予我国高等教育的新使命，纵观国际经验，举办海外分校正是有效路径之一。

但是，对于我国而言，海外分校还是新生事物，仍然处于探索阶段，已经走出去的项目还有诸多问题需要厘清，办学现状和可期成果都还不明朗。加之已有研究普遍指出海外分校存在高风险性和特殊性，因此，还需要对相关理论和实践问题开展深入的研究，也有必要吸收国际领域海外分校先行者的经验。

（三）美国具有重要的研究价值

根据约翰·布鲁贝克（John Brubacher）的观点，大学的任务包括传递、批判、分析、探索知识和学问，完成这些任务对应着两种哲学基础：一是为国家解决问题提供服务的政治论哲学；二是以追求知识为目的的认识论哲学。[19]美国大学海外分校所具备的研究价值也蕴含在这两种哲学基础之中。

从政治论的角度，研究美国大学海外分校能够为我国大学"走出去"提供有益的参考。海外分校与国家战略具有紧密的内在关联，是国家软实力的体现和文化传播的有效途径，推动我国高校海外办学是对接"一带一路"倡议、助力"双一流"建设、提升"文化自信"、传播中国文化、提高国际影响力、积极参与全球治理的有效举措。基于此，我国越来越多的高校开始拓展海外办学空间，并将之作为提高学校水平、参与国际竞争的策略。[20]北京大学、苏州大学、厦门大学等已经成为先行者。但整体而言，政策上，适用于走出去办学的政策仍然处在探索阶段，截止 2019 年 9 月，仅由专业学会发布了《高等学校境外办学指南》，[21]政策体系仍有待完善；实践上，我国高校海外办学数量

17 新华社深圳，习近平同俄罗斯总统普京分别向深圳北理莫斯科大学开学典礼致贺辞[N]，人民日报，2017-09-14(01)。

18 盛玉雷，喜看中国教育"走出去"[N]，人民日报，2018-03-30(01)。

19 [美]约翰·布鲁贝克，王承绪等译，高等教育哲学（第 3 版）[M]，杭州：浙江教育出版社，2001：13-15。

20 鄢晓，我国高校境外办学的动因分析和对策建议[J]，高校教育管理，2016，10(03): 66-70。

21 2002 年，教育部曾出台《高等学校境外办学暂行管理办法》，但在 2015 年被废止。2019 年出台的指南，由中国高等教育学会在教育部的指导下研究制定。

非常有限、形式比较单一、国际声望较低。因此，为了探索行之有效的"走出去"策略，有必要系统研究成熟国家的海外办学战略和经验，而美国是一个理想的研究对象。

从认识论的角度，海外分校代表着高等教育国际化的最新前沿和较高层次，因而，围绕海外分校的相关问题值得深入研究，这将有助于进一步丰富高等教育国际化、跨境高等教育、大学组织变迁等领域的知识。选取美国为研究对象主要是基于下述考虑：

首先，美国是国际公认的高等教育强国，[22]海外办学的版图也深刻地体现着美国优势，美国大学海外分校具有起步早、规模大的特征。起步方面，美国大学海外分支机构起源于上世纪中叶，20 世纪 80 年代，符合当前定义的美国大学海外分校进入快速发展期，目前美国已经成为全球最大的海外分校输出国。[23]数量上，C-BERT 截至 2020 年 11 月的统计显示，美国一共建设了 86 所海外分校，地理版图遍布全球五大洲的 35 个国家和地区，详情如表 1.1 所示。

表 1.1　美国大学海外分校的地理和数量分布（C-BERT2020）

大洲	机构数	国家/地区数	国家/地区及数量
亚洲	38	9	中国 16；卡塔尔 6；阿联酋 5；新加坡 4；韩国 2；日本 2；泰国 1；印度 1；黎巴嫩 1
欧洲	26	16	法国 3、西班牙 4、德国 2、意大利 3、英国 2、瑞士 2、荷兰 1、奥地利 1、斯洛伐克 1、匈牙利 1、克罗地亚 1、俄罗斯 1、阿尔巴尼亚 1、捷克 1、希腊 1、波兰 1
北美洲	18	7	加拿大 8、墨西哥 4、圣卢西亚 2、尼加拉瓜 1、哥斯达黎加 1、巴拿马 1、多米尼加 1
非洲	2	2	卢旺达 1、加纳 1
大洋洲	2	1	澳大利亚 2
总计	**86**	**35**	

（笔者根据 C-BERT 的数据整理。Cross-Border Education Research Team. International Campus Listing [D/OL], (2021-02-14) [2021-03-27], http://C-BERT.org/resources-data/intl-campus/.）

---

22 武毅英，朱淑华，美国高等教育由大变强的特征及启示[J]，现代教育管理，2011(03)：109-113。

23 王璞，美国大学海外分校全球扩张历史和战略研究[J]，比较教育研究，2017，39(01)：17-23。

其次，美国大学的海外分校发展到今天也经历了曲折的历程。随着向外扩张速度的加快，海外分校失败关停的案例也逐渐增多，C-BERT 的数据显示，1998 年至 2017 年，全球范围内关停的 41 所海外分校中美国占 25 所。一个典型的案例是，上世纪 90 年代初期，在世界贸易组织（World Trade Organization, WTO）倡导国际教育贸易服务的背景下，美国高校开始向日本扩张。特殊的历史机缘使得这部分学校的办学裹挟着浓厚的商业性质，也使得日本政府对此类教育活动保持着非常谨慎的态度。[24]加之美国大学普遍采取单方面输出的办学举措，长期得不到日本文部省的官方认可，因而在五年之间关停了近 30 所。[25]日本的经历对美国大学之后的海外扩张产生了重要影响，此后，目标单一、方式简单、重视商业效率等问题开始引起了重视。

概言之，相对较长的发展历史、世界领先的规模、以及日本经历之后的策略修正，这些事实在一定程度上从正反两个方面反映着美国积累了相对成熟的经验。因此，研究美国是在教育国际化背景下深入认识海外分校的必要功课。此外，美国大学的海外分校已经进入相对稳定的状态，仍会保持一定的增长率，但不会再出现急剧的发展和变革，[26]这使得本研究处于一个较为理想的时机。

（四）聚焦亚洲和纽约大学的价值

本研究关注美国大学在亚洲国家和地区的办学情况，聚焦亚洲，以纽约大学（New York University）为案例，主要有以下三个方面的考虑：

首先，当前的研究表明，亚洲已经成为全球范围内高等教育海外办学机构的最大聚落，除了美国之外，其他西方国家的大学也在亚洲开设了诸多海外机构或项目。从上世纪末至今，西方国家到亚洲国家办学已经成为高等教育海外办学最主要的趋势和特征，具有显著的制度规律性和稳定性，短时间内不会出现变化。结合当前办学的地理格局，高等教育海外办学主要在北半球国家之间流动，全球"南北差距"的大环境下，南美大陆和非洲大陆尚缺乏稳定的政治环境和经济基础支撑西方国家主导输出的海外办学活动。因此，可以预见，在

---

24 吴蔚芬，外国大学日本分校的研究与启示[J]，比较教育研究，2005，(10): 86-90。

25 叶林，美国大学在日分校的历史、现状和将来[J]，清华大学教育研究，2005，(01): 27-33+57。

26 Crist J. U.S. Universities and International Branch Campuses[J]. International Enrollment Management Spotlight Newsletter, 2017, 14(01): 1-7.

未来很长时间内，亚洲仍然是海外办学的最大输入地。

其次，美国高等教育海外办学的历程表明，在其他地区的办学往往具有地缘政治的色彩，海外办学很大程度上成为国与国外交关系的组成部分，先后表现出较为突出的宗教属性、政治属性、经济属性。例如，美苏"冷战"期间，美国大学主要集中在欧洲地区美国阵营的国家办学；又如，在中美洲加勒比沿海国家办学，有赖于地理、移民等条件的推动。"冷战"结束后，亚洲国家的经济崛起催生了对高等教育更高的需求，随着美苏争霸政治阵营的藩篱被打破，以及美—亚双方长时间的合作磨合，美国高等教育机构在亚洲地区的办学进一步回归教育属性，同时表现出多元特性。综上两点，研究亚洲地区的办学情况，一方面有助于把握当前美国高等教育海外办学的主要特征、趋势和规律，能够提高研究的制度意义；另一方面，当前高等教育海外办学的教育意义和学术意义都更加凸显，有助于从教育和办学运行的角度挖掘有价值的信息。

第三，纽约大学在当前开展海外办学的美国大学中，具有一定的代表性和特殊性。纽约大学的海外发展路径深刻反映了不同历史时期美国高等教育海外办学的宏观特征和规律。"冷战"时期，纽约大学作为最早走出国门的美国大学之一，在欧洲建立了两个海外学术中心；20世纪末，在海外办学全面发展的背景下，纽约大学重新启动海外发展策略；进入新世纪，纽约大学确立了在全球范围内开设海外机构推动学校发展的国际化战略，随后快速进入亚洲国家，并在阿联酋和中国建立了两所综合性海外实体大学，办学活动的深度和广度走到了美国同行的前列，从参与者转变为引领者。近几年来，纽约大学和其他美国顶尖大学一道，引领着海外办学的模式创新和质量提升。选取纽约大学作为案例，既能够以小见大，从一个侧面了解美国大学海外办学的历史和特征，又有助于了解美国大学海外办学的创新前沿。

二、研究问题

根据世界文化地理的区域划分，欧洲、北美洲、南美洲、大洋洲共同受到西方文化及其衍生文化的影响，[27]相较而言，亚洲国家与美国的文化差异更大。在亚洲的美国大学海外分校中，主要聚集的中国、阿联酋、新加坡等国家分属东亚文化区、阿拉伯文化区、东南亚文化区，[28]也具有各自的文化

---

27 邓辉，世界文化地理[M]，北京：北京大学出版社，2010：36-42。

28 邓辉，世界文化地理[M]，北京：北京大学出版社，2010：40-41。

特质，存在较大的文化差异。然而，在洲际和洲内文化差异较大的背景下，亚洲仍然成为美国大学海外办学的最大聚落。基于此，围绕美国大学和亚洲国家的深度互动，本研究将剖析这一现象背后的诸多问题。

新制度主义的重要流派——世界社会理论为全球化时代的教育研究提供了良好的视角。世界社会理论认为，全球化的成本高昂，但是专业行动者（个人、组织、国家）仍然不惜积极生成并推广教育的制度模式，推动了教育在全球范围内的制度化；模式推广过程中，强国教育政策常被其他国家模仿和移植；强国的教育制度要素也在推广过程中不断结合所在国家进行调适，继而生成了同质性和异质性共生的世界秩序。从上述理论主张出发，笔者将美国大学视为强国教育政策的制度原型，将美国大学的海外办学视为强国教育制度的扩散，进一步分析：哪些行动者在怎样的历史条件下推动美国大学进入亚洲；美国大学在亚洲的海外办学表现出哪些制度化特征；美国大学向亚洲输出的高等教育模型有哪些要素；美国大学结合所在国进行了怎样的调适。

本研究以纽约大学为案例，在美国的整体背景中分析纽约大学走向海外、尤其是走向亚洲国家的行动者、关键历史节点、制度化表现，聚焦纽约大学的模式输出和本土调适，并进一步讨论其代表的在亚洲办学美国大学的共同特征和普遍规律。上述研究内容整合为四个研究问题：

1. 在不同的历史阶段，**哪些特定条件和行动者推动了美国大学进入亚洲国家？**推动美国大学进入亚洲国家的关键行动者有哪些；怎样的历史条件驱动美国大学来到亚洲；在美国高等教育海外办学不同的历史时期，纽约大学的海外发展情况如何。

2. **美国大学如何在亚洲国家形成制度化的海外办学？**美国大学在亚洲国家的制度化特征有哪些？亚洲国家形成了怎样的政策环境；纽约大学在这一背景下的表现如何。

3. **美国大学在亚洲输出的高等教育核心要素有哪些？**以纽约大学全球教育体系为例，在阿联酋阿布扎比和中国上海采取了哪些体现母校高等教育模式的办学方式；移植和复制办学模式的路径是什么；纽约大学的代表性怎样。

4. **美国大学如何在亚洲国家进行本土化调适？**以纽约大学全球教育体系为例，在阿联酋阿布扎比和中国上海进行本土化调适的策略和内容是什么；本土调适产生了怎样的办学效应；纽约大学的代表性怎样。

三、研究意义

理论的层面，从世界社会理论的角度，本研究将挖掘不同历史阶段推动美国大学进入亚洲国家的重要背景和关键行动者，分析美国大学在亚洲办学的制度化过程，结合美国大学模式的亚洲移植和本土调适，提炼具有理论意义的普遍模式和规律。当前，海外办学的研究具有一定松散性，尚未形成能够有效回应海外分校实践现状和发展需求的理论，美国大学移植的核心内容是什么？调适的策略和内容有哪些？这些问题均存在较大的研究空间。本研究将尝试在该方面取得一定突破，藉此提升研究的理论价值。

实践的层面，在对四个主要问题进行剖析的过程中，研究还将涉及美国政府和母校相关政策、母校决策过程、办学运行过程等实践知识，这首先是对美国大学在亚洲海外办学实践经验的总结，从中生成的知识，能够对正在积极探索走出去的、以中国为代表的高等教育新兴国家和后发型输出国家提供若干有价值的借鉴和参考。

概言之，本研究的意义集中体现在美国高等教育海外办学、亚洲区域的制度性特征、纽约大学的独特性等方面，研究背景的部分已经从认识论和政治论两个方面进行了阐述，简言之就是将美国大学海外办学的策略与经验作为一种知识，在已知知识的基础上，进一步发掘未知知识，丰富高等教育海外办学研究领域的知识体系，在理论上形成一定创新。同时，为我国等后发输出型国家的高等教育走出去提供有借鉴意义的价值。本研究在反思的部分，结合研究发现和结论进一步讨论了创新性。

第二节　核心概念界定

一、相关术语

当前，海外分校是高等教育海外办学中最主要的部分，本研究以"海外分校"和"International Branch Campus（IBC）"为起点关键词，通过对国内外已有研究的检索，发现围绕该话题的常见概念和术语包括：高等教育国际化、跨国高等教育、跨境高等教育、无国界高等教育、海外分校、国际分校、国外分校、离岸分校等，对应的英文术语分别是：Higher Education Internalization、Transnational Higher Education、Cross-Border Higher Education、Borderless Higher Education、Overseas Campus、International Branch Campus、Abroad

Campus、Offshore Campus。根据上述词汇的内涵和实质，可将这个概念集群归纳为表 1.2。

表 1.2　海外分校相关概念的层次关系

问题层次	概念/术语
Level-1 ⇩	高等教育国际化
Level-2 ⇩	跨国/境高等教育（无国界高等教育）、中外合作办学
Level-3 ⇩	海外分校（国际分校、国外分校、离岸分校）

（来源：笔者自制。）

　　首先，高等教育国际化是涵盖性术语，在这些概念层次关系中处于统合的位置，可以理解为一种过程、状态或者目标；其次，跨境、跨国、无国界属于同义概念，居于层次二，是高等教育国际化的表现形式之一，也是实现层次一的策略和措施。在我国的语境下，中外合作办学与跨境教育居于同一个层次；第三，海外、国际、国外、离岸，它们的所指是一致的，居于层次三，是跨境教育的具体形式之一，是层次关系中的下位概念。层次 1 到 3 具有包含关系，层次 3 到 1 是从策略/实践到目标/概念的实现过程。

二、概念界定

　　关于"海外分校"与"International Branch Campus（IBC）"的界定，有研究团队和学者对此直接下了定义，更多的学者采取特征描述的方式框定一所海外分校应该具备的要素。相关定义和特征描述在不同时期存在发展和演变的关系。

　　玛丽莲·吉尔罗伊（Marilyn Gilroy）认为海外分校是一所大学在他国举办的高等学校，由母校负责监督和管理。[29]斯蒂芬·吉莱斯皮（Stephen Gillespie）认为，与一般意义上的海外学习项目不同，海外分校给学生提供的是完整的四年制大学教育，[30]这意味着，海外分校学段完整、授予学位、与母校紧密关联。而"学段的完整性"和"学位授予"也成为定义变迁的焦点所在。例如，2009年 OBHE 的定义是"一所位于他国的、具有办学实体的高等教育机构，由输

---

29 Gilroy M. Colleges Going Global by Establishing Campuses Abroad[J]. The Hispanic Outlook in Higher Education, 2009, 19(18): 24-25.

30 Gillespie S. The Practice of International Education in The Context of Globalization: A critique. Journal of Studies in International Education[J]. 2002, 6(3): 262-267.

出国的大学进行管理，学生至少获得一个由输出国家认证的、输出大学授予的学位。"在此基础上，2012 年将仅提供一段海外学习经历、不授予学位的海外办学点也纳入海外分校的范畴。[31]但此后，OBHE 再次将定义的核心聚焦于"学位授予"，剔除了非学位的海外学习项目。

2015 年，OBHE 主席理查德·加内特（Richard Garrett）指出，海外分校"具有完整的实体校址，有自己的机构名称；开设学位项目，有学位授予的资格；学生在该校能完整地修读一个学位，而不是学位项目的部分阶段或仅在此参加短期课程；是一所外国高等教育机构的分支，而不是纯粹的本国高等教育机构。"[32]延续加内特的逻辑，2016 年，OBHE 和 C-BERT 合作提出了海外分校的最新定义并沿用至今，"一个以外国教育机构命名的大学，学校所有权归属于（或至少部分）该外国教育机构，具有办学实体、提供完整的学术项目，最终由该外国机构授予学位。"[33]

由于 OBHE 和 C-BERT 统合了研究海外分校的一批主要学者，因此他们的定义在当前的研究中得到了普遍采用。同时，也有一些学者结合研究需要做了补充，例如，斯蒂芬·维金斯（Stephen Wilkins）和杰伦·惠斯曼（Jeroen Huisman）补充道，海外分校的教学方式必须是"面对面"的线下教育。[34]大卫·斯坦菲尔德（David Stanfield）提出分校和母校之间保持紧密关联也是一个重要特征。[35]苏洋等人对"实体"进行了补充，认为其外延比较宽泛，包括完整的校园、某几个教学研究场所，甚至可以是几个房间。[36]

可以发现：一方面，对于海外分校没有一个准确的规定性定义；另一方面，当前更为通行的海外分校定义是一系列特征的描述。杰森·莱恩（Jason Lane）

31 Lawton W., Katsomitros, A. International Branch Campuses: Data and Developments [R]. London, United Kingdom: The Observatory on Borderless Higher Education, 2012: 3.

32 Garrett R. Indian Business School Becomes Australian!? The Latest on International Branch Campuses of Indian Universities [EB/OL]. (2015-01-22) [2018-07-08]. http://www.obhe.ac.uk/documents/view_details?id=1021.

33 Garrett R., Kinser K., Lane J., Merola, R. Success Factors of Mature IBCs, 2017[R]. London, United Kingdom: The Observatory on Borderless Higher Education, 2017: 71.

34 Wilkins S., Huisman J. The International Branch Campus as Transnational Strategy in Higher Education[J]. Higher Education, 2012, 64(5): 627-645.

35 Stanfield D. International Branch Campuses: Motivation, Strategy, and Structure[D]. Boston, the United States of America: Boston College. 2014: 25.

36 苏洋，赵文华，世界一流大学发展海外分校的特征与启示[J]，教育发展研究，2013(23)：33-38。

和金凯文（Kevin Kinser）曾指出，海外分校既简单又复杂，一言蔽之，它就是一种建在海外的授予学位的高等教育机构，但实际情况往往复杂得多，各分校的建设方式、权属、学术治理、财务、法律身份都存在较大差异，因而还难以对其下一个单一的通行定义。[37]他们也指出，对于学术研究而言，无论是将研究问题操作化还是提出政策建议，界定海外分校的概念都是必要的。

（一）海外分校

采用"特征描述"的方式，本研究认为，一所海外分校应该满足下列标准：①一所大学在其他国家开设的办学机构，可以单独建设，也可以与当地大学合作建设；②名称含有母校的元素；③具有实体且相对独立的办学场所；④是一所大学或者校属二级学院，而非没有实体的办学项目；⑤得到所在国政府的认可；⑥具有独立而完整的学制和课程体系；⑦具有学位授予的资质，学位授予方是输出的母体机构、或者海外办学机构自身；⑧母体机构与海外办学机构保持关联和合作。

本研究以"海外分校"为切入点，此外，需要厘清的核心概念还包括海外办学、纽约大学全球教育体系：

（二）海外办学

海外办学是一国高等教育机构在其他国家办学行为的统称，本研究的主题是美国大学在亚洲国家的海外办学。高等教育海外办学的形式和类型多样，可以分为学位授予型和非学位授予型两个大类。学位授予类是当前研究的主要内容，也是本研究的关注重点。学位授予类中又可以分为实体性、非实体等类别。需要指出的是，本研究聚焦于实体性、学位授予型的机构，以更好地厘清海外办学形成一种全球制度的现象。在海外办学的诸多形式中，海外分校是主体部分和增长最快的部分，当前针对该领域的研究大多以海外分校为切入点。

（三）全球教育体系

全球教育体系是纽约大学对其海内外学校建设架构的概称，英文为"Global Network University"，包括纽约大学在美国、阿布扎比、上海的3个主校区（Main Campuses）和12个全球学术中心（Global Academic Centers）。

---

37 Lane J., Kinser K. Five Models of International Branch Campus Facility Ownership[J]. International Higher Education, 2013, 70: 9-10.

其中，三个主校区均为所在国的独立法人单位，有健全的学科专业布局和独立的学位授予资格；12 个学术中心则以海外学习交流为主，不具备授予学位的资格。全球教育体系一共覆盖六个大洲、12 个国家和地区的 15 座城市。亚洲有两所实体大学和一个学术中心，是全球教育体系中的战略高地。本研究以纽约大学的全球教育体系为重点案例，主要分析了阿布扎比、上海两所海外实体大学的建设情况。以对纽约大学的案例研究发现为基础，进一步讨论了纽约大学的代表性、归纳了具有普遍性的规律和特征。

第三节　文献综述

阅读文献发现，许多以"跨境高等教育"和"Cross Border Higher Education"为主题的研究，均在一定程度上分析了海外分校的相关问题，海外分校在跨境高等教育研究中的被关注度和重要性不断提升。因此，本研究的文献综述分为"跨境高等教育研究"和"海外分校研究"两个主题，前者为辅，后者为主，注重两个部分的衔接和关联，两大主题下综述了若干子问题。

一、跨境高等教育研究

（一）跨境高等教育的理论研究

1. 定义

2002 年，欧洲理事会（Council of Europe）将跨国高等教育（Transnational Higher Education，简称 TNHE）定义为在高等教育的各类学习项目、课程、教育服务中，学习者所在地与教育提供机构不在同一个国家。[38]2006 年，联合国教科文组织（United Nations Educational, Scientific and Cultural Organization，简称 UNESCO）和亚太质量网络（Asia Pacific Quality Network，简称 APQN）认为，跨境教育指一国的教育活动全部或部分来源于其他国家，是国际高等教育的一种形式。在这一语境下，进行跨国流动的不再是学生，而是教育机构和项目。[39]2008 年，经济合作与发展组织（Organization for Economic Co-operation and Development，简称 OECD）指出，跨境高等教育

---

38 Europe Council. Code of Good Practice in the Provision of Transnational Education[J]. Centre for Policy on Ageing, 2002(93): 4.

39 Davies T., Wong W. UNESCO-APQN Toolkit: Regulating the Quality of Cross-Border Education[R]. Bangkok, Thailand: UNESCO Bangkok, 2006: 7.

是学生、教师、项目、机构、课程材料的跨国流动，形式和内容多样，路径和载体有线上和线下两类。[40]

上述定义随着跨境高等教育的发展不断完善和丰富，欧洲理事会的定义点名了异国提供方、教育活动这两个基本要素。UNESCO 和 APQN 将机构和项目的流动明确为关键点。在这之后，OECD 与世界银行（World Bank）的定义将范畴进一步扩大，并增加了对实现路径的描述。现有相关研究普遍采纳 OECD 和 World Bank 的定义，认为人员、项目、机构在线和实体的跨国流动均为跨境高等教育，但实践中，跨境高等教育的重心已从学生流动转为项目和机构的流动，[41]所以 UNESCO 和 APQN 的定义，即机构的流动才是当前研究关注的主要内容。本研究所关注的海外分校正是机构流动的一种。

2. 类型

关于跨境教育的类型，奈特归纳了五种：海外分校（Branch Campus）、海外独立机构（Independent Institution）、海外收购/合并（Acquisition/Merger）、学习中心/教学点（Study Center/Teaching Site）、附属机构和合作网络（Affiliation/Networks）、虚拟大学（Virtual University）。[42]奈吉尔·希利（Nigel Healey）补充指出了远程教育（Distance Education）、特许项目（Franchise）、学位认可项目（Validation）等类别，并指出，随着跨境教育的维度越发多元、各类办学的活动之间的边界越发模糊，传统的分类模式已经不能回应当前的现实。通过在线社交媒界领英（LinkedIn）对具有海外分校工作经验的人员进行访问、分析英国高等教育质量保障署（QAA）审计报告，以母校的声誉保护为视角，希利提出了风险分析的六个维度：构成（Composition）、结构（Structure）、功能（Function）、范围（Scope）、过程（Process）、成果（Outcome）。构成指合作方的性质，包括大学、企业、政府部门等；结构指合作方的数量，包括双边、多边等；功能是学校的使命定位，常见的有三种：提升母校国际声誉、构建输入国的高等教育能力、商业利益；范围指课程、学位的层次和类型；过程指目标实现的方式，即人员和资源配置的方式；结果指双方是否形成了长

---

40 Stéphan Vincent-Lancrin. Building Capacity Through Cross-Border Tertiary Education[R]. Paris, France: OCED, 2008: 4.

41 张进清，跨境高等教育研究[D]，重庆：西南大学，2012: 138。

42 Knight J. Borderless, Offshore, Transnational and Cross-border Education: Definition and Data Dilemmas[R], London, United Kingdom: The Observatory on Borderless Higher Education, 2005: 13-15.

期的双赢关系，还是仅共同举办教育项目。[43]希利的核心观点是，通过上述六个维度分析跨境教育伙伴关系的风险层次，比传统的简单分类更有意义。

采用同样的方法，希利和露西·迈克尔（Lucy Michael）提出了研究和认识跨境教育的三维框架：目标学生群体（招生面向的范围）、专业设置（单一学科还是多元学科）、教学与研究工作的关系（研究导向还是教学导向）。[44]他们认为，在新自由主义的背景下，这个框架有助于更好地分析跨境教育的组织形式和变革方式，从而更好地理解跨境教育实践。厘清这些问题也是规划和发展跨境教育的关键所在。

林金辉关于跨境教育分类的观点是：按照政府管制形式，包括无管制型、宽松型、严厉性三类；按照项目或机构性质，可分为公立性项目、私立性项目、公私立项目三类；按照办学形式，有合作办学（课程衔接、特许项目、合作办学机构）、独立办学（分校、离岸教育机构、远程学习、虚拟大学）两类。[45]可以看到中外学者对于分类既有共同点也有不同的侧重点。

此外，奈特和希拉特·莫什迪（Sirat Morshidi）关注了区域教育枢纽（Regional Education Hubs）的分类。他们认为许多跨境教育的输入国家正在积极构建区域教育枢纽，以提升本国的教育综合实力和区域影响力。通过对中东和东南亚六个国家和地区（阿联酋、卡塔尔、巴林、新加坡、中国香港、马来西亚）的研究，他们以目标指向为依据，归纳了教育枢纽的三种类型：学生枢纽、培训和技能型劳动力枢纽、知识和创新枢纽。[46]从输入国的角度为跨境教育研究提供了一些积极的启发。

3. 分析视角

王剑波关注经济全球化时代的教育主权理论，他认为发展中国家在跨境高等教育中处于相对劣势，就我国而言，曾经在教会大学广泛发展的阶段经历教育主权旁落的问题，因此，有必要认真对待教育主权这一核心概念，整体上守住有利于我的总原则。[47]赵丽指出，跨国高等教育办学受到国际教育

---

43 Healey N. Towards A Risk-Based Typology for Transnational Education[J]. Higher Education, 2015, 69(1):1-18.

44 Healey N., Michael L. Towards a New Framework for Analysing Transnational Education[J]. Higher Education Policy, 2015, 28(3): 369-391.

45 林金辉，中外合作办学教育学[M]，厦门：厦门大学出版社，2011：67-73。

46 Knight J, Morshidi S. The Complexities and Challenges of Regional Education Hubs: Focus on Malaysia[J]. Higher Education, 2011, 62(5):593-606.

47 王剑波，跨国高等教育理论与中国的实践[D]，上海：华东师范大学，2004：101。

服务贸易理论和国际市场进入模式理论的影响，尤其是比较优势和新自由主义等言说。进入模式分为相似和相异两类区域。[48]理论之外，张进清从实践的角度分析了跨境高等教育的发展趋势，包括关注点聚焦于质量保障和国际质量标准构建等。对我国而言，实施高等教育"走出去"战略，加快中国高校境外办学成为了必然的诉求。[49]该研究还得出偏好跨境远程教育、价值取向偏向于贸易等论点，但从当前更普遍的实践看，上述特征并不显著。相对而言，国内学者对基本理论视角给予了更多地关注和讨论，而国际学者对此的关注较少。

（二）跨境高等教育的实践研究

1. 办学过程

罗宾·赫尔姆斯（Robin Helms）分析了中国跨境教育的七个关键环节，包括：合作机构、动机与目标、资金（投资、学费、利润）、管制与认证、管理与人事、市场与招生、课程教学与评估。[50]事实上，不仅针对中国，这七个方面是许多国家跨境教育实践过程中共同关注的重要问题。

2. 利弊

从经济学的视角，唐纳德·利恩（Donald Lien）研究了跨境高等教育对输入国家的利弊，跨境高等教育为发展中国家提供了更多高等教育的机会，很多情况下也是质量更为卓越的机会；但同时，它也加速了发展中国家的人才流失（Brain Drain），特别是顶尖人才的外流。[51]跨境教育导致人才外流的问题在很长时间内都是相关研究的关注点之一。

3. 质量保障

金凯文和莱恩分析了跨境高等教育的质量保障，他们认为，质量尚无全球一致的定义，各个国家都有自身的质量体系，因此跨境高等教育要应对两套质量保障制度，市场和信任也随之面临挑战。[52]以美国为例，他们和丹尼尔·诺

---

48 赵丽，跨国办学的理论与实践研究[D]，上海：华东师范大学，2005：72。

49 张进清，跨境高等教育研究[D]，重庆：西南大学，2012：138-145。

50 Helms R. Transnational Education in China: Key Challenges, Critical Issues, and Strategies for Success[R]. (2008-05) [2017-09-12]. www.obhe.ac.uk/documents/download?id=397.

51 Lien D. Economic Analysis of Transnational Education[J]. Education Economics, 2008, 16(2): 149-166.

52 Kinser K., Lane J. The Problems with Cross-Border Quality Assurance[J]. International Higher Education, 2013(73): 18-19.

克斯（Daniel Knox）研究了政府如何监管跨境高等教育，认为各州的法律法规主要关心：学校扩张的审批程序、强制性的行政要求、可以进行比较的教育教学项目、防范不必要的竞争，此外，州政府更注重对输入活动而非输出项目的管理，对质量的关注非常有限。[53]结合 2005 年 OCED 和 UNESCO 共同发布的《跨境高等教育质量保证指导纲要》（Guidelines for Quality Provision in Cross-Border Higher Education），以及 2005-2015 年间的实施和新发展，阿希姆·霍布巴赫（Achim Hopbach）认为，两个国际组织号召的输出国与输入国认证机构达成互认协议是不切实际的，此外，也不可能构建全球统一的质量保障框架，未来的重点应该是积极构建并使用区域性的框架。[54]相关研究说明，民族国家/主权国家仍然是跨境教育的绝对主体，虽然它本身身为一项高度国际化的教育活动，但国际组织在其中发挥的作用非常有限。

4. 政府参与

除了质量保障，许多研究关注了政府在其他方面的作用。上述 OCED 和 UNESCO 的报告就强调政府要在跨境高等教育中履行更多职责，尤其是在促进国际合作方面。克里斯托弗·齐古拉斯（Christopher Ziguras）和格兰特·麦克伯尼（Grant McBurnie）认为，输出国政府在大学海外扩张中往往能够发挥促进作用，他们以英国和澳大利亚为例，认为构建政府间的合作关系、促进贸易自由化有利于跨境高等教育的发展。[55]从政府的角度，他们提出管制跨境高等教育的十个关键问题：考察办学提供方的真实意图、学位资格认定、课程控制、要求本土合作方参与、向教育主管部门申报、外籍人员管理机制、办学提供方的性质、认证与质量保障、优惠引进政策、引导公共认知和舆论。[56]

5. 跨境高等教育在中国的发展

现有研究中，无论是外国学者还是中国学者，都普遍把"中外合作办学"视为跨境高等教育在中国的具体体现。银丽丽系统地研究了中外合作办学历

53 Lane J E, Kinser K, Knox D. Regulating Cross-border Higher Education: A Case Study of the United States[J]. Higher Education Policy, 2013, 26(2): 147-172.

54 Hopbach A. the OECD/UNESCO Guidelines for Quality Provision in Cross-Border Higher Education: Its Relevance for Quality Assurance in the Past and the Future[M]// Rosa M. et al (ed.). Cross Border Higher Education and Quality Assurance. London, the United Kingdom: Palgrave Macmillan, 2016: 183-201.

55 Ziguras C., Mcburnie G. Governing Cross-Border Higher Education[M]. New York, the United States of America: Routledge, 2014: 141-143.

56 Ziguras C., Mcburnie G. Governing Cross-Border Higher Education[M]. New York, the United States of America: Routledge, 2014: 152-156.

史，她认为，新中国成立以前属于萌芽期、新中国成立至改革开放属于停滞期、改革开放至 1995 年属于恢复时期、1995 年至 2003 年属于探索时期、2003 年至今为发展时期。[57]王剑波指出了中外合作办学具有产业和市场性、成长性、不均衡性、多样性、适应性和互补性、融合性等特点。同时，在理念认识、建设体制、法律监管等方面都还存在问题。[58]

厦门大学林金辉教授及其团队对中外合作办学开展了综合而深入地持续研究，在这一领域产生了重要影响。近几年来，关于政策、质量、效益等核心问题，他们指出，中外合作办学整体上要在适度规模、创新质量、提高效益等方面下功夫。[59]关于质量保障，要坚持中外合作办学"是中国教育事业组成部分"的定位，探索国际标准和中国特色的有机统一，构建以审批准入、分类监管、评估认证、处罚退出为要点的质保机制。[60]本质上，这一观点和对教育主权的重视是相通的。关于国家的政策发展，林金辉认为以 2016 年 2 月《关于做好新时期教育对外开放工作的若干意见》为标志，中外合作办学进入了新的关键期，政策方面的新趋势集中体现在：顶层设计、制度完善、过程监管、党的建设、理论支撑等的不断加强。[61]

当前，对中外合作办学的研究必须置于"一带一路"倡议、"双一流"建设等重大战略布局中。"一带一路"背景下，高等教育国际化经历了从西方范式独尊到多元范式并存，我国高等教育国际化必然面临着转型与升级。[62]关于如何在新的时代背景进一步做好中外合作办学的工作，郭强提出，加强顶层设计、教育主管部门积极作为、发挥高校主体性、增强校企协作，是中外合作办学有效对接"一带一路"倡议的措施。[63]胡斯嘉认为，积极对接"双一流"建设的中外合作办学举措包括：调配资源、注重特色、实质性引入、健全管理规

57 银丽丽，高等教育中外合作办学历史研究[D]，厦门：厦门大学，2014：14-56。

58 王剑波，跨国高等教育理论与中国的实践[D]，上海：华东师范大学，2004：118-126，140。

59 林金辉，中外合作办学的规模、质量、效益及其相互关系[J]，教育研究，2016，37(07)：39-43。

60 林金辉，刘梦今，论中外合作办学的质量建设[J]，教育研究，2013，34(10)：72-78。

61 林金辉，中外合作办学的政策趋势[N]，人民政协报，2017-01-04 (010)。

62 陈·巴特尔，郭立强，"一带一路"建设背景下我国高等教育国际化的转型与升级[J]，国家教育行政学院学报，2018(03)：9-15。

63 郭强，"一带一路"视阈下的高等教育中外合作办学思考[J]，高校教育管理，2017，11(06)：83-88。

范、丰富学科专业、树立典型等。[64]可见，当前跨境高等教育在中国的发展以侧重"引进来"的中外合作办学为主，在数十年的实践中，学界对此予以了高度关注，也从多层次多维度提出了未来的改进方向。

二、海外分校研究

从本研究关注的美国大学和亚洲国家两个维度出发，相关研究可以分为下述几类：理论问题的研究和探讨、美国输出方的动机及海外分校对应的价值、美国母校的决策、亚洲输入方的动机及海外分校的对应价值、亚洲国家开始探索举办海外分校的动机、海外分校的办学过程，每一个主题下还包括若干子问题。

（一）海外分校的基本问题

1. 定义与类型

海外分校的概念和定义是诸多学者关注并讨论的问题，这一方面已经在"概念界定"部分做了阐释，本节不再赘述。在基本概念之外，莱恩·乌尔比柯（Line Verbik）关注了海外分校的建设类型（Typology），以资产投入为标准，他提出了"海外分校 A-B-C"模式，预测在未来发展中海外分校将更多采取"（B）共同投资"和"（C）至少由所在国提供设施设备"两种方式，由母校独立承担办学成本和风险将越来越困难，因此"（A）母校独立注资"模式的数量正在逐渐减少。[65]这与前文提及的奈特的三阶段观点相呼应，奈特同样认为合作共建是最新趋势。两位学者的观点表明，输出方和输入方的合作在海外分校建设中具有重要价值。

以资产的权属（Facilities Ownership）为标准，莱恩和金凯文归纳了海外分校的五种类型：由母校完全拥有、由所在地的政府所有、由投资公司等私营机构所有、向私营企业租用、建在当地的大学里但独立运行。这些类型表现出一些共性的区域聚类特征，比如卡塔尔、澳大利亚、马来西亚、欧洲国家的政府参与度都很高，这些地区的分校往往是政府投资、政府所有；欧洲大学在迪拜建设的分校则多采取租赁的方式；中东和亚洲地区的分校倾向于

64 胡斯嘉，双一流建设背景下我国高校中外合作办学现状及发展举措研究[J]，教育现代化，2018，5(10)：131-133。

65 Verbik L. The International Branch Campus: Models and Trends[J]. International Higher Education, 2006(46): 14-15.

建在当地的大学里。[66]

吉尔·博格斯 (Jill Borgos) 归纳了管理结构的五个维度:[67]在职管理人员的规模、是否设有校董会、与输入国或者教育咨询机构的关系、校领导与输入国的关系、IBC 董事与输入国的关系。博格斯根据这五个维度的有无及强弱将美国海外分校分为六种类型,但她并未对类型命名,仅仅根据五方面内容解释了各种类型的关键特征。

2. 适切的理论与分析框架

海外办学是高等教育组织的国际化,涉及制度变迁和重塑;也是两种社会系统的交叠,关乎制度与环境的互相作用。基于这种特性,管理学视野下的组织理论和新制度主义是当前研究中运用较为广泛的理论视角。以制度三要素"规制 Regulative—规范 Normative—文化认知 Cultural-Cognitive"为框架,张丽 (Li Zhang) 和金凯文通过对西交利物浦大学、宁波诺丁汉大学、上海纽约大学三所在华分校的研究,总结了三所英美高校如何获得合法性的经验。[68]

威廉·蒂尔尼 (William Tierney) 和迈克尔·兰福德 (Michael Lanford) 以阿布扎比纽约大学 (NYU Abu Dhabi) 和耶鲁－新加坡国立大学学院 (Yale-NUS College) 为例,综合理性选择和社会学制度主义的视角分析了海外分校对组织文化的影响。他们提出组织文化的分析框架,包括"使命、环境、领导、策略、信息、社会化"六个维度,并指出不能仅从"利益""增值"等理性选择的角度来研判海外分校的可行性,因为高等教育机构带有特定符号象征含义和意识形态,所以必须对子母校的组织文化加以分析,包括母校独特文化在子校的体现程度,子校教职员工的权利、制度身份、治理期望等。[69]这个分析框架提出于 2015 年,反映着在当时的背景下,海外分校的建设动机已经超越了单纯的经济利益。

法希德·沙姆斯 (Farshid Shams) 和惠斯曼采用全球化的策略二分理论,

66 Lane J., Kinser K. Five Models of International Branch Campus Facility Ownership[J]. International Higher Education, 2013, 70: 9-10.

67 Borgos J. An Examination of Interconnectedness between U.S. International Branch Campuses and Their Host Countries[D]. Albany, the United States of America: University at Albany, State University of New York. 2013: 80.

68 Zhang L., Kinser K. Independent Chinese-Foreign Collaborative Universities and Their Quest for Legitimacy[J]. Chinese Education & Society, 2016, 49(4-5): 324-342.

69 Tierney W., & Lanford, M. An Investigation of the Impact of International Branch Campuses on Organizational Culture[J]. Higher Education, 2015, 70(2): 283-298.

即全球融合（Integration）与本土回应（Responsiveness），检视了海外分校的课程、人事、文化—社会距离、管理距离等难题和问题。他们建议，在 I-R 范式之间采取"既此又彼"（Both-And）的策略，处理好全球融合（I）和本土回应（R）的关系是核心，本质上就是在国际标准和本土特征之间实现平衡。在这个视角下，"人事、课程、学术"是研究海外分校的一个可行的三维框架。[70]其他常见的分析框架还包括资源依赖理论（Resource Dependence）、委托—代理理论（Principal Agent）、跨国公司理论（Multinational Corporations, MNCs）等，均具有较强的经济导向性。

（二）美国输出方的动机与分校的价值

海外分校被视为高等教育国际化诸多形式中风险最高的一种，[71]因此，许多学者关注大学为何到海外扩展事业？影响举办海外分校的决策因素有哪些？以此为出发点，分析了建设海外分校的动机与决策过程。动机和决策的问题也常常嵌套着海外分校所具备的价值。

首先，一所分校的开办与母校所在国家的综合实力密切相关，已有研究普遍表明，传统强国在高等教育输出国中居于主导的地位。赵丽认为，海外分校的发展离不开宏大的历史背景，20 世纪，为驻外人员提供教育服务、石油危机重创下寻求新的经济点、重建国际关系等原因都对高校的海外扩张产生着重要作用。[72]而能否在宏大历史背景的推动下主动走出去，很大程度上取决于国家实力。张湘洛指出，英国作为最早、最大的教育输出国之一，很大程度上得益于在殖民时期树立的宗主国地位，以及由此积累的文化、语言方面的优势。[73]艾伦·德索夫（Alan Dessoff）曾不无骄傲地说：美国的大学到别国办分校并不需要花太多钱，很多输出项目都受到所在国的邀请、推动甚至是财政支持。[74]可见，虽然从统计数据看，海外分校的参与国已经达到百余个，但美国和英国仍然是居于支配地位的输出国家。加拿大西安大略大学（University of

---

70　Shams F., Huisman J. Managing Offshore Branch Campuses: An Analytical Framework for Institutional Strategies[J]. Journal of Studies in International Education, 2012, 16(2): 106-127.

71　Beecher B., Streitwieser B. A Risk Management Approach for the Internationalization of Higher Education[J]. Journal of the Knowledge Economy, 2017(6): 1-23.

72　赵丽，澳大利亚发展海外分校的实践与经验[J]，全球教育展望，2014，43(08)：74-82。

73　张湘洛，英国大学海外办学实践及启示[J]，高等教育研究，2008，(05)：99-103。

74　Dessoff A. Branching Out[J]. International Educator, 2007, 16(02): 24-30.

Western Ontario）在中国香港开设了毅伟商学院（Ivey Business School），院长珍妮特·西尔娃（Janet Silva）曾表示"亚洲人只认为美国和英国的大学是最好的，忽略了加拿大"，[75]生动反映了英美主导背后的文化认知因素。

其次，在高校的层面，国内的学者倾向于认为建设海外分校最初是为了经济利益，目前已经发展为多元的目标诉求。薛卫洋认为，分校是彻底的教育机构，但天生携带着多种附加工具价值，政治因素、教育国际化、教育质量、学校竞争等都是开办分校的影响因素。[76]在对澳大利亚进行分析后，赵丽认为，生源、声誉、学费、合作是建设海外分校的直接动机，选择目标国时则要综合考虑市场、法律、语言、距离等因素。[77]苏洋和赵文华把办学动因归纳为：世界一流大学国际化的新策略、输入国的强大需求和政策刺激、提高声誉和经济价值、缓解人才外流、打造人才高地、更深层次的国际交流合作，[78]这一结论高度概括了国内当前对海外分校动机、决策、价值的核心观点。

具体到美国开办海外分校，已有研究也呈现出"发端于经济诉求、动机日趋多元"的主线。前文已经论及叶林、吴蔚芬等学者对在日美国分校的研究，最初考量是开展教育服务贸易。经济原因之外，杨桂青指出，"9·11事件"严重打击了美国高等教育国际化的进程，抬高了他国人员进入美国的门槛，因而"走出去办学"成为一个权宜之计。[79]唐昀认同"9·11事件"影响的同时，引述了康奈尔大学时任校长大卫·斯科顿（David Skorton）的言论"高等教育是我们最重要的外交优势，海外教育项目可以切实减少国与国、文化与文化之间的摩擦与冲突"。斯科顿将海外分校视为一种文化输出，提升了美国高校的全球化适应能力、知名度、财富、生源质量。[80]樊鹏飞也认为美国在阿拉伯地区建设分校体现着"避免文化冲突"这一考虑。[81]杜燕锋

75 孙端，加拿大专家：开设分校不应是加拿大大学国际化的主要途径[J]，世界教育信息，2012，25(19)：79。

76 薛卫洋，境外大学海外分校发展的特点分析及经验借鉴[J]，高校教育管理，2016，10(04)：85-90。

77 赵丽，澳大利亚发展海外分校的实践与经验[J]，全球教育展望，2014，43(08)：74-82。

78 苏洋，赵文华，世界一流大学发展海外分校的特征与启示[J]，教育发展研究，2013，33(23)：33-38。

79 杨桂青编译，美国高校不惜财力"海外扩张"[N]，中国教育报，2006-04-07(006)。

80 唐昀，美国大学全球撒网开分校　海外办学显现财富身影[N]，经济参考报，2008-03-03(009)。

81 樊鹏飞，外国大学"海外分校"模式[J]，教育，2014，(20)：26。

把美国的动因归结为两个方面：一是获取经济利益和资源支持，提高国际地位和国际竞争力，二是提升母校的国际化程度。这两方面诉求在阿联酋和东亚地区的分校中都有所体现。[82]王璞根据地理区划分析了美国在不同地区开办分校的动因，她以国家战略为理论视角，认为在欧洲开办分校是文化交流和政治意图驱动、在东南亚是经济利益驱动、在中东办学是国家安全和优厚条件驱动。[83]然而，办学动机是否表现出明显的区域性差异，仍然是一个有待检验的问题。

国内的研究指出了海外分校动因、决策、和价值层面的一些共性特征，相较而言，国外的研究更加注重基于个案的分析。上文提及的利恩，曾从经济学视角研究跨境高等教育的价值，他和王（Yaqin Wang）以同样的视角分析了海外分校蕴含的价值：提升输入国的社会福利水平、激活输入国的教育资源。关于分校是否加剧人才流失，他们认为：如果整体水平与母校接近，人才流失的问题就会有所缓解，长远地看，为了缓解人才外流、提高社会福利，教育行业的报酬水平势必要提升。对于输出国，价值在于吸引顶尖学生、增加资金收入、提升国际声望，当学校降低学费时，这些价值会进一步凸显。而学校的策略选择很大程度上取决于输入国的政策。[84]

（三）美国母校的决策

2009 年，美国大学教授协会（The American Association of University Professors，AAUP）呼吁高校要重视教师在学校海外扩展中的决策参与。阿特巴赫回应：这一倡议值得称赞，但不容易实现，因为发展海外分校的决策"非常自上而下"（very top-down）。[85]决策的过程是开办海外分校的关键环节，同时这也是所谓的政策"黑箱"，兼具重要的研究意义和较大的研究难度，因此，在现有研究中，鲜有研究能够深入这个过程，斯坦菲尔德在他非常详尽的博士论文案例研究中对 Texas A&M 的校内决策过程也只是一笔带过。

---

82 杜燕锋，美国高校海外分校：历程、现状与趋势[J]，外国教育研究，2016, 43(04)：105-118。

83 王璞，美国大学海外分校全球扩张历史和战略研究[J]，比较教育研究，2017，39(01)：17-23。

84 Lien D., Wang Y. The Effects of a Branch Campus[J]. Education Economics, 2012, 20(4): 386-401.

85 Schmidt P. AAUP Urges Faculty Role in Protecting Workers' Rights on Overseas Campuses[J]. Chronicle of Higher Education, 2009, 55: 1-2.

虽然关于决策的研究和结论有限，但有学者积极尝试构建决策分析的指导框架，沙姆斯和惠斯曼认为，他们提出的I-R范式"既此又彼"策略与"人事、课程、研究"三维有助于决策过程中的风险分析，合法性、法律定位、距离、风险、收入都是决策的重要因素。[86]

菲利普·戈德斯坦（Philip Goldstein）提出，为了促进大学使命和目标的实现，学校需决策采取自我管理还是合同委托管理（私有化或外包）的方式。[87]在这个二分的基础上，莱恩和金凯文认为，与输出国的地理分隔使得海外分校往往采取私有化的形式办学，但输入国对海外分校的期许则是促进公共目标的实现，因而很难明确海外分校的公、私属性。为此，他们提出了"使命、权属、投资、收入、管理"，以卡塔尔和马来西亚为案例，分析海外分校的性质。[88]这五个方面旨在帮助母校决策分校的经营属性，也为决策研究提供了一个框架。

（四）亚洲输入方的动机与分校的价值

斯坦菲尔德在他的博士论文中对德州农工大学卡塔尔分校（Texas A&M University at Qatar）开展了案例分析。他认为，新制度主义关注策略和结构的双向作用以及由此带来的组织结构的变化，策略和结构的互补作用对组织成功是至关重要的。从这个理论视角，他采用约翰·戴维斯（John Davies）提出的大学在不同的制度和文化环境中实现国际化的策略框架，即内部：学校使命、优劣势（人财物）、组织领导结构（责任部门）；外部：学校形象和身份认知、趋势和机会评价、竞争评估，[89]将德州农工卡塔尔的决策动机概括为：树立国际愿景、构建机会和关系、促进研究发展、资金驱动。[90]

---

86 Shams F., Huisman J. Managing Offshore Branch Campuses: An Analytical Framework for Institutional Strategies[J]. Journal of Studies in International Education, 2012, 16(2): 106-127

87 Goldstein P. Contract Management or Self-Operation: A Decision-Making Guide for Higher Education[J]. Cause/effect, 1993, 16: 6-10.

88 Lane J., Kinser K. Reconsidering Privatization in Cross-Border Engagements: The Sometimes Public Nature of Private Activity[J]. Higher Education Policy, 2011, 24(2): 255-273.

89 Davies J. University Strategies for Internationalisation in Different Institutional and Cultural Settings: A Conceptual Framework[M]// Blok P. (eds) Policy and Policy Implementation in Internationalisation of Higher Education. Amsterdam, Dutch: European Association for International Education, 1995: 3-18.

90 Stanfield D. International Branch Campuses: Motivation, Strategy, and Structure[D]. Boston, the United States of America: Boston College. 2014: 99-111.

斯坦菲尔德同时概括了卡塔尔输入海外大学的动机：提升大学声望和质量、满足知识经济发展需求，这种观点具有一定代表性。OECD 曾指出：中东、亚洲等高等教育后发国家采取教育国际合作策略属于"能力建设型"，[91]因为自身高等教育水平不高，需要从质量卓越的国家引进经验和模式（即跨境高等教育）构建自身的高等教育体系。塞皮德·马哈尼（Sepideh Mahani）和阿尔曼·莫尔基（Arman Molki）对阿联酋地区的研究也得出类似的结论：依靠引进英美国家的大学，阿联酋正在构建中东地区的一流高等教育中心，同时为当地学生提供卓越的高等教育。[92]

（五）亚洲国家开始举办海外分校的动机

诚如许多学者提出的输入国—输出国的互动是海外分校建设发展的重要因素，近年来，传统意义上的输入国也在这种互动中主动作为。因为除了经济利益等因素，互相学习、资源共享也成为建设海外分校的重要动机。[93]以中国为代表的传统输入大国正在国家战略布局的背景下积极走出去，厦门大学在马来西亚、北京大学在英国、苏州大学在老挝、北京语言大学在东南亚诸国、上海医药高专在芝加哥等地的探索，[94]都在不断推动中国大学向海外迈出步伐。鄢晓对我国大学走出去的动因做了框架性的分析，包括传播中华文化、彰显我国软实力、开展区域研究、促进学术发展、推介强势专业、拓展海外市场、参与国际竞争、在教育全球化竞争中占领先机等。[95]唐景莉汇编了高等教育专家和厦门大学领导对于厦大在马来西亚举办分校的动机，包括特殊的情感纽带、马来西亚的需求、厦大的实力、国际化发展等，[96]郭洁补充指出两国教育主管部门共同把厦大作为教育合作试点这一政治背景，[97]她也指出寻求突破

---

91 Stéphan Vincent-Lancrin. Building Capacity Through Cross-Border Tertiary Education[R]. Paris, France: OCED, 2008: 1-43.

92 Mahani S, Molki A. Internationalization of Higher Education: A Reflection on Success and Failures among Foreign Universities in the United Arab Emirates[J]. Journal of International Education Research, 2011, 7(3): 1-8.

93 Girdzijauskaite E., Radzeviciene A. International Branch Campus: Framework and Strategy[J]. Procedia - Social and Behavioral Sciences, 2014, 110: 301-308.

94 涂皓，海外分校样板解读[J]，教育，2014，(20)：21-23。

95 鄢晓，我国高校境外办学的动因分析和对策建议[J]，高校教育管理，2016，10(03)：66-70。

96 唐景莉，中国大学第一所海外分校将建[N]，中国教育报，2013-12-02(001)。

97 郭洁，厦门大学马来西亚分校办学之 SWOT 分析[J]，西南交通大学学报（社会科学版），2015，16(06)：59-65。

点、提高办学水平、彰显国家实力、弘扬民族精神等动机。[98]可以看到，对于中国而言，明显的政治推动、浓厚的家国情怀、迫切的学术诉求是拓展海外分校的主要动力，而经济利益的表达明显弱化了。

喻恺较早地研判了我国高校走出去的条件，他们指出，我国高等教育输出的挑战在于：缺乏通晓沿线国家国情的人才、来华留学生结构有待优化、境外办学风险大。基于此，提升来华留学的影响力和认可度、建设沿线国家急需的专业、多渠道多层次境外办学、构建跨境教育质量保障体系要成为应对的措施。[99]

（六）海外分校的办学运行过程

阿特巴赫曾提出海外分校办学运行过程中的四个关键因素：师资、课程、学位、质量，他尤其强调师资的重要性。[100]在之后的研究中，学者们关注的方面和维度越发多元。常见的包括：

1. 合法性与确权问题

如伯顿·克拉克（Burton Clark）所言，大学作为"国家控制的法人官僚机构"的趋势自 20 世纪 80 年代以来越发清晰，[101]虽然当今高等教育出现了公立、私立等属性划分，大学的合法性（Legitimacy）仍然来源于政府的认可，海外分校也是如此。此外，张丽和金凯文的研究指出：合法性能够使大学获得可持续发展的资源和社会支持，而办学质量是合法性获得的重要因素。[102]

除了政府认可和办学质量，克里斯汀·法鲁贾（Christine Farrugia）和莱恩认为海外分校合法性的获得包括四个方面的认可：输出国、输入国、所在区域、全球。应对多重合法性要求显然是一个挑战，通过研究 45 所海外分校，他们发现，海外分校通常是将自己的使命陈述为建设一所国际大学，希望藉此协调好多个方面的需求。但实践上的滞后，包括没有将输入国的需求放在重要

---

98 郭洁，高校创设海外分校的意义及前景——以厦门大学马来西亚分校为例[J]，教育评论，2017，(03)：39-44.

99 喻恺，[英]胡伯特·埃特尔，瞿晓蔓，"一带一路"战略下我国高等教育国际输出的机遇与挑战[J]，清华大学教育研究，2018，39(01)：68-74。

100 Altbach P. Twinning and Branch Campuses: The Professorial Obstacle[J]. International Higher Education, 2007, 48: 107-109.

101 [美]伯顿·克拉克，王承绪等译，高等教育新论——多学科的研究[M]，杭州：浙江教育出版社，2001：45。

102 Zhang L., Kinser K. Independent Chinese-Foreign Collaborative Universities and Their Quest for Legitimacy[J]. Chinese Education & Society, 2016, 49(4-5): 324-342.

位置、优质国际课程的缺乏，很容易削弱分校的合法性地位。[103]

和览（Lan He）与维金斯关注了合法性获得的成功经验，[104]从输入国的环境和状况对分校产生影响（即制度影响）的角度，他们研究了三所中国大学在东南亚开办的分校，总结出三种获得合法性的模式：合法性一致（legitimacy conformity）：高度依赖当地资源、制度影响强；选择性一致/不一致（selective legitimacy conformity/nonconformity）：高依赖和弱影响、低依赖和强影响；创造合法性（legitimacy creation）：低依赖、弱影响。三种模式分别以厦大马来西亚分校、云南财经大学曼谷商学院、老挝苏州大学为代表。成功经验的研究还包括张丽和金凯文，三所英美高校在中国取得合法性的策略，[105]具体包括：规制层面，遵守中国法律、得到中国政府支持，多渠道创造有利的办学环境；规范层面，坚守学生中心、通识教育、管理专业化、重视教学等中国高等教育伦理，创新办学模式；文化认知层面，通过卓越的教育质量、先进的技术设施获得民众认可，逐步显现文化独特性、发挥鲶鱼效应、与环境有效互动。

海外分校的确权问题与学校公立、私立性质有关，金凯文和莱恩对这一问题给予了关注，他们注意到，随着私营资本进入高等教育以及营利型大学的发展，这些机构也积极谋求在海外分校中所有作为，加之许多公立大学的海外分校被输入国定性为私立大学，因此海外分校具有私立的特质；[106]另一方面，前文已提及，由于出资、合作、目的、国家等特殊性和复杂性，很难明确界定海外分校的属性，因此两位学者在后续研究中对不同的权属进行了分类。

2. 办学质量保障机制

质量的重要性是不言而喻的，横山惠子（Yokoyama Keiko）以纽约州立大学（the University of the State of New York）为例，分析了该州的本土大学和海外分校的质量保障差异。研究发现，对本土大学，州法律法规、市场、区域认证构成质保的主要环节；对建在他国的海外分校，州的管制机制和区域认证要

---

103 Farrugia C., Lane J. Legitimacy in Cross-Border Higher Education: Identifying Stakeholders of International Branch Campuses[J]. Journal of Studies in International Education, 2013, 17(4): 414-432.

104 He L., Wilkins S. Achieving Legitimacy in Cross-Border Higher Education: Institutional Influences on Chinese International Branch Campuses in South East Asia[J]. Journal of Studies in International Education, 2017: 1-19.

105 Zhang L., Kinser K. Independent Chinese-Foreign Collaborative Universities and Their Quest for Legitimacy[J]. Chinese Education & Society, 2016, 49(4-5): 324-342.

106 Lane J., Kinser K. The Private Nature of Cross-Border Higher Education[J]. International Higher Education, 2008, 53: 11-13.

求均发生了变化，还有所在国教育主管部门的要求，质保体系因而更加复杂。[107]横山的研究表明，自治和问责这两个关键词在不同情境下含义发生了变化，继而生成了两套不同的质保机制，但共同点在于美海外分校同样要受高等教育认证制度的监管，江波也提出同样的观点：认证逐渐成为跨境教育质量保障的通行做法。[108]

3. 跨文化的挑战与策略

"跨文化"始终是海外分校研究的一个关键词，像普通大学一样，海外分校始终面临运行办学的各种基本问题，包括：招生、学科专业、教学方式、学制、教师、教学地点、教学设施、学术研究、资金来源、问责、自治等。[109]然而，而与普通大学的差异在于，海外分校面临的输出国和输入国的文化差异会增加上述问题的难度，还会新增许多问题。明尼苏达州立大学（Minnesota State University）于 2000 年退出日本市场时，贝丝·麦克默特里（Beth McMurtrie）指出文化差异和不切实际的期待阻碍了美国大学在日本的发展。[110]莱恩认为，文化和环境的差异会增加海外分校的管理和领导难度，从文化的角度，挑战包括大至自由主义与宗教传统的冲突，小至学生活动、学生住宿、设备采购等行政工作；从环境的角度，两地的政策差异、地理间隔、分校与母校的协作等方面都存在一定界限。莱恩建议，国际比较、学术发展、外交角色应该成为未来研究的关注点。[111]此外，玛利亚·米兰达（María Miranda）的研究提到，设计跨文化课程、在启动阶段招募师资都是海外分校面临的实际困难。[112]

马哈尼和默尔基分析了阿联酋若干所海外分校成功和失败的经验，其中，乔治梅森大学拉斯海马分校（George Mason University Ras Al Khaimah）、密歇根州立大学迪拜分校（Michigan State University Dubai）、普纳大学拉斯海马分

---

107 Yokoyama K. Quality Assurance and the Changing Meaning of Autonomy and Accountability between Home and Overseas Campuses of the Universities in New York State[J]. Journal of Studies in International Education, 2011, 15(3): 261-278.

108 江波，美国高等教育质量认证概述——国际高等教育质量保障模式研究(一)[J]，世界教育信息，2012(8)：58-60。

109 Keller G, Higher Education Management: Challenges and Strategies[M]// Forest J., Altbach P. (ed.) International Handbook of Higher Education. New York, the United States of America: Springer, 2007: 229-242.

110 McMurtrie B. Culture and Unrealistic Expectations Challenge American Campuses in Japan[J]. Chronicle of Higher Education, 2000, 46: A57-58.

111 Lane J. Global expansion of international branch campuses: Managerial and Leadership Challenges[J]. New Directions for Higher Education, 2011, 2011(155): 5-17.

112 Miranda M. Branching out[J]. Diverse, 2014, 6: 14-15.

校（University Of Pune Ras Al Khaimah）都因招生率过低这一主因在三年之内关停，其他原因还包括过高的学费、疏于统筹与当地的关系、生源不佳等。反观成功的案例，[113]阿布扎比纽约大学、麻省理工学院—马斯达尔科技学院（MIT-Masdar Institute Of Science And Technology）都得到了当地政府充足、稳定的资金支持，他们将资金有效地用于吸引顶尖学生，此外，两所学校的成功还与母校的声望、马斯达尔只开展研究生教育有关。在这些因素中，程星将生源视为头等因素，他指出顶尖高校不出国门就能吸引最优秀的学生，因此，虽然说客盈门，哥伦比亚大学也绝无意冒着风险出借金字招牌。[114]

约翰·索尔特（John Salt）和彼得·伍德（Peter Wood）以英国为例，研究了海外分校人事管理的挑战，[115]包括缺乏海外人事工作管理的基本设施、职业发展路径差异、对借调人员的认知差异、处理突发事件的态度差异等等，而且，初期的人事模式随着分校的发展往往不再适用，只靠移动投资、临时借调、出差、聘请国际职员、电子通信，无法长期支撑海外分校的发展和质量。布伦丹·博耶尔（Brendan Boyle）等人注意到，知识的转移和管理是海外分校的一个重要内容，知识包含显性和隐性两个方面，其中隐性知识——即人们的想法、观念、反馈等会对海外分校的教学工作产生影响，如果没有母校外派人员的参与，这些隐性知识很可能会使教学工作变得困难。[116]

在关注挑战与困难的同时，许多研究也关注了海外分校如何实现可持续发展、采取何种发展策略。博格斯以中国、卡塔尔、阿联酋为例，从组织理论的视角，指出办学模式、地理区位、治理结构是关乎可持续性的最重要因素。此外，三个国家均形成了独特的组织结构以维系海外分校长久发展，包括中国的中外合作办学、卡塔尔的战略联盟、阿联酋的自由区域。[117]尼古拉·贝里尼（Nicola Bellini）等人研究了同济大学在意大利佛罗伦萨建设校区的策略，包

113 Mahani S., Molki A. Internationalization of Higher Education: A Reflection on Success and Failures among Foreign Universities in the United Arab Emirates[J]. Journal of International Education Research, 2011, 7(3): 1-8.

114 [美]程星，大学国际化的历程[M]，北京：商务印书馆，2014：145。

115 Salt J., Wood P. Staffing UK University Campuses Overseas: Lessons from MNE Practice[J]. Journal of Studies in International Education, 2014, 18(1): 84-97.

116 Boyle B., Mcdonnell A., Mitchell R., et al. Managing Knowledge in Internationalizing Universities through Foreign Assignments[J]. International Journal of Educational Management, 2012, 26(3): 303-312.

117 Borgos J. Addressing Sustainable International Branch Campus Development Through an Organizational Structure Lens: A Comparative Analysis of China, Qatar, and the United Arab Emirates[J]. Chinese Education & Society, 2016, 49(4-5): 271-287.

括五点：与输出方的发展规划紧密相连；与输入方当地的教研机构密切合作，使用当地的教学和物资；搭建了中—意合作生态系统；对合作伙伴赴沪给予优惠条件；把校区定位为综合平台，超越仅作为一个分支校区的定位，创造创新价值。研究者将上述特征喻为带有文化特色的"中国模式"。[118]

符金州分析了纽约大学海外分校的品牌管理，措施包括：保留主校品牌要素、保持品牌相关性；实施差异化品牌战略；产生规模效益；风险管理；与所在国合作。[119]斯坦菲尔德将德州农工卡塔尔（TAMUQ）的策略归纳为：校本部的三位院长领导成立工作组，通过实地考察，他们打消了美方对"9·11事件"负面影响的顾虑；与卡塔尔教育、科学和社区发展基金会（Qatar Foundation for Education, Science and Community Development）签约，获得稳定的资金；只开设工程专业；德州高等教育协调委员会（Texas Higher Education Coordinating Board）规定：招生和课程必须与美国一致、德州不投资，获得卡方的同意；从本部选聘经验丰富的优质教师。研究也指出，上述成功经验之外，开设研究生项目、早期人事工作、项目复制和跨文化调整等都显得异常艰难。[120]

4. 分校与母校的关系

上述运行和管理过程中面临的困难和挑战在很大程度上都是源于两种文化系统的差异及由此带来的冲突，玛德琳·格林（Madeleine Green）等较早指出文化传统和文化敏感性在海外分校建设中潜在的阻力以及重要意义，[121]但在实践过程中，即使对这些问题持有清晰的认知，要妥善协调好异域文化带来的一系列困难也绝非易事。当前的研究的共同结论是，海外分校离不开输出方和输入方的共同支持，需要协调好双方的关系。

作为输出国和输入国相互关系的承载和具体形式，分校与母校的关系也是当前研究中的重要话题。詹尼尔·邓布雷（Janel Dumbre）的博士学位论文

118 Bellini N., Pasquinelli C. et al. The Local Embeddedness of Foreign Campuses: The Case of Tongji University in Florence[J]. Journal of Studies in International Education, 2016, 20(4): 371-385.

119 符金州，世界一流大学海外办学中的品牌管理研究——以美国纽约大学为例[J]，世界教育信息，2016，29(17)：59-62。

120 Stanfield D. International Branch Campuses: Motivation, Strategy, and Structure[D]. Boston, the United States of America: Boston College. 2014: 240-244.

121 Green M., Kinser K., Eckel P. On the Ground Overseas: US Degree Programs and Branch Campuses Abroad[R]. Washington DC, The United States of America: American Council on Education, 2008: 15.

主题是美国大学海湾地区海外分校的课程整合，她认为，母校的参与、共同的学术标准、学术人员的融入都是重要的议题。[122]金凯文和莱恩指出，出于对自身声誉和风险防范的考虑，母校通常对分校的人事、课程、财务进行监管，并采取保留决策权、定期汇报、高级官员巡视等措施。[123]

在对 48 所美国海外分校进行分析的基础上，博格斯从海外分校管理者的角度，分析了分校与母校关联（Interconnectedness）的六种方式：分校管理者曾受聘于输入国的组织机构、分校管理者曾受聘于输入国的高校、分校管理者在输入国大学获得本科或研究生学位、分校管理者是输入国的本国居民或者与输入国公民具有亲属关系、分校是与输入国大学或教育咨询公司伙伴关系的成果之一、分校董事会成员曾在输入国与分校学位项目相关的行业就职。[124]

与上述观点相反，希利的研究指出，有管理者认为，母校在一些情况下可能比异域文化更让分校领导感到为难。分校和母校的关系常被形容为母亲和孩子，而母亲常常视孩子为任性、不成熟、常常犯错的年轻人。分校领导和母校学术同行之间容易形成冷漠、无知、对立三种不良状态。[125]围绕这个话题，梅根·克利福德（Megan Clifford）与金凯文分析了海外分校自治权的情况，他们指出，在不同地区、不同学校间，学术自治权和财务自治权的情况都不尽相同，但共同点在于，限制分校的自治权会引发下列问题：削弱对卓越师资和管理人才的吸引力，继而对可持续性、办学质量，乃至对母校的目标实现造成影响。[126]

希利也曾指出，海外分校成立时是一个具有依赖性的"婴儿"，但随着生理和心理的发育，他们与"母亲"的关系会难以避免地出现疏离，最终甚至可能彻底分开。希利认为没有哪所分校会一直是个"婴儿"，但与母校的纽带是

122 Dumbre J. Curriculum Implementation at International Branch Campuses of United States Higher Educational Institutions in The Gulf Region: A narrative study[D]. Beaumont, the United States of America: Lamar University. 2013: 111-112.

123 Lane J, Kinser K. Managing the Oversight of International Branch Campuses in Higher Education[J]. Journal of Higher Education Policy & Management, 2014, 24(24): 1-10.

124 Borgos J. An Examination of Interconnectedness between U.S. International Branch Campuses and Their Host Countries[D]. Albany, the United States of America: University at Albany, State University of New York. 2013: 84-85.

125 Healey N. The Challenges of Leading an International Branch Campus: The "Lived Experience" of In-Country Senior Managers[J]. Journal of Studies in International Education, 2016, 20(1): 61-78.

126 Clifford M., Kinser K. How Much Autonomy Do International Branch Campuses Really Have[J]. 2016(87): 7-9.

否保持、会保持多久，取决于不同的国家和环境。[127]荣·爱德华兹（Ron Edwards）等人也得出相近的结论，[128]他们认为随着分校的发展和声望的提升，对学术自由的诉求也会迅速提高，这种局面容易引发冲突，但长远地看，要综合母校的战略规划、分校的成熟度做出选择。

5. 利益相关者分析

已有研究重点分析了教师和学生选择到海外分校就职、就读的原因，以及师生满意度、教师专业成长、管理者的就职情况等问题。

维金斯和他的同事对阿联酋地区海外分校的学生开展了系列研究，他与惠斯曼研究了在英国际学生的留学意愿以及他们对海外分校的看法，采用Logit回归，发现英国的留学生会基于更便宜的学费和生活成本，以及更近的地理位置考虑海外分校，但这类学生占比不高。[129]之后，他和梅洛德娜·巴拉克里希南（Melodena Balakrishnan）对阿联酋海外分校学生满意度做了研究，采用同样的方法，发现：国籍、性别、学位层次之间的满意度存在差异，授课质量、资源的质量和可及性、科技的使用情况对学生的满意度影响最大。[130]以上三位学者在一项合作研究中，以推拉理论为框架，将本国高等教育能力不足、选择性有限、难以进入公立高校，输出国的国家优势、便利程度、学校声誉、就业前景、生活熟悉度与舒适度归纳为学生选择的动机。[131]赛义德·艾哈迈德（Syed Ahmad）对学生动机的研究也得出了相近的结论，并提出大都市、区域经济增长水平也会促进学生的选择，他们还认为，输入国的国家吸引力比大学声望更重要。[132]

127 Healey N. When is an International Branch Campus? [J]. International Higher Education, 2014(78): 22-23.

128 Edwards R., Crosling G., Lim C. Organizational Structures for International Universities: Implications for Campus Autonomy, Academic Freedom, Collegiality, and Conflict[J]. Journal of Studies in International Education, 2014, 18(2): 180-194.

129 Wilkins S., Huisman J. Student Recruitment at International Branch Campuses: Can They Compete in the Global Market[J]. Journal of Studies in International Education, 2011, 15(3): 299-316.

130 Wilkins S., Balakrishnan M. Assessing Student Satisfaction in Transnational Higher Education[J]. International Journal of Educational Management, 2013, 27(2): 9.

131 Wilkins S., Balakrishnan M., Huisman J. Student Choice in Higher Education: Motivations for Choosing to Study at an International Branch Campus[J]. Journal of Studies in International Education, 2012, 16(5): 413-433.

132 Ahmad S., Buchanan F., Ahmad N. Examination of Students' Selection Criteria for International Education[J]. International Journal of Educational Management, 2016, 30(6): 1088-1103.

　　维金斯和惠斯曼研究了阿联酋地区海外分校学生对学校的评价，以及这种评价对他们与学校关系的影响。研究发现，三成学生对学校的认知受到人际关系和传媒的影响，过半的学生受到分校相关人员的影响。他们建议分校应该采取策略在家长、雇员、传媒等所有利益相关者中塑造良好的形象，并充分利用好、维系好母校的声誉。[133]

　　对学生的就读决策而言，概言之，上述研究的共同结论是：学术能力、区位优势、经济水平、办学质量、学校声誉、便利程度、人际网络等因素都发挥着重要作用，分校要处理好多方面的关系才能保持吸引力、维系学校发展。

　　关于教师的研究，程星指出，美国大学海外"麦当劳化"的努力过程中最头疼的问题是教授无意扎根海外。[134]而雷金纳德·莱格（Reginald Laigo）的博士学位研究选取了正面例子，关注美国大学的教师为什么愿意到卡塔尔从教，[135]通过对六所美国分校近 300 名教职员工开展质性研究，发现两个关键因素：一是更高的报酬和更好的生活质量，二是对个人生活变革甚至是冒险的尝试。他也指出许多老师改变了原先认知，将卡塔尔视为全球最安全的国家。但是，单身教师的婚姻和已婚教师的子女入学逐渐成为当前的困难。

　　马丁·杰鲁吉（Martin Jauregui）在他的博士论文中研究了西方大学的教职人员在卡塔尔的海外分校中接受专业培训的过程，培训的目的是帮助他们更好地与中东、阿拉伯、伊斯兰文化背景的学生进行互动。在对正式培训和非正式培训进行质性研究的基础上，杰鲁吉认为，跨文化胜任力培训对分校取得成功、对教师个体的专业效能均发挥着至关重要的作用。[136]蔡莉（Li Cai）和克里斯丁·霍尔（Christine Hall）开展了类似的研究，他们的研究对象是在华海外分校里工作的外籍教职人员。研究发现，外籍教职认可在海外分校工作的诸多益处，但往往未能对中国的社会结构和文化差异做好准备。因此，良好的入职准备和持续的专业发展显得尤为重要。大学层面，有关政策和高等教育市

133 Wilkins S., Huisman J. Student Evaluation of University Image Attractiveness and Its Impact on Student Attachment to International Branch Campuses[J]. Journal of Studies in International Education, 2013, 17(5): 607-623.

134 [美]程星，大学国际化的历程[M]，北京：商务印书馆，2014：140。

135 Laigo R. Recruiting Faculty Abroad: Examining Factors that Induced American Faculty to Work at Branch Campuses in Qatar's Education City [D]. Los Angeles, the United States of America: University of Southern California. 2013: 87-89.

136 Jauregui M. Cross-cultural Training of Expatriate Faculty Teaching in International Branch Campuses[D]. Los Angeles, the United States of America: University of Southern California. 2013: 7.

场的话语沟通有助于营造包容多元的国际大学氛围，也能在一定程度上消解外籍教师对社会、政治、文化差异的不适。[137]

希利研究了中国、马来西亚、阿联酋三地的英国海外分校管理者的生活体验（Lived Experiences），[138]归纳了管理者常常面对的十个关键问题：个人职业生涯、多元的人员构成、所在国的政府和管理方、合资人、母校、竞争者、学生、课程、研究、分校自决力。整体上，因为这些错综复杂的关系，即使是非常有经验的管理者，在管理海外分校时也常常不得不走出舒适区。

三、文献述评

（一）海外分校研究的核心主题

从知识来源的角度，英国 OBHE 和美国 C-BERT 掌握着全球海外分校的基础数据，与各个国家关注这一领域的研究人员搭建了密切的联系。这些研究人员主要来自：美国：纽约州立大学、南加州大学（University of Southern California）、波士顿学院（Boston College）、宾夕法尼亚州立大学（Pennsylvania State University）；英国：巴斯大学（University of Bath）、诺丁汉特伦特大学（Nottingham Trent University）；澳大利亚：皇家墨尔本理工大学（RMIT University）；中国：北京大学、北京师范大学、厦门大学；以及中东地区主要输入国家的有关高校。

从研究重点的角度，跨境高等教育研究主要关注：定义、类型、构成要素、分析视角、基本理论，办学关键环节、对输入国家的利弊、质量保障、政府的作用、中国在新时代的背景下开展中外合作办学工作的要点。海外分校研究重点关注：定义、类型、资产权属、管理结构、理论视角、海外办学动机、引入海外项目的动机、海外分校具备的价值、海外分校全球版图的新变化、决策影响要素、如何在他国取得合法性、权属、质量保障、办学挑战、跨文化视角下的办学挑战、学校发展与应对挑战的策略、分校与母校的关系及走向、师生等主要相关人员在海外分校中面临的相关问题。两个部分的研究重点有重合之处，海外分校研究也

---

137 Cai L., Hall C. Motivations, Expectations, and Experiences of Expatriate Academic Staff on an International Branch Campus in China[J]. Journal of Studies in International Education, 2016, 20(3): 207-222.

138 Healey N. The Challenges of Leading an International Branch Campus: The "Lived Experience" of In-Country Senior Managers[J]. Journal of Studies in International Education, 2016, 20(1): 61-78.

有自身的特定问题，这些要点为本研究提供了一个初步的概念框架。

从研究成果的角度，当前对跨境高等教育的研究已经取得了丰富的成果，本研究仅综述了提及其中与海外分校相关的研究。关于不足的方面，覃云云等人的综述指出，在跨境相关研究中，宏观分析、概况梳理、政策研究是常见主题，对学生就读经验等话题的研究还不足，研究方法也有一定相似性和重复性，纵向研究和深入的民族志考察还需加强。[139]相比之下，海外分校研究成果的广度和深度都还能进一步加强。已有研究集中于探究合作办学项目，侧重于从微观层面解析某一案例的某一方面问题，还存在欠缺的在于：宏观系统地梳理某国政策和理论、历史和现状、策略和经验，并选取学校案例，深入开展宏观微观相结合、理论实践相结合的研究。

（二）美国大学海外办学研究现状

笔者从已有案例研究及研究内容、整体研究进展、本研究关注问题还存在的欠缺三个方面总结当前对美国大学海外办学的研究。

1. 已有的案例研究概况

首先，已有的案例研究、研究内容、成果形式如下表所示，从表中可见，纽约大学的案例仍然存在较大的研究空间。

表 1.3　美国大学海外分校已被研究的案例及主要内容

案例学校	主要研究内容	年度	成果形式	作者所属国别
明尼苏达州立大学日本分校	文化差异和不当期待导致关停	2000	期刊论文	美国
天普大学日本分校	办学成功的原因	2005	期刊论文	中国
纽约州立大学	质量保障	2011	期刊论文	美国
乔治梅森大学拉斯海马分校、密歇根州立大学迪拜分校	招生问题导致关停	2011	期刊论文	阿联酋
阿布扎比纽约大学、麻省理工学院—马斯达尔科技学院	成功要素：输入国政府提供资金			
美国大学在卡塔尔建设的6所分校	美国籍教员从教影响因素	2013	EdD 论文	美国

---

139 Qin Y., Te A. Cross-Border Higher Education in China: How the Field of Research Has Developed[J]. Chinese Education & Society, 2016, 49(4-5): 303-323.

美国大学在卡塔尔建设的6所分校	教员跨文化培训	2013	PhD 论文	美国
美国大学在海湾 5 国建设的分校（巴林、科威特、卡塔尔、沙特阿拉伯、阿联酋）	分校母校课程整合	2013	EdD 论文	美国
德州农工大学卡塔尔分校	动机、策略、管理结构	2014	PhD 论文	美国
全球 26 所海外分校（未具名）	可行性评估因素	2015	PhD 论文	美国
阿布扎比纽约大学	海外分校对组织文化的影响	2015	期刊论文	美国
上海纽约大学	合法性获得	2016	期刊论文	美国
上海纽约大学、阿布扎比纽约大学	品牌管理策略	2016	期刊论文	中国

（备注：研究成果时间排序；来源：笔者自制。）

2. 研究进展

已有研究为本研究搭建了重要的基础，当前的进展包括：OBHE 及相关国际组织对海外分校在全球范围内的发展状况、全球图景做了基础性的统计和描述工作，且相关数据一直在更新中。

我国学者在期刊论文的层面回顾了美国海外分校的简要历史和动机。国外学者以案例研究为主要载体，分析了一所或几所美国海外分校在异国获得办学合法性的过程、办学策略、办学的利与弊、美国籍教员到中东从教的意愿与状况均有相关成果。宏观上，分校管理者与美国母校的保持联系的方式、跨文化视野下的系列挑战、质量管理的关键问题、办学风险都有了一些成果。因为当前研究中对阿联酋、卡塔尔等中东地区海外分校的关注较多，诸如学校得失经验、学生择校动机之类的共性问题已经有了一些研究，对美国的分析也包含之中。

此外，已有研究指出，海外分校与输出国的综合实力和战略规划、输入国的多元需求密切相关，输入国政府的政策会对海外分校建设产生重要影响。对此，金凯文等分析了美国州政府对海外分校的立场和管制方式。在分析输出国和输入国的各自动机时，已有研究讨论了海外分校具备的价值，主要包括经济、文化、政治几类。

本研究选取的案例方面，国内外均有学者对纽约大学的海外分校进行了分析，包括在新制度主义视角下讨论纽约大学在海外合法性的获得，以及超越经济利益的范畴研究了海外办学对组织文化的影响，还有对其品牌管理策略的分析。上述研究为笔者提供了一定的知识框架。

3. 研究不足

然而，就本研究重点关注的四个问题而言，当前研究的发现和结论还不尽完善，存在较大的挖掘空间。

首先，关于美国大学进入亚洲的背景和行动者。（1）背景方面，国内学者在期刊论文的层面讨论了美国海外分析的办学历史、动机和战略，普遍结论是"二战"以后开始海外办学。然而，"二战"前是否有重要的历史渊源，为什么"二战"后会出现海外办学的快速发展？怎样的历史条件和行动者推动了美国大学进入亚洲，这些问题仍然未被触及。此外，有学者提到"二战"前曾经出现海外教会大会，然而教会大学与"二战"后美国大学的海外办学机构存在怎样的关联？二战前后两类办学机构的动机、性质、属性存在哪些异同？仍然是有待回答的问题，只有对这些问题的解答才能真正厘清美国大学进入亚洲的历史渊源。（2）行动者方面，在美国的高等教育体制中，政府是一个重要行动者，除了资助、税收政策、行政法规，联邦政府在高等教育中的责任很有限，州政府的作用表现在招生、资助、问责、绩效拨款等。[140]对高等教育国际化而言，有研究指出，联邦政府始终扮演着领导者与管理者的角色，[141]更多的研究将其总结为促进人员流动、课程国际化与高校技术援助。[142]具体到海外办学的层面，除了 WTO 通过《服务贸易总协定》（General Agreement on Trade in Services，GATS）对美国大学向外扩张产生过影响，[143]此外，美国的关键行动者还有哪些？其他国家作为参与者，关键行动者有哪些？这些问题都还未得到解答。

其次，关于美国大学在亚洲办学的制度化。（1）首先，制度化的内涵和表现是什么？当前的研究指出亚洲已经成为最大的海外办学聚集地，那么，规模和制度化是否存在逻辑关联？规模最大的同时是否表现出特定的规律性特征？亚洲国家在制度化过程中发挥了怎样的作用？这些问题仍然不清晰。（2）

---

140 [美]小艾姆斯·麦克金奈斯，州政府和高等教育[M]//[美]菲利普·阿特巴赫等主编，施晓光等译，21 世纪的美国高等教育：社会、政治、经济的挑战（第 2 版），青岛：中国海洋大学出版社，2007：151-171。

141 杨启光，教育国际化进程与发展模式[M]，北京：社会科学文献出版社，2011：236-237。

142 郝艳萍，美国联邦政府干预高等教育机制的确立[M]，杭州：浙江教育出版社，2015：225-264。

143 杨启光，教育国际化进程与发展模式[M]，北京：社会科学文献出版社，2011：226。

此外，针对制度化问题的基础知识也有待更新，笔者曾分析 OBHE 列举的美国大学在中国举办海外分校清单，发现存在误漏和偏差，例如：已经关停的中山大学—卡内基梅隆大学联合工程学院仍被统计在内。类型方面，现有研究尚未建构出有效的分类方式。仅以中国为例：美国在华分校以校属二级学院为主，实体大学仅 3 所，办学层次分类具有重要意义，但仍然没有研究对此加以分析。

第三，关于美国高等教育模式的移植。美国大学在全球范围内受到广泛欢迎，成为全球化时代可供复制的教育制度原型，然而，美国大学受到欢迎的要素究竟有哪些？美国大学在亚洲办学过程中移植了哪些要素？当前尚无研究对此进行分析，本研究对这个问题的解答，具有潜在的理论创新意义。

第四，关于美国高等教育模式在其他国家的调适。当前的研究普遍指出了跨文化特性给海外办学带来的诸多挑战，那么，应对挑战，美国大学做出了怎样的调适？调适了哪些具体内容？这个问题同样存在较大的空间，也是本研究另一个具有潜在理论创新意义的点。

对纽约大学的分析聚焦于办学运行过程中的不同侧面：本研究将在对美国大学海外办学关键历史背景和行动者的考察中分析纽约大学在不同时期的表现及其与美国整体情况的嵌套；在对亚洲办学制度化的考察中分析纽约大学对美国整体情况的反映及其本身表现出来的独特特征；在对美国高等教育模式移植和本土调适的考察中分析纽约大学的模式、策略、经验，并进一步讨论纽约大学的案例结论具有的代表性和创新性。

第二章　研究设计

第一节　理论视角：世界社会理论

　　海外办学是一国高等教育机构在其他国家的扩散，是高等教育组织的国际化，涉及组织的多重面相，因此，海外办学的研究可以归于组织研究的范畴。组织如何形成、组织如何运行、组织如何发展和变革、组织与组织之间如何联系并相互作用……这些组织理论切关的系列问题蕴含着"制度"这一关键概念，因为组织在形成、运行、发展、变革过程中形成的制度，成为组织存续所依托的一种隐性路径，制度化亦被视为组织成熟的重要标志。新制度主义作为组织理论和组织分析的一种视野，[1]其理论主张与本研究关注的问题具有紧密的逻辑关联，其理论主张也指导着本研究中研究问题的形成。

　　然而，随着理论的不断建构、被越来越多的研究作为解释框架，新制度主义的内涵和外延都更加丰富，同时也加剧了理论的模糊性，在已有的相关研究中，学者们对该理论内涵的理解和解读均存在较大差异。基于此，本研究将理论视野限定在理查德·斯科特（Richard Scott）、保罗·迪马乔（Paul DiMaggio）、沃特·鲍威尔（Walter Powell）、弗朗斯希科·拉米雷斯（Francisco Ramirez）、约翰·迈耶（John Meyer）等人的主张上，尤其是迈耶构建的"世界社会"（World Society）理论。

1　Oliver C. Book review of The New Institutionalism in Organization Analysis[J]. Industrial & Labor Relations Review, 1993, 46(4): 735-736.

一、理论脉络与核心主张

（一）新制度主义理论体系

制度主义发端于结构功能主义，结构功能主义将社会视为一个具有结构特征的系统，认为社会组织的相互关联及作用产生社会功能、影响社会功能的发挥。这种思想脉络塑造了制度主义的主要理论立场，包括：社会结构决定行为、法律居于核心地位、整体主义的分析路径、以历史为基础、重视规范性。[2]因为对法律、规范等因素的重视，该理论的分析对象以具有政治属性的社会团体为主。随着 20 世纪 50-60 年代行为主义和理性选择主义在美国盛行，制度主义一度式微。当人们再次认识到行为无法解释所有的现象时，制度主义重新被重视。而这一时期，世界的整体格局和民族国家内部的社会形态均发生了极大的变革，社会科学研究的交叉程度、不同学科之间的相互影响均日益深化，制度主义回归时也呈现出诸多新的特点，自此，制度主义发展为新制度主义。如迈耶所言，自 20 世纪 70 年代发展至今，新制度主义理论（或社会学制度理论），已经成为理解现代社会秩序和世界形成、本质及其影响的一个有用视角。[3]

新制度主义的理论流派主要有规范制度主义、理性选择制度主义、历史制度主义、经验制度主义、国际制度主义、社会学制度主义，[4]延续政治科学的传统，关注具有政治属性的组织、关注组织的科层制及其潜在影响、强调结构和合法性等，这些特征进一步深化发展。在政治学的研究中，随着"民族国家"政体的广泛建立，国家理论占据核心地位。

在其他学科领域的研究中，新制度主义的一个重要发展在于理论边界从正式制度扩展到非正式制度，[5]除了研究党团、政府等正式的、宏观的社会组织及其规则体系，新制度主义的研究同样关注文化习俗、个体偏好等非正式

2　[美]盖伊·彼得斯，王向民等译，政治科学中的制度理论："新制度主义"（第三版）[M]，上海：上海人民出版社，2016：6-11。

3　Meyer J. Reflections: Institutional Theory and World Society [M]// Krücken G., Drori G. (ed.) World Society: The Writings of John W. Meyer. Oxford, the United Kingdom: Oxford University Press, 2010: 36-63.

4　[美]盖伊·彼得斯，王向民等译，政治科学中的制度理论："新制度主义"（第三版）[M]，上海：上海人民出版社，2016：18-20。

5　Zucker, L. G. The Role for Institutionalism in Cultural Persistence[M]//Powell W., DiMaggio P. (Eds.). The New Institutionalism in Organizational Analysis. Chicago, the United States of America: The University of Chicago Press, 1991: 83-107.

的、微观的组织形态和规则体系，以及它们在社会功能发挥中扮演的重要作用。此外，传统制度主义强调社会的稳定和平衡，新制度主义则对制度变迁、制度的功能失调保持开放的态度，这种取向显然更能适切社会的现实需求。伴随着全球化的进程，新制度主义对全球环境、市场因素、个体策略等要素的重视，无疑是其重要的理论发展和创新，这也使得新制度主义能够进入诸多社会科学研究领域，呈现出明显的跨学科特征。

斯科特将制度定义为"为社会生活提供稳定性和意义的规制性（Regulative）、规范性（Normative）、和文化—认知性（Cultural-Cognitive）要素，以及相关的活动和资源"，[6]规制表现为权力、法律和强制；规范表现为社会责任、期望和道德；文化—认知表现为信念、理解、文化认可。斯科特认为这一定义和理论模型强调制度是具有多个侧面的结构，三个要素必须互相依存，且呼吁对文化—认知给予更多的关注。同时，新制度主义一个清晰的理论动向是关注"世界系统"和"全球化"对国家—政府结构和行为的影响，这种影响具体表现为对传统国家"边界"的挑战，一方面，国与国之间的制度性差异被进一步削弱，"国家—政府"变得越来越相似，另一方面，跨国制度的重要性日益提升，出现了更多监督国家间交换行为的治理形式。[7]

国家边界的模糊化被新制度主义者称为"制度同形"（Institutional Isomorphism），迪马乔和鲍威尔认为，组织越发相似的背后实质上体现着商业市场竞争的理性化和官僚化向政治领域和专业领域的移动，他们分析了组织趋同，即制度同形产生的三种路径：强制的（Coercive）、模仿的（Mimetic）、规范的（Normative）。[8]该研究对新制度主义的理论发展产生了重要影响。

（二）世界社会理论

在新制度主义的理论体系中，迈耶及其同事历经数十年的研究逐步构建了将世界视为一个社会的"世界社会"理论。他指出，世界社会具有以下关键特征：以法律为基础、理性化、以人作为本体论、随着教育扩张而不断学校化

6　[美]理查德·斯科特，姚伟等译，制度与组织：思想观念与物质利益（第 3 版）[M]，北京：中国人民大学出版社，2010：56。

7　[美]理查德·斯格特，阎凤桥译，比较制度分析的若干要素[J]，北京大学教育评论，2007(01)：2-14+188。

8　DiMaggio P., Powell W. The Iron Cage Revisited: Institutional Isomorphism and Collective Rationality in Organizational Fields[J]. Social Science Electronic Publishing, 1983, 48(2): 147-160.

的世界、高度组织化的世界。正是这些关键特征的存在，各领域的专业行为者及其努力使世界社会成为全球图景。世界社会中蕴含的核心命题包括：全球模型的形成、全球模型对行为者的影响、全球模型在不同行为者之间的割裂、全球模型对内部结构和活动产生影响、日益扩大的现代活动者集群不断扩展专业性和影响力。[9]行动者和全球化是迈耶世界社会理论构建的两个重要概念：关于"行动者"，迈耶指出，他们包括个体、组织、民族—国家；关于"全球化"，迈耶指出，在工具文化的全球化中，即使成本高昂，行动者也不惜通过理性主义和普遍主义的模式创造并推广规则；在社会建构的全球化中，行动者们来自科学和专业领域，通过科学化的和普遍主义的模式创造世界模型。[10]

教育一直是迈耶的研究重点，也是世界社会理论构建的重要来源。他分析了教育在全球范围内的制度化，指出，现代教育是一项天生的全球事业，与其他领域相比，教育标准化的进程更快。首先，民族国家、大众教育、精英教育的理性化模式使国家间的教育制度更加相似；其次，世界模型对国家教育体系日益提升的影响促进了模型扩散和标准化；第三，民族国家与世界社会融合的程度越高，其教育体系与世界模式就越符合，教育改革的重点也更加符合国际趋势。在世界模式扩散的过程中，存在可供复制的主导模型，而强国教育政策便是这种主导模型。同时，发达国家教育模式快速扩散时，一味强调经济或政治成功的优越性也是不合适的，欠发达国家和个人也具备符合其风格和背景的独特价值。[11]

无论是全球模式的割裂，还是国家和个人的独特风格与背景，迈耶的论点都指向了制度同形中存在的差异性。斯科特也指出，新制度主义早期的研究强调制度趋同，而新近的研究开始注意制度趋异。制度要素扩散中的误传以及接纳中的创新、制度信念和逻辑的冲突、不同社会结构的差异适应方式、被动方的利益唤醒，[12]使得制度形式上的相似性和制度实质上的多样性相伴相生，理

9　Meyer J. Reflections: Institutional Theory and World Society [M]// Krücken G., Drori G. (ed.) World Society: The Writings of John W. Meyer. Oxford, the United Kingdom: Oxford University Press, 2010: 36-63.

10　Meyer J. Globalization: Sources, and Effects on National States and Societies[J]. International Society, 2000(15): 235-250.

11　Meyer J., Ramirez F. The world Institutionalism of Education[M]// Schriewer J. (eds.). Discourse Formation in Comparative Education. Frankfurt, Germany: Peter Lang Publisher, 2000: 111-132.

12　[美]理查德·斯格特，阎凤桥译，比较制度分析的若干要素[J]，北京大学教育评论，2007(01)：2-14+188。

性观念和模式被广泛采纳，但在不同国家却产生了不同的效果，某些源于发达国家的制度在发展中国家出现水土不服。[13]关注教育在全球范围内扩散过程中表现出来的制度同形，又注意到不同文化环境下表现出来的制度差异，这便是世界社会理论对世界现象的基本主张。

二、本研究分析框架的构建

迈耶言说的天生的全球事业——"教育"在世界社会共性生成中扮演着特殊而重要的角色，因为各个国家普遍持有促进"社会—经济"发展的相似目标，而教育是这一目标实现的主要驱动。21 世纪以来，新制度主义框架下的教育研究范畴从"大众教育的扩散和制度化"逐步延伸到高等教育领域。[14]高等教育自 20 世纪 60 年代起在全球范围内快速扩张，过程中表现出来的具有普遍主义的标准化，已经成为社会和教育全球模型的一部分。[15]随着高等教育海外办学的深入发展，世界社会理论关注的国家边界的超越、教育模型扩散和标准化、民族国家教育体系与世界模式的趋近等议题进一步凸显。因此，海外办学与生俱来的"跨国性"与世界社会理论存在诸多契合，本研究的分析框架和四个研究问题也正是生成于世界社会的理论中，如下图所示。

图 2.1　本研究分析框架图

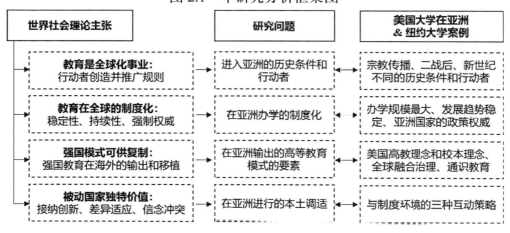

13 阎凤桥，世界社会理论：新制度理论在世界现象研究中的应用[J]，中国高等教育评论，2017，7(01): 3-16.

14 Schofer E., Meyer J. The Worldwide Expansion of Higher Education in the Twentieth Century[J]. American Sociological Review, 2005, 70(6): 898-920.

15 Schofer E., Meyer J. The University in Europe and the World: Twentieth Century Expansion[M]// Krücken G., Drori G. (ed.) World Society: The Writings of John W. Meyer. Oxford, the United Kingdom: Oxford University Press, 2010: 355-369.

第一，世界社会理论指出：虽然全球化成本高昂，但民族—国家、组织、个体等行动者仍然在全球范围内积极创造模式、推广规则。笔者基于此确定了研究问题 1：在不同的历史阶段，哪些特定条件和关键行动者推动美国大学进入亚洲国家？

第二，世界社会理论指出：教育已经在全球范围内高度制度化。通过前期文献综述，笔者认为，与教育在各个民族国家的制度化相类似，高等教育海外办学同样表现出诸多制度特性。因此确定了研究问题 2：美国大学如何在亚洲国家形成制度化的海外办学？

第三，世界社会理论指出：在世界社会模型扩散推动下民族国家间教育趋同的过程中，强国教育成为主导模型。在此基础上选择美国为研究对象并确定了研究问题 3：美国大学在亚洲国家输出的高等教育核心要素有哪些？

第四，世界社会理论指出：欠发达国家和个人具备的独特价值，使得制度形式上的相似性和制度实质上的多样性同时存在。由此明确了研究问题 4：美国大学在亚洲国家进行本土化调适的策略和内容是什么？

当前以世界社会理论为视角开展的海外办学研究仍然不多，更多学者从宏观的新制度主义视角下进行考察，如文献综述概括的，"规制—规范—文化认知"三要素已经被许多案例研究所采用，尤其用以分析分校如何在异国取得办学合法性；其次，虽然被广泛地采用，但由于研究者文化立场和理论认知的差异，对很多问题的解答仍然有待商榷。例如，一项研究将东亚国家儒家文化对教育的影响归因于"规范"而非"文化—认知"，这样的结论显然为不同的解答留下了余地；最后，随着理论关注点从正式制度扩展到非正式制度，研究路径也产生了诸多变化：研究层次从单个组织上升到组织域；组织内容从公共部门和非营利部门扩展到市场机构等非公共部门，[16]这些变革都对本研究提供了良好的启发。

第二节　研究方法

一、方法论

本研究定位为一项质的研究：研究过程上，通过深描与阐释对资料进行分析；目标指向上，旨在形成对研究对象本质与意义的理解；逻辑形式上，重在

---

16 郭建如，社会学组织分析中的新老制度主义与教育研究[J]，北京大学教育评论，2008(03)：136-151+192。

归纳而非演绎；资料类型上，以搜集整合质性资料为主。现象学（Phenomenology），作为一个哲学流派，同时作为质性研究的一种有效策略，是本研究的方法论立场，是指导研究开展的一般哲学原理。

从方法论的层面，现象学的哲学意义在于摒弃了传统哲学上的唯理论架构，从纯范畴、概念、逻辑的抽象理论转向强调对个别与普遍、现象与本质之间关系的把握，注重从直观现象中捕捉本质和意义，确立了"本质直观"的基本态度和方法立场，[17]对于审视不同文化间的思想交流具有更为普遍的意义，因为现象学派哲学家的理论旨趣使得"西方哲学对东方思想的统治，变成了比较平等的对话和互相欣赏。"[18]高等教育海外办学涉及东西方两种文化系统的互动，现象学具有方法论意义。

本研究的理论视角——迈耶等人在新制度主义理论体系中构建起来的世界社会理论，就是侧重于从现象学的角度分析问题的理论分支。[19]迈耶等人指出，许多当代社会理论都认为，社会是由自主的、有目的的个人和有组织的行动者构成的，作为回应，世界社会理论的基本看法是，这些行动者发挥作用离不开广义社会环境的支持。在以整合为主题的无国界世界社会，行动者的身份构建往往根植于全球的文化背景，而现象学与相关问题的研究具有紧密关联。[20]站在现象学——制度主义的角度，正是因为当代社会制度将文化材料赋予了合法化的、具有制度代理人属性的行动者，才撬动了制度的运行机制。世界社会理论将教育扩张视作一种现象学意义上的全球化制度，而海外办学无论是其扩张的形态、还是在全球范围内的制度化，都呈现着迈耶等人主张的现象学意义。要对海外办学的相关问题进行研究，就要在不同文化背景下教育哲学理念的对话中，考察合法化行动者互动的直观现象，及其本质意义。

二、方法实施

本研究分为三个阶段：阶段一，基于文本资料，系统梳理美国大学海外办

17　张祥龙，现象学导论七讲：从原著阐发原意(修订新版)[M]，北京：中国人民大学出版社，2011：4-6。

18　张祥龙，现象学导论七讲：从原著阐发原意(修订新版)[M]，北京：中国人民大学出版社，2011：3。

19　阎凤桥，世界社会理论：新制度理论在世界现象研究中的应用[J]，中国高等教育评论，2017，7(01)：3-16。

20　Meyer J. World Society, Institutional Theories, and the Actor[J]. Annual Review of Sociology, 2010, 36(1): 1-20.

学的历史和现状，在此基础上，重点分析美国大学在不同时期进入亚洲国家的历史条件和关键推动者（行动者），分析纽约大学在不同时期的发展情况、为走向海外积累的基础、走向海外的历程；阶段二，基本文本资料、案例、访谈资料，以纽约大学为切入点，重点分析其两所位于亚洲的实体大学的办学运行过程，构建其模式移植的要素和模式调适的策略；阶段三，讨论和总结，与文献和理论对话，得出研究结论。

研究方法主要包括文献研究、案例研究、质性访谈，不同阶段采用的方法有所差异。文献研究是所有阶段共同采用的基础性方法；案例研究主要为了提高研究的可行性，同时兼顾研究的代表性；质性访谈主要用于阶段二和阶段三。具体的资料收集与分析方法如下：

（一）资料收集的方法

北京师范大学局域网和图书馆是基础文献资料的重要来源。此外，受国家留学基金委资助，笔者在 2018 年 9 月至 2019 年 9 月到美国印第安纳大学布鲁明顿分校（Indiana University Bloomington）学习。笔者充分利用在美学习的机会，扎根美国本土，通过多种渠道拓展了研究资料的广度和深度。

1. 文献法

文献是研究工作的起点，对政策、历史、现状等海外办学的基本问题进行梳理，是研究的基本前提；对政策、措施、研究成果等文献的梳理是分析海外分校运行、双方互动的重要基础。需要指明的是，虽然均使用了"文献"这一术语，但这里的文献与文献综述的文献有诸多区别。文献综述（Literature Review）的文献主要是已有的相关研究，而作为一种研究方法的文献分析（Documents Analysis），包括的文献范围更加广泛，有学者用更加广义的"文件"一词来指代这类研究素材，可以挖掘的文献主要有四种类型：公共记录、个人文件、物理性的材料、研究者所生成的资料。[21]文献载体分为纸本和电子两类。将上述文件分类应用在本研究中，资料及来源包括：

（1）公共记录：联邦政府和州政府的相关教育政策、报告、档案等；教育行业协会和大学的相关政策、报告、记录、档案等；大众媒体生产的相关文本。有关机构的官方网站、在线档案库、信息发布平台是主要来源。

---

21 [美]莎兰·麦瑞尔姆，于泽元译，质化方法在教育研究中的应用[M]，重庆：重庆大学出版社，2008：80-84。

（2）研究者生成资料：OBHE 和 C-BERT 两个机构的研究报告；OECD、UNESCO 等国际组织委托学者生产的研究报告；已有的专著和期刊文献。北京师范大学图书馆、印第安纳大学图书馆、相关机构官方网站是主要来源。通过学校局域网可以进入的学术资源库包括：中国知网 CNKI、ProQuest、Springer 等。印第安纳大学局域网和图书馆是获取美国相关资料的重要路径。

（3）个人文件：海外分校相关工作人员（学校领导、教职工、学生）的个人工作记录等资料，主要通过与工作者本人建立联系，由本人提供。

（4）物理性材料：相关人员及各种人造实体物件。例如，分校的建筑特征和文化识别符号，及其与母校的关联度。

2. 案例法

现实世界是通过参与其中的个体（新制度主义话语中的行动者）建构的，质性研究的目的之一，就是通过探寻个体、自然情景、特定事例的关联和作用，发现社会现象的意义本质。由于现实世界具有复杂性，选取特定案例，对其进行描述—解释—评价，成为质性研究的基本方法。因此，在特定的情况下，质性研究也被称为案例研究。[22] 已有的研究充分说明了案例研究在海外办学研究中的重要性，研究者们通常选取个案，分析海外分校建设运行中的某一具体问题，成果多见于学术期刊。

但是，本研究尝试通过国际比较提炼出具有理论意义的普遍规律，这就需要突破单一个案的局限，扩展案例的数量。本研究的案例选取以 OBHE 的海外分校列表为资料源，从其提供和 C-BERT 美国大学亚洲海外分校名单中筛选案例。思路为：

①从 OBHE 列表中选择实体大学，而非虚体性的非学位项目；通过互联网补充 OBHE 可能尚未纳入的海外办学机构；

②调节权重，因为东亚、西亚、东南亚三地的办学数量最多，形成了聚落效应，为使案例能够更好地代表亚洲，力图对三个地区的机构都有所涉及；

③选定海外分校后，倒推选择对应的美国母校，确定所有案例学校。

通过对办学现状的梳理，本研究确定了以纽约大学全球教育体系为案例，重点分析全球教育体系中阿布扎比纽约大学和上海纽约大学两所实体海外大学。虽然最终未能达成东亚、西亚、东南亚三地的研究预期，但纽约大学独特

---

22 [美]梅瑞迪斯·高尔，[美]乔伊斯·高尔，[美]沃尔特·博格，徐文彬等译，教育研究方法（第六版）[M]，北京：北京大学出版社，2016：322-325。

的"一校三园"办学架构（纽约—阿布扎比—上海）表现出独特的研究价值。该架构的核心是纽约大学所代表的美国高等教育模式，这一模式在阿联酋和中国两种文化和制度环境移植的过程中，进行了不同的调适，为国际比较提供了有益的素材。从比较教育研究可行性的角度出发，该架构具有"并置"的共同标准，即以纽约大学为蓝本的美国高等教育模式。目前，海外办学尚无统一的标准和模型，每所向外输出的美国大学都有各自的侧重点，因此，如果选取另外一所位于东南亚的学校，可能会降低并置的可行性，继而降低研究的解释力。

3. 访谈法

本研究采用访谈法深入收集案例机构的相关资料。访谈是质性研究中普遍采用的一种重要方法，对本研究而言，采用的类型是半结构化访谈，围绕研究主题设计一系列问题，对访谈对象进行仔细地询问，以掌握更加丰富的事实资料，同时，深入了解当事人对海外办学意义的感受和想法。

在任何群体中，总会有些人比其他人更熟悉某一话题及相关问题的文化和历史，也能够更清晰地表达他们所知道的情况，因而对这类"关键人物"进行访谈是获取信息的重要来源，[23]本研究的关键人物包括：①美国母校的学校领导和教职人员；②海外分校的学校领导和教职人员、学生。此外，为了从观察者的视角对海外办学形成更全面的认识，笔者也对以下两类人员进行了开放式访谈：③海外分校的专门研究人员；④高等教育领域的相关学者和研究人员。针对不同人员的访谈侧重点不同：针对①和②，主要了解学校决策的背景和过程，学校办学运行的情况，模式移植和本土调适的主要内容及策略；针对③和④，主要从学理的角度，请相关人员评价现状、预策趋势。笔者对①和②设计了半结构访谈提纲（附录），在保护受访对象隐私的前提下，将访谈所得和初步研究结论与③和④进行交流，以期获得更加全面的认知。

虽然③和④两类受访并非直接的关键人物，但他们常年置身美国高等教育学术界，对笔者提供了许多颇有建设性的意见建议。其中，有学者提醒，纽约大学的全球教育体系具有一定政治敏感性，加之其私立学校的定位，在联系访谈的过程中有可能受到很多阻碍，因此有必要对媒体的相关报道进行全面梳理，既形成更全面的知识基础，也有助于做好心理预期；也有学者建议，要

---

23 [美]杰克·弗林克尔，[美]诺曼·瓦伦，蔡永红等译，教育研究的设计与评估（第四版）[M]，北京：华夏出版社，2004：466。

从纽约大学的建校历史入手，尤其是过去二十年来，纽约大学在招聘明星教员方面对传统学术生态的变革性影响，深入理解其向海外扩张的发展思路；还有学者建议，模式移植和本土调适是很宏观的问题，就纽约大学的案例而言，教学制度安排、男女同校教育、本科教学等都是值得关注的微观话题，这些微观问题体现了一些宏观规律。从研究过程和研究发现来看，以上受访对象的建议皆可谓"金玉良言"，对研究助益颇丰。

与访谈对象建立关系的确是一个艰难的过程。笔者根据前期整理的资料及后续研究的需要，将访谈对象数量拟定为 12 名。根据案例学校的官网信息，在充分做好不能获得同意的预期下，识别了 30 位潜在受访对象，平均 2-3 人的工作职能相似，以保证在同类教职人员中，至少获得 1 位的受访许可。在外方导师的帮助下，以及个人同学关系的联系下，笔者通过邮件与访谈对象建立了联系；之后，又以"滚雪球"的思路，通过一些受访对象与新的访谈对象建立了联系。最终，本研究达到了 12 位访谈对象的预期。笔者结合所在校区、职业身份、访谈年度等信息对受访对象进行了编码，情况如下表所示。

表 2.1 访谈对象基本情况

序　号	访谈对象编码	访谈次数	访谈总时长	访谈形式	语　言	地　点
1	NY-LD1-19	2	60	电话访谈	英语	美国
2	NY-ST1-19	1	30	当面访谈	英语	美国
3	NY-ST2-19	1	30	当面访谈	英语	美国
4	AD-LD/FC1-19	1	60	电话访谈	英语	美国
5	AD-LD/FC2-19	1	60	电话访谈	英语	美国
6	SH-LD1-19	1	60	电话访谈	中文	美国
7	SH-FC1-19	1	30	当面访谈	英语	中国
8	SH-SU1-19	1	30	当面访谈	中文	中国
9	IBC-FC1-19	1	30	当面访谈	英语	美国
10	HE-FC1-19	1	60	当面访谈	英语	美国
11	HE-FC2-19	1	60	当面访谈	英语	美国
12	HE-JN1-19	1	60	电话访谈	英语	美国

（来源：笔者自制。）

访谈对象编码中，左侧英文字母代表所在校区或职业，其中 NY 指 New York 纽约校区，AD 指 Abu Dhabi 阿布扎比校区，SH 指 Shanghai 上海校区。

IBC 指 International Branch Campus 海外分校专门研究人员，HE 指 Higher Education 高等教育专家或专门研究人员；中间字母和数字代表职业身份，以及同类人员中的受访顺序，其中 LD 指 Leadership 学校领导，ST 指 Staff 学校职员，FC 指 Faculty 学校教员，SU 指 Student 学生，JN 指 Journalist 专栏作家；右侧数字代表访谈年度，本研究的所有访谈工作均在 2019 年以内。以序号第 1 和第 5 的受访对象为例，编码分别代表：2019 年接受访谈的纽约大学校领导、2019 年接受访谈的阿布扎比纽约大学第二位校领导兼教员。

（二）资料分析的方法

文献资料的分析主要指向美国大学亚洲办学的历史节点、关键行动者、制度化构建等问题，本研究借鉴多元分析方法：①历史研究中的史料真实性确定、因果推论、历史证据的准确性等；②文本分析中的解释性分析和反思性分析。[24]包括，对文献资料进行基本描述、主题分类、多维互证、资料去伪、相关性和因果关系推论、论点归纳，继而生成与研究主题相关的知识。文献资料的重要内容是政府和学校层面的政策，政策分析将参照曾荣光总结的公共政策研究的综合解释模型，分析政策的因果、意图、目的、功能。[25]具体的分析方法和步骤和其他部分的文献资料分析相似，但这里的分析对象更加明确地聚焦于政策。

访谈资料的分析主要采取下述步骤：访谈资料的转录——基于备忘录对转录内容进行补充和完善——剔除无意义的信息——初步总结——深度分析，深度分析将参照赫伯特·鲁宾（Herbert Rubin）和艾琳·鲁宾（Irene Rubin）提出的：①从转录内容中提取与研究问题相关的个别概念、主题、事件和标志，给资料赋予大致的标签，完成初步的主题分类；②文献回溯，找到已有研究中反复提及的重要概念和主题，为编码提供参考；③从自己的访谈资料中（受访者常提到的、前期的初步标签、故事、关键事件、修辞等）归纳出概念和主题，对照已有研究、辅以适当推论，生成新的概念和主题；④对生成的概念和主题赋予一致而精炼的定义，确保研究者和受访者、受访者和受访者对同一概念的理解是一致的；⑤执行编码操作，对所有定义进行再次分类和并置。⑥最终，

---

24 [美]梅瑞迪斯·高尔，[美]乔伊斯·高尔，[美]沃尔特·博格，徐文彬等译，教育研究方法（第六版）[M]，北京：北京大学出版社，2016：406-409，329-332。

25 曾荣光，教育政策行动：解释与分析框架[J]，北京大学教育评论，2014(12)：68-89。

将所有事件的版本合成对全部叙事的理解，[26]即形成自己的研究结论。

　　笔者对 12 位访谈对象进行访谈时，一共有 7 位同意录音。根据录音材料和访谈过程中的笔记，笔者整理了近六万字的原始记录。访谈主要服务案例研究部分的撰写，以对访谈内容编码形成的知识要点为基础，搭建了相关章节的框架，又在写作中进一步修改完善。行文过程中呈现了一些有代表性的观点。在此，笔者选取两个重要概念的生成过程以呈现对访谈材料的编码处理。

表 2.2　访谈材料编码过程示例

访谈对象的陈述⮌	回溯相关文献⮌	⮌生成概念
1. 我们不称阿布扎比和上海为海外分校……（NY-LD1-19）； 2. 上纽大不是海外分校，最基本的，我们是独立法人单位……（SH-FC1-19）； 3. 门户校园有自己的学校文化、特征、学位授予资格，应该考虑海外分校的表达是否合适……（NY-ST1-19 & NY-ST2-19）。	The Rise of "Educational Sovereignty" (Kinser, K., & Lane, J, 2014); Success Factors of Mature IBCs (Garrett R., Kinser K., Lane J., Merola, R., 2017).	对"海外分校"的扬弃、倡导全球融合治理
1. 合作洽谈伊始，纽约大学就明确了两项核心价值：一是学术自由；二是男女同校教育……（AD-LD/FC1-19）； 2. 当聘用优秀的女性教员时，我们必须说服她们，阿布扎比纽约大学男女教员享受一样的公平待遇……（AD-LD/FC2-19）。	Women Business and the Law (WB, 2016); The Global Gender Gap Report (WEF, 2018); Co-education in UAE helps to develop healthy gender ties (Sebugwaawo, I., 2018)	促进性别平等

（来源：笔者自制。）

　　笔者利用质性分析软件 ATLAS.ti 8 辅助编码，其理论基础是扎根理论（Grounded Theory），软件中的编码体系包括自由编码、开放编码、In Vivo 编码，根据研究者对文本资料构建的编码生成列表，以供合并分析。虽然本研究并未采取扎根理论的方法要求（明确的理论悬置、逐行逐段的编码、概念和主题生成于研究过程中等等），但作为一种工具，ATLAS.ti 8 的文本管理、编码、概念生成等功能对本研究的分析工作是有助益的。此外，工具方面，百度学术、谷歌学术（Google Scholar）、NoteExpress 等能够进行高效的文献管理，对文献进行分类和标注，进而有效地定位和提取文献，并自动生成国标（GB/T）、APA 等格式的参考文献条目，极大提升了研究的效率。

---

26 [美]赫伯特·鲁宾，[美]艾琳·鲁宾，卢晖临等译，质性访谈方法：聆听与提问的艺术[M]，重庆：重庆大学出版社，2010：184-197。

（三）技术路线

综合上述研究设计，笔者将本研究的技术路线图绘制如下：

图 2.2　本研究技术路线图

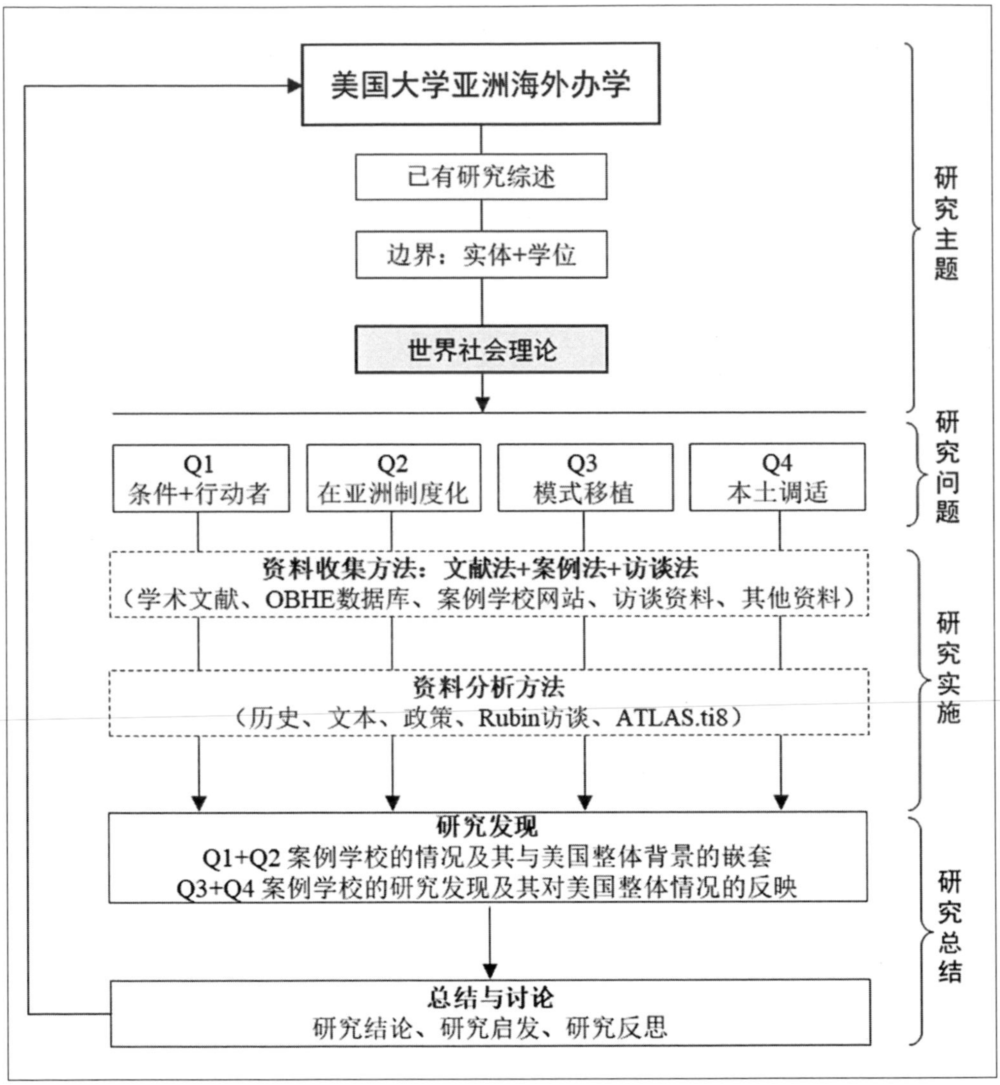

第三节　研究伦理

学术研究的伦理主要涉及两个方面：一是研究者本人持有开展学术研究的道德品质，遵守所在学术领域的基本学术规范。二是坚持学术研究的伦理规范，不侵害研究参与者的权益。

一、学术规范考核

学术规范方面，笔者参加了北京师范大学研究生学术规范的自学课程，并顺利通过学术规范测试。对科学道德、学风、高校人文社会科学学术规范、学术不端的定义与主要行为形成了良好的认知，在研究开展和论文撰写的过程中严格遵守相应规范。

二、学术伦理审查

在美国的社会科学研究规范下，凡是以人为受试的研究（Human Subjects Research，HSR）均要向研究者所在机构提交伦理审查，审查委员会根据研究计划评判研究是否能开展，以及进行何种程度的审查。因为质性研究常使用的观察、访谈等方法涉及与人的密切接触，均属于 HSR 的范畴。本研究访谈部分主要在美国完成，因此笔者需要获得印第安纳大学伦理审查委员会（Institution Review Board，IRB）的研究许可。相关程序如下：

首先，用印第安纳大学的用户名和账号到合作机构培训项目（Collaborative Institutional Training Initiative，CITI Program）进行注册。自学完成约 30 个学时的 CITI 培训课程。课程涵盖了《贝尔蒙报告》（The Belmont Report）、《纽伦堡公约》（Nuremberg Code）、联邦相关法律规定等内容，让受训者深入认识研究的基本伦理原则（尊重个人、行善、平等公正），掌握获得知情同意、评估研究风险和利益、保护隐私、防范利益冲突等操作办法。

其次，完成 CITI 培训的在线测验。考试通过后，获得两张课程完成证书（附录），分别为人类研究（Human Research）、人体受试研究（HSR）。获取证书后即获得向印第安纳大学 IRB 在线提交研究计划的资格。

第三，为了保证研究项目可以问责，向印第安纳大学 IRB 提交的研究计划必须由该校的全职教员担任负责人（Principal Investigator，PI）。为此，经与外方导师商议，外方导师同意担任本研究的 PI。外方导师详细审核了笔者拟写的英文研究计划、访谈提纲、知情同意书（附录），就研究计划提出若干修改意见。修改完成后共同向 IRB 提交了相关材料。

第四，材料提交约半个月后，学校 IRB 反馈，本研究符合研究审查豁免（Study Exempt）要求，仅对研究进行最基本的审核。但研究发生改动时，不论改动大小（Major/Minor），均要在学校的 IRB 系统中做更新。

　　最后，在得到 IRB 研究审查豁免的通知后，研究可以开展，笔者开始与访谈对象联系。

　　笔者在联络访谈对象、访谈实施、访谈资料分析的过程中，严格遵守学术伦理的相关规范和要求，将 CITI 培训课程学习到的知识运用到了实践中，每一个环节都做到对研究参与者隐私的保护。从研究对象的角度看，本研究关注的是高等教育机构，而非高等教育机构中的个体，访谈问题的主要内容集中于学校筹建和办学运行的事实材料，个人信息方面，仅对受访者的高等教育工作经验做了必要的了解，对受访者的潜在伤害属于最低的级别。此外，笔者与受访者素昧平生，不存在利益关系或冲突。文末附上了 CITI 培训课程完成证书、中英文访谈提纲、知情同意书等材料，以兹说明研究者受到严格的研究伦理规范培训，掌握了相关知识，研究过程和论文撰写过程符合研究伦理的相关要求。

第三章 美国大学进入亚洲的脉络

美国高等教育海外办学具有深刻的历史渊源：一方面，在欧洲殖民统治和宗教传播的历史背景下，1636-1776 年间，哈佛学院（Harvard College）等 9 所殖民地学院拉开了美国高等教育的序幕，为后来高等教育事业在北美大陆的发展奠定了基础。从这个意义上看，美国高等教育具备"与生俱来"的海外办学基因；另一方面，随着美国独立建国以及国力渐盛，19 世纪初，国内的宗教力量承袭了欧洲先辈向外殖民和传教的传统，在其他国家探索建立了一批宗教性质的教会大学，成为高等教育海外办学的先驱。

第二次世界大战后，美国的综合国力长期处于无出其右的状态，为高等教育的发展创造了优渥的环境，美国高等教育逐渐成为一个具有全球影响力的"品牌"，美国大学也把握住时代契机，率先于 20 世纪 50 年代开始了符合当前学术定义的海外办学。上世纪末，美苏争霸结束、亚洲经济崛起、全球政治格局重组，美国高等教育受到亚洲国家的普遍青睐，多重因素推动下，美国大学和亚洲国家分别成为海外办学的最大输出者和聚集地。进入 21 世纪，"9·11"等黑天鹅事件进一步助推美国高校向外寻求发展。近十年来，依托数量、规模、经验方面的优势，美国大学又在亚洲积极探索海外办学的创新路径。

整体上，可以将美国高等教育海外办学的历史分为三个阶段，从世界社会理论的角度看，不同阶段有特定的历史条件和行动者推动美国大学进入亚洲，办学行为也表现出不同的特征和属性。纽约大学的建校历程和海外办学活动也根植于这一宏观历史脉络中。

第一节　19世纪至20世纪初孕育向外扩张的传统

一、宗教力量推动美国教育走出去

（一）海外教会大学的起源

18世纪后半叶至19世纪中期，在独立建国的背景下，美国高等教育经历了一系列重大变革，包括州立大学兴起、服务世俗职业的专业高等教育发展、崇尚"博雅教育"的高校课程改革、赠地学院发展、研究生学位体系初创等。在这些事件的推动下，美国高等教育体系和制度逐渐形成了自己的特色，实现了由精英阶层向广大民众、由学术探究向学用结合、由模式单一向多层多类、由学校自治到协调控制的过渡，[1]初步框定了当今美国高等教育的格局。

在高等教育体系迅速发展的同时，19世纪初期，美国的宗教力量掀起了一场"外国传教运动"（The Foreign Missionary Movement）。以新教福音派（Evangelical Protestantism）为主要代表的基督教力量在美国国家构建和内部扩张的历史进程中扮演着重要作用，他们的教义包括维护《圣经》的权威、积极主动地传播福音、走平民化路线。在这些思想的影响下，新教徒率先迈开了向美国本土以外传教的步伐，而这一过程中，他们一方面积极开办教堂、传播宗教，另一方面，出于对"美国文明"的深信不疑，同时为了更好地为传教创造文化基础，他们也力主推广美国的文化价值观和社会制度。因此，传教士的工作形成了"宗教传播"和"文化改造"两条主线，在他们步伐所至的南亚、东亚、非洲、太平洋海岛等区域的诸多国家，两项运动都如火如荼地进行，传教士人数至19世纪末期激增至5000余人，主要面向幼童和青少年的教会学校在这种背景下应运而生。

然而，以传教士为主要行动者的海外办学活动搭乘了武力侵略和殖民扩张的便车，因而在发展迅速的表象下，来自输入地的阻力和抗争也十分激烈。19世纪中叶，一些传教工作者开始对"文化改造"产生了不同的看法。1832年，倡导尊重和保护地方文化的传教士安路福（Rufus Anderson）就任美国公理会海外传教差会（American Board of Commissioners for Foreign Missions）[2]的秘书长，

1　陈学飞，美国高等教育发展史[M]，成都：四川大学出版社，1989：142-143。

2　中、英文简称分别为：美部会、ABCFM。美部会成立于1810年，是一家志愿参与的组织，目的在于团结不同教派，共同推进海外传教工作。美部会曾长期得到公理会（Congregational Church）、长老会（Presbyterian church）、美国归正会（Reformed Church in America）等基督教派的支持，但随着宗派冲突，其他教派陆续退出，1870

他主张要认清宗教传播和文化改造两项工作的根本差异，教会的工作应该聚焦于传教，不应该对地方文化进行改造。他呼吁关闭学校，因为办教育并不是教会的主业，只是一项辅助性的工作。[3]尽管如此，1835 年，长老会的传教士仍然在亚洲国家黎巴嫩首都贝鲁特（Beirut）建立了一所美国女子学校（American School of Girls，ASG）。长老会作为美部会的支持教派，其办学行为说明安路福的主张并未能产生实质性的影响。随着 1866 年安路福辞任秘书长职务，新教内部文化改造的阻力进一步式微。1870 年其他教派陆续退出美部会之后，海外文化改造呈现出不可逆转的趋势，学校、医院等象征美国文明的机构及其依赖的社会制度在传教士步之所及的国家进一步发展壮大。

（二）海外教会大学的勃兴

19 世纪下半叶至第一次世界大战，美国在海外举办的教会学校数量增多，且前期的一些基础教育学校逐渐增设高等教育，教会大学踏上历史舞台。究其原因，一方面是前文所述，19 世纪与 20 世纪之交，基督教内部对海外"文化改造"的争议逐渐式微，1870 年前后，长老会、归正会等主张文化改造的教派先后脱离美部会，他们的办学行为也不再受到约束；另一方面，从根源上，教会的工作目的在于服务基督教的发展和传播，而办教育既能直接培养相关人才，又能为宗教发展创造适合的文化土壤。随着传教士进一步认识到培养基督教高级人才的必要性，[4]提升教育层次成为了他们的必然选择。

同一时期的美国国内，在女性学生人数激增等因素的推动下，美国高等教育高等教育规模极大扩张，高教体系进入"标准化"的重要时期，出现了诸多新的特征：教会信条对大学的影响显著降低、学制和学位体系趋于完备、学科和学系双层组织形成、专业和课程设置日益丰富、本科通识教育模式初步形成。[5]高等教育在美国国内的新发展客观上为教会在海外举办高等教育提供了可以参照和复制的模板。

这一时期开办且延续至今的教会大学包括：1866 年成立于黎巴嫩贝鲁特

年后参与者仅剩公理会。

3 Bays D., & Wacker G. The Foreign Missionary Enterprise at Home: Explorations in North American Cultural History[J]. Catholic Historical Review, 2004, 90(6): S93.
4 赵厚勰，陈竞蓉主编，中国教育史教程（第二版）[M]，武汉：华中科技大学出版社，2018：158-159。
5 [美]罗杰·L·盖格，刘红燕译，美国高等教育的十个时代[J]，北京大学教育评论，2006(02)：126-145+192。

的贝鲁特美国大学（American University of Beirut，AUB），1875 年成立于希腊雅典的希腊美国学院（The American College of Greece，ACG）和 1919 年成立于埃及开罗的开罗美国大学（American University in Cairo，AUC）。上文提及的美国女子学校（ASG），也在这一时期和 AUB 合作开设女子高等教育学位项目，并于 1933 年完成转制，成为黎巴嫩美国大学（Lebanese American University，LAU），这是目前仍然存在的最古老的美国海外教会大学。

　　海外教会大学的历史洪流同样在我国教育史上写下了浓墨重彩的一笔，1877 年至 1915 年，美国基督教团先后在我国成立了学校教科书委员会、中华教育会、中华基督教教育会等教育协调机构，积极开展中学救助、大学规划、宗教建设等工作，[6]并推动了教会大学在中国的发展。以 1881 年美以美会（The Methodist Episcopal Church）在福建福州开办的鹤龄英华书院（Anglo-Chinese College）为开端，[7]教会大学开始在中华大地生根发芽。截止 1949 年，中国一共有十余所基督教会大学，完全由美国独立举办的一共 8 所，办学情况如表 3.1 所示。

表 3.1　二十世纪在华八所美国基督教教会大学基本情况

中文校名	英文校名	地点	时间	举办方	注册地
东吴大学	Soochow University	苏州	1900	卫理公会	美国田纳西州
圣约翰大学	Saint John's University	上海	1905	圣公会	美国华盛顿特区
金陵大学	Nanking University	南京	1910	美以美会等	美国纽约州
金陵女子大学	Ginling College	南京	1913	长老会等	美国
沪江大学	Shanghai College	上海	1914	美南浸信会等	美国弗吉尼亚州
之江大学	Hangchow University	杭州	1914	长老会	美国
华南女子文理学院	Hwa Nan College	福州	1916	美以美会	美国纽约州
岭南大学	Lingnan University	广州	1927	长老会	美国

（备注：成立时间排序。*成立时间以上述学校正式确立"大学/University""学院/College"等名称的时间为准。溯源他们的前身，大多是建于 19 世纪下半叶的书院、

6　张龙平，调适、规划与重建：抗战时期的中华基督教教育会[J]，抗日战争研究，2010(03)：90-105。

7　王凌皓主编，中国教育史纲要（第二版）[M]，北京：人民教育出版社，2013：361。

学堂、神学院、义塾、学院预科等基础教育层次的教会学校。来源：笔者根据石鸥，中国教会大学——东吴大学，圣约翰大学，金陵大学，金陵女大学，沪江大学，之江大学[J]，书屋，2009(01, 03, 04, 06, 05, 08): 1; 维基百科相关词条; Yale University Library-Divinity Library-Hangchow Christian College (Record Group 11 / Box 160 / Folder 3014 through Box 162 / Folder 3048) 等资料整理。）

　　20 世纪 20 以来，随着"收回教育权"等运动的冲击，这些大学陆续向中华民国政府注册立案，在学校管理权、办学定位、学科合课程内容等方面完成了"中国化"的转型。[8]1949 年新中国成立后，几经院校调整，这些大学已经不复存在，但其留下的"燕京""协和""辅仁""湘雅"等文化标签和教育遗产仍然在以不同的形式参与中国高等教育。

二、纽约大学商业扩张的文化基因

（一）初创于小型学院潮流中

　　海外教会大学蓬勃发展的 19 世纪至 20 世纪初，是美国独立建国以来国家认同和国家荣誉逐渐形成的时期。随着领土在北美大陆迅速扩展，以及年轻的美国海军在 1812 年"第二次独立战争"中勇挫英国皇家海军，美国作为一个独立国家的地位不断巩固，民众的爱国热情大幅提升。自此，人们开始自豪地称自己是"美国人"，不再像过去一样自称纽约人或宾夕法尼亚人。这片领土上的人们不再是殖民者、英国人或者欧洲人，开始具有自身的独特性身份，并且为国家的发展和广阔领土感到自豪。[9]到 19 世纪中叶，作为一个独立国家的美利坚，形态和内涵都日趋丰富。

　　国家建制的美国化和开疆扩土的精神对高等教育产生了重要影响，18 世纪末至 19 世纪中期，小型学院（Small College）在全美雨后春笋般地建立起来，"创建高等教育的美国道路"（American Way）被后来的教育史学家概括为小型学院推动下这一阶段的时代主题。承袭欧洲传统，以光明、真理、自由等高贵理想为校训的美国大学在继续发展，但这类机构的数量仍然稀少；相较而言，在国土扩张、人口增长、创新、消费主义的推动下，18 世纪与 19 世纪之交，平民化、实用型、世俗化的小型学院开始萌生，到 19 世纪上半叶，这类机构呈现出几何级增长的态势，从 1800 年的 25 所激增至 1860

8　夏泉，蒋超，三任华人校长与岭南大学的"中国化"转型[J]，高等教育研究，2015，36(04): 82-88。

9　[美]罗伯特·瑞米尼著，朱玲译，美国简史：从殖民时代到 21 世纪[M]，杭州：浙江人民出版社，2019: 61。

年的 241 所。[10]1831 年，经纽约州立法机关批准，纽约市大学（University of the City of New York）成为了美国高等教育的一员。六十五年后，学校于 1896 年更名为纽约大学（New York University）。

（二）立足大都会的创新大学

所处的时代背景和成立的过程塑造了纽约大学独特的学校个性，学校的基因和特质集中反映在学校发起人、创始委员会负责人艾伯特·加勒廷（Albert Gallatin）的愿景阐述中——"我余生的理想，便是尽己所能，在这座快速发展的大都市中，建立一个理性的、结合实际的综合教育体系，适合所有人、向所有人开放。"[11]加勒廷的建校愿景至少从五个方面刻画了纽约大学的性格：

一是立足纽约，纽约是美国建国后的第一个首都，在 1790 年确立了美国第一大城市的地位，勇于创新和飞速发展始终是这座城市的显著标签。在这座大都会建立一所立足城市、服务城市的大学是纽约大学成立的重要背景，与纽约市保持一致的节奏和韵律也成为纽约大学与生俱来的性格。1917 年，在读学生达到 9300 人，纽约大学成为美国规模最大的高等教育机构。[12]1939 年，这一数字上升至 47000 人。按照在读学生人数计算，纽约大学今天仍然是美国规模最大的私立大学。

二是理性的学术定位，纽约大学的教学工作以文理学院（College of Arts and Science）为开端，建校至今，文理兼修、基础学科的通识教育模式始终居于学术工作的核心位置，即成为学校学术理性的传统和表征，也成为后来纽约大学在全球开展海外办学的核心要素。

三是结合实际的学科发展方向，对传统精英大学经典文理学科的坚守和突破是当时高等教育美国道路的重要转向，纽约大学也顺应时代风向，以 1835 年法学院的开设为起点，医学、牙医、教育、商学等实用型、专业型的学科和专业先后加入，不断丰富纽约大学的学术版图。

四是适合所有人，广泛的适应性意味着纽约大学要建设成为一所综合性

---

10 Thelin J R. A History of American Higher Education (Second Edition) [M]. Baltimore, Md.: Johns Hopkins University Press, 2011: 41-42.

11 New York University. History of NYU Milestones from 1831 to the Present [EB/OL]. (2019-08-25) [2019-08-25]. https://www.nyu.edu/about/news-publications/history-of-nyu.html.

12 Jackson K T. The Encyclopedia of New York City[M], New Haven: Yale University Press, 1995: 848-849.

大学，拥有齐全的学科和专业布局，以及健全的学位体系。这也是是学校规划的发展方向，一所能广泛适应不同教育需求的大学必然是一所规模大、学科全的综合性高等教育机构。

五是面向所有人，小型学院兴起的重要时代背景是教育需求的普遍增强和受教育权日益成为一个社会议题，广泛招收殖民地学院时期被排除的女性、黑人、传统的罗马天主教徒等学生群体也成为小型学院所代表的美国独特性的重要内涵。纽约大学坚持同样的主张，学校筹建期间，加勒廷等发起人在纽约市政厅主持召开了以"文学和科学"为主题的会议，来自各行各业的一百多名"纽约客"一致认为，扎根纽约这方热土的大学，招生应该看重人的美德和品行（Merit）而不是出身和阶层，[13] 为日后学校的招生工作确立了基本原则。

（三）重商主义的理念渊源

上述五方面办学愿景初步塑造了学校的基本定位和方向，梳理校史还发现，纽约大学的成立具有突出的重商主义（Mercantilism）的理念渊源。学校的创立者们坚信，建立一所有别于昔时传统高等教育模式的学术机构，纽约大学要塑造"大都会的性格品质、民主的精神内涵"，还要"呼应日渐浓厚的商业文化（Commercial Culture）的诉求"，学校是一项"社会投资（Social Investment）"，服务对象包括快速崛起的"商业阶层（Mercantile Classes）"，人才培养目标是"受过良好教育的职业人员、工商业从业者以及实用型文科人才"。[14] "重商"的学校理念，一方面是美国时代背景和纽约城市环境的需求和塑造，同时也和学校初创者的背景息息相关。艾伯特·加勒廷本人曾在1801-1814年间担任托马斯·杰斐逊（Thomas Jefferson）和詹姆斯·麦迪逊（James Madison）两任总统的财政部长，他在路易斯安那购地、倡导建立美国国家银行体系等历史事件中扮演着重要的角色；更直接地，学校成立初期，得到了一批银行、贸易等商业从业者的支持，因而在办学上体现相关阶层和群体的利益诉求也成为应有之义。

三、历史条件及关键行动者总结

从历史条件的角度，殖民入侵为美国高等教育进入亚洲提供了条件，这同

13　Wikipedia. History of New York University [EB/OL]. (2019-08-25) [2019-08-25]. https://en.wikipedia.org/wiki/History_of_New_York_University.

14　New York University. Faculty Handbook: A private University in the Public Service [M]. New York: New York University, 2018: 1.

时决定了殖民性是这一时期美国高等教育海外办学的属性。海外教会大学最早出现并集中分布的黎巴嫩、中国等亚洲国家，都在 19 世纪至 20 世纪遭到西方国家的殖民入侵，其中，黎巴嫩被法国占领，中国则被多国侵略。西方国家以武力为路径的海外扩张为传教士创造了办学的便利条件是无可否认的事实，这一前提决定了教会大学的殖民属性。

从关键行动者的角度，推动美国高等教育进入亚洲的主要力量是基督教的各教派组织及传教士，这决定了宗教性是这一时期美国高等教育海外办学的根本属性。传教士首先在亚洲殖民地开设基础教育层次的学校，然后逐渐增设高等教育内容，并发展成为海外教会大学，这从根本上框定了学校源于宗教、服务宗教的性质。事实上，19 世纪与 20 世纪之交是美国高等教育逐渐从宗教性向世俗性过渡、高等教育逐渐与基督教独立开来的阶段，州政府管理、大学自治等世俗性质的高等教育管理体系在美国本土尚处于探索建立的阶段，[15]因此这一时期的高等教育海外办学也不可能脱离基督教团体这一重要主体。

19 世纪至 20 世纪初宗教力量推动的海外办学活动并不属于当今高等教育海外办学的定义范畴，但其发展路径体现了三个重要元素，孕育了"二战"后美国大学向海外发展的传统：第一，以新教为代表的基督教团体对新教的"自信"使他们始终保持向外扩张的意愿。对内，新教在美国国家建制的形成中发挥了重要作用。对外，新教始终信奉要扩大自己的覆盖范围和影响力，因此向外传播宗教和美国文明成为新教徒孜孜不倦的追求；第二，宗教力量主导的海外办学反映了美国高等教育体系在独立建国背景下不断建立完善的过程，分析海外教会学校增设高等教育的背景，它受到美国高等教育体系不断建立的推动；第三，成立于该时期并延续至今的黎巴嫩美国大学等机构，一直采用与美国本土同步的高等教育模式，并在"二战"后及时变革、推动构建协调双方国家多元主体的治理模式，过程中确立的许多原则，例如董事会/理事会领导下的校长负责制、坚持美国人员担任校长等，至今仍被走出国门的美国高校采纳，可以说这些机构为"二战"后美国大学的海外办学进行了可行性实验，也创设了一定的制度基础。

这一时期，纽约大学在小型学院的建设潮流中成为美国高等教育的一员，

---

15 Nieli R K. From Christian Gentleman to Bewildered Seeker: The Transformation of American Higher Education[J]. Academic Questions, 2007, 20(4): 311-331.

在宗教力量作为关键行动者的背景下，纽约大学和其他美国大学一样，并没有开展海外办学。但是纽约大学成立时期，美国高等教育体系的不断构建，高等教育和宗教力量在海外办学中的相互影响，成为美国大学一项重要的资源，纽约大学本身立足大都会的创新愿景、重商主义的理念渊源也成为其日后走向海外的重要背景。

第二节　20 世纪末亚洲成为美国大学的海外聚落

第二次世界大战打破了绵延数个世纪的以欧洲为中心的世界格局，借由战争创造的机缘和优势，美国一跃成为资本主义阵营头号强国。随着综合国力的全面跃升和战后社会结构的变革重组，美国高等教育迎来了贯穿 20 世纪 40 年代至 70 年代的第一个"黄金时期"（Golden Age），高等教育飞速发展、全面勃兴。20 世纪 70 年代至 20 世纪末，伴随着规模扩张引发的系列问题，以及对这些问题的应对，美国高等教育逐渐进入成熟期，规律性、稳定性越发清晰。

20 世纪 40 至 70 年代，美国高等教育海外办学恢复并新生，大学逐渐取代宗教组织成为办学主体，海外办学的宗教性和殖民性也被逐渐教育性取代，纽约大学也开始了海外办学的初步探索；70 年代至 90 年代末，高等教育海外办学已经成为全球的普遍现象，教育属性进一步巩固，大学成为最重要的办学主体，跨境高等教育、海外分校等学术话语生成，海外办学的实践和理论均取得长足发展，纽约大学也在长时间的蛰伏后，重启海外办学的步伐。

一、20 世纪海外教会大学的延续和转向

1962 年，巴黎美国大学（American University of Paris，AUP）落成，成为第一所在欧洲建立的美国大学。AUP 兼有"二战"前后两个阶段海外办学的特征，衔接了不同的历史时期，成为宗教时代向世俗时代过渡过程中一个颇具代表性的案例。1962 年，美国外交官员劳埃德·德拉马特（Lloyd DeLamater）在巴黎美国教会（American Church in Paris）的支持下发起成立了巴黎美国学院（College），主要为长期旅居欧洲和法国的美国公民子女提供教育服务，教授语言、经济、历史、艺术等基础性的文理学科，学生在巴黎接受两年的学历教育后，通常会回到美国本土的大学完成本科学位。

受美国在欧洲减少驻军等因素的影响，到 1975 年巴黎美国学院的学生结

构发生了较大变化，非美籍学生人数已经过半，学生主体的教育需求也随之改变，接受两年的学历教育后回到美国完成学位已经不是主流的教育需求，学院因而顺势升级成为四年制、授予学位的独立机构。1988 年，学院再次升级，成为大学（University）。[16]AUP 的成立背景和发展历程表明，"二战"前的教会大学的建设模式和路径在战后得到了延续，一些如德拉马特般具有国际视野和情怀的个体[17]在宗教力量等多种资源和渠道的支持下继续海外办学，为本国驻外人员提供教育服务。正是由于个体的推动，使得这类办学行为和机构不具有普遍性的规律特征，表现出较强的偶然性。随着时代的变迁，这类机构逐渐完成了使命和身份的转型，成为保留美国办学特色的异国高等教育机构，不再属于美国高等教育海外办学的范畴。

二、"冷战"时期在欧洲恢复海外办学

"二战"后，美国高等教育经历了两方面重要变革：一是规模急速扩张。在 40 年代《退伍军人权利法案》（GI Bill of Rights）、"大萧条"后人口出生高峰等因素的作用下，20 世纪 60-70 年代进入高等教育机构的学生人数激增、公立性质的社区大学出现、师范学院扩充学术内容升级为大学，美国至此迈进高等教育大众化的阶段；二是学术水平攀升。在规模的推动下，高等教育机构对学术研究的重视来到了前所未有的高度，尤其是位于高等教育体系顶端的院校，不断探索学术研究的前沿和边界。经过 40 年代范内瓦·布什（Vannevar Bush）报告《科学，无尽的前沿》（Science, Endless Frontier）、50 年代《国防教育法》（National Defense Education Act）等几个重要的政策节点，联邦政府的高等教育资助体系进一步发展完善，有力推动了学术研究的水平。

随着国内高等教育的勃然发展、国际秩序的恢复重建，海外办学也陆续恢复，并形成了以大学为主体的办学特征，宗教力量退出了海外办学的历史舞台。但囿于美苏争霸形成的"冷战"格局，这一时期美国大学集中在美国资本主义阵营的欧洲国家办学。

---

16 The American University of Paris. History of AUP[EB/OL]. (2017-03-17) [2019-07-25]. https://www.aup.edu/about/history-of-aup.

17 根据 AUP 的校史记载，劳埃德·德拉马特拥有多国学习、工作和生活的经历，具有丰富的国际经验和超前的国际视野，"弥合狭隘民族主义造成的鸿沟"（bridge the gap of narrow nationalisms）是其人生信条，也是他办高等教育的出发点。

（一）海外办学的恢复重启

1955 年，约翰斯·霍普金斯大学（Johns Hopkins University）高级国际问题研究院（School of Advanced International Studies，SAIS）在意大利博洛尼亚（Bologna）建立了欧洲中心（SAIS Europe），成为美国大学在欧洲建立的第一个全日制研究生教育和学位授予机构，[18]拉开了战后美国高等教育海外办学新的序幕。SAIS 欧洲中心的"新"体现在多个方面：首先，SAIS 欧洲中心是美国大学在高等教育海外办学中的首秀，从 SAIS 欧洲中心开始，大学开始取代宗教团体在海外办学中的主体地位，办学逐渐脱离于宗教性；其次，SAIS 欧洲中心的学术研究重点包括国际关系、国际经济等，可见，推动战后国家间的交往、对话和合作成为其重要使命，与教会大学基于宗教扩张的建设逻辑相比，这是一种根本性的转向，国际合作的理念开始酝酿并成为海外办学的底层逻辑；此外，由于与殖民侵略脱钩，SAIS 欧洲中心成为了纯粹的教育机构和学术机构，获得了更充分的办学合法性和正当性，项目选址也突破了对殖民关系的依附。

成立于该时期的类似机构还有，罗马天普大学（Temple University Rome，意大利罗马，1966 年），圣路易斯大学马德里校区（Saint Louis University Madrid Campus，西班牙马德里，1967 年），日内瓦韦伯斯特大学（Webster University Geneva，瑞士日内瓦，1978 年）等。

（二）纽约大学的海外初探

紧随 SAIS 欧洲中心之后，在时任校长卡罗尔·纽萨姆（Carroll Newsom）的领导下，纽约大学于 1958 年在西班牙马德里开始了海外办学的尝试。纽萨姆的继任校长詹姆斯·赫斯特（James Hester）继续推动海外发展，1969 年，在法国巴黎建立第二个海外学习中心。这一时期，纽约大学的海外办学主要是受到大环境的推动，尚未形成体现自我价值的明确定位和建设策略，也没有发展到授予学位的层次。一方面，不断有美国大学前往欧洲国家建设分校，激发纽约大学跟上海外办学的趋势。另一方面，战后初期纽约大学进入一个良好发展的阶段，积累了探索海外办学的基础。

20 世纪 60 年代末至 70 年代初，纽约市受到经济危机的影响。70 年代，

18 Johns Hopkins University School of Advanced International Studies. Mission & History - Defining International Relations for 75 Years [EB/OL]. (2019-07-22) [2019-07-22]. https://sais.jhu.edu/about-us/mission-history.

经济危机进一步造成美国高等教育经费的大幅削减。纽约大学也受到经济危机的沉重打击，1969 年到 1971 年间，学校流失了 40%的学生，位于布朗克斯区（Bronx）、一度作为主校址的大学高地校园（University Heights Campus）占据了学校财政赤字的 40%。[19]陷入发展危机的情况下，海外办学的进程也戛然而止。1969 年之后的三十年间，纽约大学主要聚焦自身建设，再未开发过新的海外项目。

经济危机爆发后，历任校领导带领纽约大学进行了一系列改革：高薪引进明星教授、将募集资金确立为学校和学院领导的工作重点、经营学校企业产业。以上举措有效改变了学校长期以来依赖学费收入的财务状况，不仅化解了资金困局，还实现了办学状况的根本性转变，从一所普通大学跃升顶尖大学的行列，被誉为当代美国高等教育的成功典范。[20]20 世纪 80 年代以来，纽约大学声望日盛，为了满足不断扩大的教育需求，学校加快了土地交易、校舍建设、院校合并的步伐，先是出售位于布朗克斯区（Bronx）的校区，后又并购位于布鲁克林区（Brooklyn）的工学院，在纽约市形成了以曼哈顿岛格林威治村华盛顿广场公园（Washington Square Park）为中心向外辐射、与工学院隔河相对的地理格局，[21]广泛分布的校舍也使得纽约大学成为纽约市最大的土地拥有者之一。

纽约大学突破经济危机的困境、促进学校成为成功典范的过程，深刻呈现了创校先辈确立的办学愿景和重商主义传统。虽然高速且商业化的发展模式长期以来面临的质疑和批评不断，例如高薪引才打破了学者对大学忠诚的传统生态、破坏了既有的学术规则，纽约大学内部也长期存在研究型高级学者和教学型聘用学者之间激烈的二元对立，但是，已经发生整体变革的美国高等教育环境和卓著的发展成效显然使学校无意改变这种行之有效的模式和路径。

---

19 New York University. History of NYU Milestones from 1831 to the Present [EB/OL]. (2019-08-25) [2019-08-25]. https://www.nyu.edu/about/news-publications/history-of-nyu.html.

20 Van Antwerpen J, Kirp D. L, Star Wars New York University[M]// Kirp D. L, Berman E P, et al. Shakespeare, Einstein, and the Bottom Line. New Haven: Harvard University Press, 2003: 66-89.

21 纽约市下辖区域包括：曼哈顿区、皇后区、布鲁克林区，布朗克斯区、斯塔滕岛。纽约大学校址分布在曼哈顿区和布鲁克林区，主校区位于曼哈顿，坦登工学院（Tandon School of Engineering）位于布鲁克林。两个地理区划被东河（East River）隔开。两个区的校舍都较为分散，并没有独立封闭的校园。

三、"冷战"后办学主阵地转移到亚洲

20 世纪 70 年代中后期，经历了黄金时期的快速发展，美国高等教育机构普遍面临着经费下滑等财务难题，在缺乏有效应对措施的情况下，进一步扩展规模，开办新的学位项目、扩展新的研究领域成为普遍的趋势。[22]财政上的困难推动了高等教育多样化、营利化的发展。进入 80 年代，政治领域重新重视高等教育，深化了对高等教育蕴含的经济和科技价值的认识，高校和政府的关系得到重塑，财政资金重新回到相对稳定的水平。到 20 世纪末期，高等教育私营化、公司化、问责成为新的特征和发展趋势，[23]并一直延续到今天。

这一时期，美国大学海外办学出现了诸多新的特征，包括：（1）更多的大学参与其中，高校在海外办学中的主体地位进一步巩固，成为美国高等教育海外办学的主力；（2）海外办学的规模快速发展，到 20 世纪末，美国已经成为全球最大的海外办学输出国，且办学所在区域取得了非常大的突破；（3）与规模扩张相伴的，海外办学的多样性也有了显著提升，大学海外项目的类型更加多元；（4）美国大学与所在国政府或高校的合作，与第三方国家政府和高校的合作变得日益普遍。随着参与国数量稳步增多、项目类型日益多元，跨境高等教育（Cross-Border Higher Education）、跨国高等教育（Transnational Higher Education）、大学海外分校（International Branch Campus）等国际上通用的学术概念生成，办学的普遍性规律也开始显现。

（一）美国大学进入亚洲

美国大学举办的海外项目中，以美国本土大学校名和办学所在地名命的机构发展最为迅速，他们通常被定义为海外分校，因为"美国主校区—海外分校区"已经成为通行的办学结构，这类机构的增多和发展极大促进海外分校成为一个日益专门化的学术领域，也成为跨国高等教育中最受关注的部分。IBC 的代表之一是成立于 1982 年的天普大学日本校区（Temple University, Japan Campus，TUJ）。

TUJ 是第一所在日本开设的拥有独立学位授予体系的美国大学，分校区不再是美国校区的一个海外学习阶段，学生在日本独立完成学习即可获得美

---

22 Thelin J R. A History of American Higher Education (Second Edition) [M]. Baltimore, Md.: Johns Hopkins University Press, 2011: 319.

23 Cohen, Arthur M, Kisker, Carrie B. The Shaping of American Higher Education: Emergence and Growth of the Contemporary System (Second Edition) [M]. Jossey-Bass Publishers, 2010: 438-450.

国大学的学位。以英语教育为开端，TUJ 逐步丰富专业设置，形成了以英语教育、心理、工商管理、国际研究为主的学科布局。2005 年，日本文部省对 TUJ 予以官方认可，明确其为第一所建在日本的外国大学。[24]除了多个第一，TUJ 在美国大学海外办学史上还具有一定特殊意义，20 世纪 80 年代至 90 年代，日美两国结为战略合作伙伴，各个领域的合作往来加深，出现了一股美国大学到日本办学的热潮。但是，因为这股办学热潮体现出更多的贸易性质和营利目的，使得日本政府对来势汹汹的美国大学一直保持谨慎的态度，未轻易给予其官方层面的认可，直接导致五年间近 30 所学校的关停。[25]关停风波促使美国高等教育相关专业组织和大学认真审思到海外办学的若干问题，TUJ 作为唯一一所高等教育学位体系健全、且最早得到日本政府认可的美国大学，无疑为这一段历史的反思提供了有价值的样本。

天普大学之后，约翰斯·霍普金斯大学、韦伯斯特大学等 20 世纪 60-70 年代率先在欧洲地区开办海外项目的学校，也陆续在 80-90 年代突破办学的地理界线，将版图扩展到了亚洲地区，两所学校分别在这一时期进入中国（1986 年）、泰国（1999 年）。

（二）纽约大学重启海外办学

进入 20 世纪 90 年代，随着学校发展状况的实质性跃升，以"冷战"结束为契机，在沉寂近三十年后，纽约大学重启了向海外发展的步伐。但在 20 世纪以内，纽约大学的海外办学仍然集中在欧洲国家。1998 年，纽约大学进入东欧，建立捷克布拉格（Prague）学术中心。"冷战"时期，捷克是苏维埃阵营的东欧国家，1989 苏联解体后，捷克选择了美国的政治经济发展模式，为纽约大学的进入创造了条件。

应该指出，在亚洲成为美国大学海外办学主要目的地的 20 世纪末，纽约大学的办学仍未进入亚洲。但以布拉格中心的建立为起点，纽约大学在新的时代背景和国际关系格局下，确立了国际化的学校发展战略，与马德里和巴黎时期的海外学术中心形成了鲜明对比。马德里和巴黎学术中心的建立受到国家政治阵营的局限，而且具有一定偶然性和非理性，并没有推动纽约大学海外办

---

24 Temple University – Japan Campus. About Temple - History [EB/OL]. (2019-03-17) [2019-07-27]. https://www.tuj.ac.jp/about/japan-campus/history.html.

25 叶林, 美国大学在日分校的历史、现状和将来[J], 清华大学教育研究, 2005, (01): 27-33+57.

学的持续发展。布拉格学术中心的建立则预示着国家政治阵营局限的进一步瓦解，经济全球化和高等教育国际化成为海外办学的推动力，也揭开了纽约大学在 21 世纪遍布全球、聚焦亚洲的海外办学序幕。

四、历史条件及关键行动者总结

这一阶段内美国大学进入亚洲国家的历史条件有三个方面：首先，从全球格局看，"二战"结束后国际秩序的恢复重建促进了美国大学向海外发展，美国大学也由此取代宗教力量的办学主体地位。随着办学主体的转换，海外办学进入了当今高等教育的叙事范畴，呈现出制度化的特征。然而，"二战"后绵延近半个世纪的美苏"冷战"又将国家分成不同的政治阵营，美国大学的海外办学区位也局限在意大利、西班牙等美国阵营的欧洲国家。20 世纪 80-90 年代，随着苏联解体，"冷战"期间的国家阵营分化被打破，美国大学的办学目的地才得以转向亚洲；其次，从美国国内看，二战结束后，美国研究型大学发展成型、高等教育对国家的战略价值日益凸显，极大提升了美国高等教育在世界范围的声誉和影响力，使得美国高等教育赢得了广泛的国际认可和尊重，[26] 逐渐成为一个全球品牌。70 年代以后，多元化的探索，私营化、市场化的发展趋势，是的输出高等教育品牌、在海外市场获取利益成为一些美国大学的选择；第三，从亚洲国家看，在美日战略结盟的背景下，美国大学以日本作为进入亚洲地区的前哨。随着中东国家在雄厚的石油财富基础上寻求知识经济的发展，中国、韩国、新加坡等国家成为新兴经济体，催生了亚洲国家对美国高等教育的需求。正是在上述条件的作用下，加速了美国高等教育海外版图突破欧洲、转向向亚洲的步伐，也初步形成了当今美国高等教育海外办学的基本格局。

20 世纪海外办学的关键行动者从宗教人士转为美国高等教育专业人员和亚洲国家的政府官员，更加契合世界社会理论对关键行动者的定义。专业人员和政府的加入也极大地促进了海外办学的正规化。正规化意味着美国高等教育海外办学开始出现一些规律特征，办学模式更有规律可循、办学方式更加规范，海外高等教育机构与所在地政治、经济、文化的嵌入程度更深：

首先，"二战"后高等教育在多个国家成为了社会系统中不可或缺的组

---

26 Thelin J R. A History of American Higher Education (Second Edition) [M]. Baltimore, Md.: Johns Hopkins University Press, 2011: 260-261.

成部分，大学作为制度性正规机构的社会地位得到强化。在美国，高等教育进入成熟期，制度性和规范性不断完善，其向外扩张时也将大学作为正规社会机构的诸多特征带到了所在国；其次，海外办学在宗教传播时期是传教士的个人行为推动，二战后初期也存在一定偶然性，当高等教育专业人员和政府官员参与其中，决策和实践从个体偶发上升为组织行为，其制度价值和正规意义也得到了极大提升。此外，从跨境高等教育、海外分校等学术话语的生成，到专业行业组织的组建和参与，均对海外办学的制度化和正规化起到了推动作用。以美国高等教育认证制度为例，该制度发轫于 19 世纪与 20 世纪之交，70 年代稳步发展成熟，[27] 在高等教育认证委员会（Council for Higher Education Accreditation，CHEA）的统筹下开展工作。20 世纪中后期，美国相关的高等教育海外办学项目普遍将参与认证、通过认证视为办学合法性的重要来源。

在新的时代背景下，海外办学的属性也从宗教性和殖民性回归教育性。但是，"二战"后的半个世纪之内，一方面是美国高等教育海外办学的快速发展期，一方面也是国际关系格局错综复杂的演进时期，因而与回归教育属性相伴，海外办学仍然表现出其他鲜明特征。首先，跨境高等教育的快速发展，以及美国大学集体进入日本的办学潮，很大程度上受到世界贸易组织（World Trade Organization，WTO）倡导国际教育贸易服务的推动，因而，海外办学更多被视为一种具有经济属性的贸易行为，这也是导致美国大学在日本大规模失败的根源。其次，主动引进美国大学的亚洲国家，其引进行为均为政策决策，政府直接参与并给予实质性的支持，保障了海外办学的正当性和合法性，促进了海外办学的制度化和正规化。与此同时，也是因为政府的参与，海外办学突破了纯粹的教育意义，开始显露出一定的政治性和外交性。尤其是在战争冲突地区的办学行为，被一些学者视为体现美国政府意志的外交战略。[28]

概言之，20 世纪中后期是美国高等教育海外办学规模急速扩张、合法性进一步确立的阶段，与基于武力扩张和殖民侵略的教会大学不同，二战以来国际局势的剧变使合作交流成为高等教育海外发展的主要逻辑。"黄金时期"

---

27 Fred F. Harcleroad, Judith S. Eaton. The Hidden Hand: External Constituencies and their Impact[M]// Philip G. Altbach, Robert Oliver Berdahl, Patricia J. Gumport, (eds.). American Higher Education in the Twenty-first Century: Social, Political, and Economic challenges. Johns Hopkins University Press, 2005: 263.

28 王璞，美国大学海外分校全球扩张历史和战略研究[J]，比较教育研究，2017，39(01)：17-23。

确立的美国高教品牌、高等教育市场化趋势、全球政治格局的变化、亚洲地区对教育更高的追求，以上因素共同促使美国和亚洲成为高等教育海外办学最大的输出国和聚落地。但是，随着英、加、澳等西方国家的积极参与，全球范围内海外办学规模的整体扩大、办学多样性和选择性显著增强，海外办学的竞争也日益激烈，特别是在一批批机构不断地开办和关停之中，如何探索创新更加有效的可持续发展模式成为下一阶段美国高等教育海外办学的重要议题。

在这一阶段，纽约大学仅仅是美国高等教育海外办学的尝试者和参与者，其在战后初期顺应潮流开启了海外办学的探索，但因为经济危机、自身建设不完善等因素，海外办学搁浅了三十年，在马德里和巴黎建设的机构也不尽成熟，尚不具备制度化特征。直到 20 世纪末，学校发展状况和地位取得实质性地飞跃、国际环境产生深刻变革，纽约大学才重启了海外办学。以 1998 年布拉格学术中心的建立为起点，21 世纪以后，纽约大学从参与者转型为引领者。

第三节　21 世纪以来在亚洲的延续和创新

进入二十一世纪，美国高等教育所处的内外环境发生了一系列新旧交织的变化：聚焦本国高等教育系统，财政与经费、课程改革、学校与政府的关系、研究生教育、高等教育市场化、学生族裔多元化等问题仍然是引发关注和讨论的热点；放眼高等教育的外部环境，国际化和信息化的浪潮席卷全球，深刻推动高等教育的转型与变革。[29]上述美国国内和全球的议题均对海外办学产生了重要影响，从根本上说，在高等教育国际化的浪潮下，海外办学已经成为不可逆转的趋势，更多大学开始关注如何办好海外高等教育；在信息化的辅助下，海外办学能够依托的技术手段不断迭代更新，为创新和变革带来了更多可能。

二十一世纪后的美国高等教育海外办学一方面是继续延续"二战"以来形成的模式，并在办学数量和地理分布上取得了更大的进展。各种形式的海外办学活动中，海外分校成为新世纪跨境高等教育实践中增长最快的部分，[30]开始遍布全球。

在规模稳定扩大、参与国家增多、海外办学市场竞争加剧的情况下，美国

29　[美]胡寿平，梅红，21 世纪美国高等教育面临的挑战[J]，新疆师范大学学报(哲学社会科学版)，2015，36(02)：124-132+2.

30　Wilkins S., Huisman J. The International Branch Campus as Transnational Strategy in Higher Education[J]. Higher Education, 2012, 64(5): 627-645.

高等教育主导的海外办学也出现了一些新的特征：首先，纽约大学等前期加入的名校加快了海外扩张的步伐；其次，更多顶尖大学参与海外办学的行列，例如杜克大学（Duke University）、耶鲁大学（Yale University）、德克萨斯农工大学（Texas A&M University）等美国"名校"开始在海外寻找发展机会。随着越来越多的西方大学进入亚洲，行业竞争不断加剧，一些顶尖高校在海外分校的基础上积极探索新的办学模式，尤其是近五年来，海外分校这一主流模式已经出现松动，部分学校开始修正甚至放弃海外分校的概念。纽约大学也在这样的背景下从海外办学的参与者发展成为引领者。

一、亚洲需要和美国优势进一步契合

20 世纪末，高等教育国际化已经在全球范围内取得了丰富的成果，美国成为最大的获益国。除了前文所述的成为向外输出办学的第一大国，美国还通过一系列政策吸引国际学生，到新旧世纪之交，全球范围内的留学生中在美国接受高等教育的占比已高达 30%。[31]高等教育国际化浪潮为美国带来了多维度的利益，高教声誉和品牌得到巩固，在全球范围内网罗了一批顶尖人才，日益壮大的规模也带来了可观的经济收入。然而这些欣欣向荣的趋势随着"9·11事件"的发生进入了一个拐点。"9·11事件"后，在维护国家安全这一核心目标的导向下，赴美留学的签证审查力度、对国际学者和学生的追踪监控力度空前加强，美国高等教育国际化的进程受到了明显的制约。[32]因此，重视国际化并从招收留学生中获益的高校不得不调整策略，加速了向国外寻找办学增长点的步伐。

同一时期，高等教育的战略地位在亚洲国家前所未有地提升，多国政府主导推行了一系列高等教育卓越战略，中国政府先后推行"211 工程""985 工程"、教育振兴行动计划、"世界一流大学和一流学科"建设计划。韩国政府相继出台 21 世纪智慧韩国（Brain Korea 21）、区域创新大学（New University for Regional Innovation）、世界一流大学（World Class University）等高等教育卓越工程。[33]阿联酋及其下属酋长国政府先后颁布《阿联酋 2021 愿景国家议程》（UAE Vision 2021 National Agenda）、《阿布扎比 2030 经济展望》（Abu

---

31 高鹏，美国高等教育国际化的历程研究[D]，长春：吉林大学，2015：113。

32 高鹏，美国高等教育国际化的历程研究[D]，长春：吉林大学，2015：125-126。

33 赵俊芳，胡函，安泽会，韩国高等教育卓越计划研究[J]，高教研究与实践，2013，32(04)：15-19+28。

Dhabi Economic Vision 2030）等战略政策，突出高等教育的重要地位。

在上述政策的导向下，阿联酋迪拜国际学术城（Dubai International Academic City）、阿联酋阿布扎比萨迪亚特岛文化区（Saadiyat Cultural District）、卡塔尔教育城（Qatar Education City）、韩国仁川全球校园（Incheon Global Campus），以及遍布中国各大城市的高教园区、大学城纷纷建立。加强和世界高水平大学的合作、引进以美国英国为主的西方国家高等教育机构和项目成为上述行动计划的共同策略之一。

高等教育国际化的趋势和国际政治格局的变化使得美国的输出需求和亚洲的输入需求进一步契合，前一时期形成的美国主导输出、亚洲主导输入的格局得到了巩固和强化。到二十一世纪的第二个十年，美国在全球高等教育海外输出项目中所占的份额已经超过五成，[34]中国、阿联酋、卡塔尔等成为海外高等教育的输入高地，也是美国海外办学的主要目的国。除了纽约大学，二十一世纪后进入亚洲的美国大学还包括杜克大学、耶鲁大学、罗彻斯特理工学院、乔治城大学（Georgetown University）、肯恩大学（Kean University）、纽约州立大学、乔治梅森大学（George Mason University）等，集中在中国、阿联酋、卡塔尔、韩国等地，办学方式大多延续了上一时期形成的海外分校、学位项目等模式。此外，一些专业技能和职业取向的办学项目也开始出现，美国烹饪学院（Culinary Institute of America）和以游戏设计见长的迪古彭理工学院（DigiPen Institute of Technology）在新加坡开办了分校，茱莉亚学院（The Juilliard School）也在中国天津开启了音乐领域的合作办学，虽然这些学术领域的办学数量仍然非常有限，但进一步丰富了海外办学的专业类别和学位层次。

二、纽约大学成为海外办学的引领者

（一）数量规模上的引领

进入二十一世纪，在时任校长约翰·萨克斯顿（John Sexton）的领导下，纽约大学进一步将国际化确立为建校思路。纽约大学的国际化进程分为两部分：向内，学校积极吸收国际学生，成为留学生占比最高美国高校之一；向外，学校延续了在海外建设分支机构的策略，以马德里（1958 年）、巴黎（1969年）、布拉格（1998 年）三个学术中心为模板，不断提速、不断创新模式。至

---

34 杜燕锋，美国高校海外分校：历程、现状与趋势[J]，外国教育研究，2016，43(04)：105-118。

2019 年，纽约大学一共建成了覆盖六个大洲、12 个国家和地区 15 座城市的全球办学网络，学校官方称之为"全球教育体系"（Global Network University），定位为学校的重要发展战略（University Initiatives）之一。全球教育体系自此由三个主要校区（Main Campuses）和十二个全球学术中心（Global Academic Centers）组成。从地理分布上看，亚洲占据三席，且两所实体大学均位于亚洲，因此，在纽约大学的全球教育体系中，亚洲无疑是一个战略高地。

二十一世纪的第一个十年，纽约大学全球教育体系快速发展并初步成形。从时间线索上，纽约市以外的 14 个全球学术中心有 9 个建立于 2000 年之后：2004 年，纽约大学首次突破了欧洲的地理界线，进入非洲，在加纳首都阿克拉举办阿克拉（Accra）学术中心；2006 年，学校第一次进入亚洲，中国成为亚洲国家的第一站，纽约大学与华东师范大学合作建立了上海学术中心；2008 年，纽约大学南下进入南美州，在阿根廷首都建立了布宜诺斯艾利斯（Buenos Aires）学术中心。2009-2010 年，纽约大学再次回到亚洲，到西亚地区拓展办学事业，先后在以色列首都建立特拉维夫（Tel Aviv）学术中心，在阿联酋首都阿布扎比启动了实体大学办学计划。办学数量的增长和地理分布的扩展确立了纽约大学在美国高等教育海外办学中的引领者地位。

（二）模式创新上的引领

进入二十一世纪的第二个十年，纽约大学全球教育体系发生重要变化，阿布扎比的实体校园建设计划深入推进，并于 2010 年启动招生；2013 年，位于上海的学术中心也转型升级为授予学位的实体大学，成为与纽约、阿布扎比并列的第三个主校区。海外校区的建立改变了海外学术中心仅作为非学位授予机构、师生国际交流基地的定位。延续国际通行的"海外分校"模式的同时，纽约大学又提出了创新的概念。纽约大学并没有将其海外校区定义为"分校"，而是将两个海外校区视为与纽约校区平行的"主校区"。这种变化既是话语层面的变迁，也是实践的趋势使然，随着建设方式、办学类型和办学层次不断丰富，海外分校这一术语已经难以准确回应所有海外办学机构，但作为一个概念的海外分校仍然被广泛使用，极大削弱了其理论适切性。

在以纽约大学为代表的相关机构的实践中，新的办学模式逐渐衍生，奈特等学者将这类机构概况为跨境高等教育的第三代，他们在办学国家通常具有独立法人的身份，由两个及其以上的机构合作建设，合作方可能是政府、大学，也可能是其他公立机构，而且往往来自不同的国家。[35]近五年来，杜克大学、耶鲁大学等顶尖大学也采取了类似的办学定位，在这些学校的引领下，对海外分校概念和模式的创新已经成为美国高等教育海外办学的趋势之一。

纽约大学的海外校区位于阿布扎比和上海，杜克大学的海外校区位于中国江苏昆山，耶鲁大学的海外校区建在新加坡。首先他们都与办学所在国的机构合作，办学行为并非由美国母校独立开展，纽约大学的合作伙伴包括阿布扎比行政事务局（Executive Affairs Authority）、上海市浦东新区政府、华东师范大学，杜克大学的合作伙伴是武汉大学，耶鲁大学的合作伙伴是新加坡国立大学；其次，这些机构都在接受所在国相关政府机构管理的同时又具有一定程度的独立性，上海纽约大学和昆山杜克大学均是受中国教育部认可的独立法人机构，有完整的教学系统和学位授予体系。但是，他们又并非彻底的独立机构，治理结构和学位授予都有美国母体大学的参与。耶鲁国大则被定位为新加坡国立大学的自治学院，在吸收两所合作高校元素的同时享有新加坡国立大学其他下属学院不具有的相对独立性和自治权，这种定位被写进大学章程，得到了制度性的保障。因此，从实践的层面看，独立法人机构、地方合作伙伴、独立的学位体系、完整的校园建制等特征均表明，纽约大学等机构建设的海外校区已经突破了纯粹作为美国大学分支机构的定位。

三、纽约大学从经济走向多元的办学动机

（一）商业扩张的传统视角

随着全球教育体系的逐渐成形和稳定发展，尤其是 2010 年前后阿布扎比、上海两所具有独立法人地位实体大学的先后落成，纽约大学的创新举措对传统高等教育形态带来一定冲击，在高等教育界产生了一定影响，纽约大学打造全球教育体系的动机也日益引起关注。在高校海外扩张蓬勃发展的新旧世纪之交，学界更多从"商业扩张"的视角来审视海外办学行为。的确，"二战"后美国高等教育海外扩张的复苏很大程度上受到 20 世纪 70 年代高等教育财政经费削减的冲击，恢复重建的国际秩序也为美国大学从海外拓展发展机会和资金来源提供了条件。20 世纪末期，世界贸易组织（WTO）倡导推动国际教育贸易服务，海外分校被定义为"商业存在"，这一背景之下，美国大学在

---

35 Knight J. International Universities: Misunderstandings and Emerging Models? [J]. Journal of Studies in International Education, 2015, 19(2): 107-121.

日本短时间内的规模化兴起和规模化败退无疑又加剧了人们对高校海外扩张"商业属性"的刻板印象，加之日本项目多以失败告终，又强化了人们对商业属性中盲目扩张、经济逐利等负面特征的认识。

经济利益无疑是高校海外发展的重要考量，作为一所具有重商主义基因的高校，纽约大学向海外扩张时也是如此，在阿布扎比项目启动之前，纽约大学曾经与迪拜接洽合作意向，但由于缺乏具体的建设规划而未获得迪拜政府的认可，对此，迪拜知识村（Dubai Knowledge Village）的官员曾向媒体透露："除了担负学校的建设和运行经费，如果对方一开始就向你提出五千万美元的预付款，首先我们没有这样的钱，其次我不得不质疑他们的动机。"[36]2009年，在阿布扎比纽约大学稳步推进建设的过程中，阿布扎比教育委员会（Abu Dhabi Education Council）的新闻发言人也对外坦言："许多引进的西方大学并没有将工作聚焦于研究，他们对高等教育商业属性的重视程度高于对研究属性的重视，因而工作重心不在研究上。此外，因为竞争关系的存在，这些机构很难在研究上开展合作。所以在今后的西方大学项目建设中，阿布扎比政府要着力解决这个问题。"[37]正是因为商业属性的存在，纽约大学校内也长期有质疑和反对的声音："我们的校领导应不应该承认，钱就是向海外扩张的头等原因？……海外分校就是一种精准算计的投资行为。"[38]反对派的教工经常在媒体公开发表类似的严苛陈词，也常在校内组织集体辩论，向学校领导层施压。

诚然，现代语境下的高等教育具有一定商品属性，但又绝非纯粹的商品，仅从商业价值来审视教育活动，终究难免落入舍本逐末的误区，看待发展成熟的高等教育海外项目同样如此。一位受访的高等教育专家对笔者表示：

> 就我对美国高校在海外办学的普遍观察而言，短期以内，拓展经济收入可能是一个很大的动因，但长期来看，一味寄望办学所在地政府的资金支持是不切实际的。（HE-JN1-19）

如果经济逐利成为主要追求，显然难以解释按照同样资助模式建立起来的密歇根州立大学迪拜分校、乔治梅森大学哈伊马角分校在短时间内因经营

---

36 Krieger Z. The Emir of NYU (on New York Magazine) [EB/OL]. (2008-04-10) [2019-08-01]. http://nymag.com/news/features/46000/.

37 Davidson C.M. Abu Dhabi: Oil and Beyond[M]. London: Hurst & Company, 2009: 153.

38 Ross A. Not Just Another Profit-Seeking Venture[N]. The Chronicle of Higher Education, 2011-12-04.

不善而关停。一方面，当地政府提供的办学资金是否有效配置于所在国的办学项目？这是一个至关重要的评判标准，如果大部分资金都被美国校区回收，阻碍了所在国项目的运行，这样的美国大学显然将"挣钱"放在了第一位，其海外项目不可能长期维系，更不可能运行良好。另一方面，当地政府对学校投资的同时是否设置了期待目标和约束条件？投资周期是否无限长、力度是否无限大？对于举办教育而言，只有获得当地政府无条件、无时限的大规模投资，才能实现经济逐利的理想目标，显然这与海外办学的现实相悖。上海纽约大学和阿布扎比纽约大学的受访对象对资金情况的介绍说明了经济逐利并不符合学校的实际情况：

> 上海纽约大学的建校协议规定，学生结构必须是中国学生和国际学生 51:49 的比例，因为我们立足中国办学，接受上海政府的资助，所以我们也保证使更多中国学生获益。……学校目前的资金有一个公式，来源包含若干模块，办学初期，政府资助是最重要的部分，但这部分占比会呈逐年减少的趋势。拓展资金渠道将是伴随我们办学的一项重要工作，这项工作由上海纽约大学教育发展基金会（NYU Shanghai Education Development Foundation）负责。此外，学校已有三届毕业生，我们建立了校友基金，着力培养具有美国特色的校友捐助文化，这部分力量还很弱小，相信十余年后会形成一定规模。（SH-LD1-19）

> 资金是我们面临的潜在办学风险，也是外界对阿拉伯地区引进西方高等教育存在偏见的环节。在石油经济的时代，阿布扎比政府对高等教育的资助能力与石油价格紧密相关。未来二十年内这种格局可能不会出现太大的变化，但我们不可能永远依赖石油。石料资源仍然遍布地球，但人类的"石器时代"早已终结，现在的"石油时代"也一样，生产方式的转型是必然的，我们的办学也没有理由因为石油经济时代的终结而停止。（AD-LD/FC2-19）

从时间线索看，商业扩张这一传统的批判视角集中出现在 2007-2009 全球经济危机之前。2010 年来海外办学的新发展和新特征无疑需要学界从更多元的视角分析办学动机。一个明显的趋势时，全球经济危机之后，中东石油富国普遍放缓了引进步伐，对美国大学提出更高的要求。因此，当我们审视成熟的高等教育海外项目时，有必要打破经济逐利、商业扩张的传统视角，从海外办学作为"教育活动"这一根本属性出发，分析深层次的动机和逻辑，以获取对跨境高等教育变革、乃至高等教育变革更加有益的启发。

（二）日益凸显的多元价值追求

"萨克斯顿是一个有远见的人，他拥有把想象变为现实的超凡能力。"[39]历史总是离不开关键个人（世界社会理论话语中的"行动者"）的推动，回顾纽约大学全球教育体系的发展史，尤其是两所实体性大学的建成，约翰·萨克斯顿就是这一位关键人物。2002 年，萨克斯顿就任纽约大学第十五任校长，在其校长任期的 2002-2015 年间，纽约大学全球教育体系的概念和实践正式成形：从 2004 年学术中心向欧洲以外地区的首次扩展，到 2012 年学术中心遍布全球并回归美国本土，再到 2010-2013 年两所实体大学的先后建成，萨克斯顿领导并完成了全球教育体系的几个战略布局。萨克斯顿卸任后，纽约大学对其校长任期的官方评价是：在他的领导下，学校因建成一所无可匹敌的全球大学而闻名。[40]可见，纽约大学向海外发展的动机也深藏于萨克斯顿的高等教育观念和个人理想中，概言之，全球教育体系一是要冲击传统高等教育的体制沉疴；二是要促进纽约大学的国际化进程；第三，之所以选择阿布扎比和上海两个城市，则是学校携带的纽约城市基因和独特的"冰火兼容"城市哲学的集中体现。

1. 冲击传统高等教育体制弊病

作为一名虔诚的天主教徒，萨克斯顿认为大学传统上是具有宗教神圣感的知识场所，首先它具有强大的生命力，500 年来人类社会延续至今的文化机构一共 85 个，其中 70 个是大学；其次，大学具有重要的社会价值，以研究高深知识、解决复杂问题为己任。过去近半个世纪以来，世俗的教条主义（Secular Dogmatism）甚嚣尘上：在政治力量的驱使下，人们形成了"你""我"的派别分化，党派攻讦、政治谎言成为美国社会的常态。当世俗教条主义侵入美国大学校园，人们开始追求政治正确，排斥异议人士、回避争议话题，对重要细节和复杂问题高度敏感，一味寻求简单的答案和口号。[41]高等教育蕴含的辩论

---

39 VanAntwerpen J, Kirp D. L, Star Wars New York University[M]// Kirp D. L, Berman E P, et al. Shakespeare, Einstein, and the Bottom Line. New Haven: Harvard University Press, 2003: 66-89.

40 New York University. Office of the President Emeritus [EB/OL]. (2019-08-30) [2019-08-30]. https://www.nyu.edu/about/leadership-university-administration/office-of-the-president-emeritus.html.

41 Sexton J. Standing for Reason: The University in a Dogmatic Age[M]. New Haven the United States of America: Yale University Press, 2019: 3-4, 20.

文化、自由表达的权利不再，解决社会问题的功能也严重受损。

例如，"9·11事件"后，美国政府未能从文化根本上反思问题，反而借由《爱国者法案》（Patriot Act）加大对公民的监控和审查，美国大学的国际学生成为重点防控对象，对高等教育文化生态造成了严重的负面影响。作为神圣场所，高校的重要使命之一在于增进对话、促进思想交流和互相理解。[42]在全球化推动人类进入第二个"轴心时代"的今天，[43]人类各种文明活动的全球化趋势都不可逆转，增进不同文明的交流和理解，克服世俗教条主义对高等教育价值的侵蚀，探寻人类共享的普遍主义（Secular Ecumenism）理应成为高等教育机构的新使命，[44]新的使命呼吁真正具有全球架构的创新型高等教育机构。在萨克斯顿看来，纽约大学全球教育体系正是基于上述宏大哲学理念的创新产物，全球大学是人类处于"第二个轴心时代"的深刻变革中的应有之义。

2. 服务纽约大学的国际化需求

根植于上述宏大的哲学理念，在具体的高等教育理想层面，萨克斯顿深信国际经历和国际视野在全球化时代的重要意义。然而，萨克斯顿看到，进入二十一世纪以来，美国高等教育国际化的发展状况并不令人满意，当欧洲已经成为留学生最大的目的地国、欧洲大学学生拥有丰富的海外学习经历时，相较之下，美国却陷入了"欠全球化"（Under-globalized）的处境：公民护照持有率不足30%，仅10%的美国大学生有海外学习经历。[45]从宏大的哲学叙事回归学校发展实际，截止2000年，纽约大学仅7%的学生有海外学习经历。在萨克斯顿看来，这种局面与纽约的城市精神格格不入，令人无法接受。[46]因而，他担任校长后，加速发展全球教育体系成为必然选择。

根据美国开放门户（Open Door）公布的数据，2002/03学年至2017/18学

42　Sexton J. Standing for Reason: The University in a Dogmatic Age[M]. New Haven the United States of America: Yale University Press, 2019: 63.

43　轴心时代（Axial Age）是德国哲学家卡尔·雅斯贝尔斯提出的概念，泛指公元前6世纪前后，孔子、孟子、释迦牟尼、苏格拉底等伟大的思想家几乎同时出现，奠定了人类社会的思想基础和文化传统。

44　Sexton J. Global Network University Reflection [EB/OL]. (2010-12-21) [2019-08-30]. https://www.nyu.edu/about/leadership-university-administration/office-of-the-president-emeritus/communications/global-network-university-reflection.html.

45　Sexton J. Global Network University Reflection [EB/OL]. (2010-12-21) [2019-08-30]. https://www.nyu.edu/about/leadership-university-administration/office-of-the-president-emeritus/communications/global-network-university-reflection.html.

46　Sexton J. Standing for Reason: The University in a Dogmatic Age[M]. New Haven the United States of America: Yale University Press, 2019: 87.

年，纽约大学一直是拥有海外学习经历学生数量最多的美国大学，数量从 2061 人增长至 4793 人。2002/03 学年，纽约大学的这一数据与排名第二的高校仅相差数十人；2003/04 学年起，差值达到百人；2009/10 学年起，差值达到千人。[47]学生国际化经历较高的占比成为纽约大学突出的办学特色之一，透过时间节点的梳理可以窥见全球教育体系的建设对学生国际化经历的贡献。

3. 独特的城市基因和城市哲学

为了实现冲击传统高等教育弊病、服务学校国际化等需求，建设一所真正具有全球架构的新型高等教育机构成为纽约大学的努力方向，全球架构的地理布局和选址是其中的重要因素。根植于纽约的城市精神和性格，萨克斯顿相信，大都市更有利于高等教育的探索创新。全球化时代，城市和大学是互相成就的关系，纽约大学是一所没有围墙的大学，与纽约市融为一体，"立足纽约、服务纽约"便是纽约大学独特的城市观。

萨克斯顿将纽约的城市性格归纳为"冰火兼容"：因为在金融（Finance）、保险（Insurance）、房地产（Real Estate）三个领域颠覆了传统的商业形态，纽约跃升为美国最重要的城市，三个词的首字母合成 FIRE，代表着"火"；随着互联网的兴起，物理距离不再是经济成败的关键因素，纽约再次自我变革，通过学智（Intellectual）、文化（Cultural）、教育（Educational）三种新业态巩固自己的城市地位，三个词的首字母合成 ICE，代表着"冰"。[48]萨克斯顿认为，大学正是拨动城市发展"冰火兼容"协奏曲的核心要素。基于此，大都市成为纽约大学布局全球教育体系的重要参考，与纽约同样"冰火兼容"的大都市成为打造全球教育体系战略高地的决定性因素。显然，在当前的世界经济格局中，阿布扎比和上海正是这样的城市。随着全球教育体系的建成，纽约大学的城市观和区位哲学也从"立足纽约、服务纽约"（in and of the City）升级为"立足世界、服务世界"（in and of the World）。

四、历史条件及关键行动者总结

二十一世纪以来，新的时代背景使得延续和创新成为美国大学在亚洲的

---

47 Institute of International Education. US Study Abroad Leading Institutions [EB/OL]. (2019-08-30) [2019-08-30]. https://www.iie.org/Research-and-Insights/Open-Doors/Data/US-Study-Abroad/Leading-Institutions.

48 Sexton J. Standing for Reason: The University in a Dogmatic Age [M]. New Haven the United States of America: Yale University Press, 2019: 73-74.

海外办学主题。（1）延续方面，新旧世纪之交，高等教育国际化成为不可逆转的趋势，全球范围内高等教育海外办学快速发展，上一时期的基本建设思路和路径得到了延续，亚洲在美国大学海外办学版图中的重要地位进一步显现。（2）创新方面：一是二十世纪末，更多西方国家的大学参与海外办学，提升了行业的竞争水平，在原有基础上进行创新，继而确保自身的优势地位成为美国大学的普遍诉求；二是以2007-2009年环球经济危机为节点，中东石油国家纷纷放缓了引进的步伐，包括与纽约大学开展合作的阿联酋等国家，对美国大学提出了更高的办学要求，海外办学机构必须聚焦学术研究和人才培养，产生良好的效应，因此改变以单向输出、简单复制为核心的传统模式，成为美国大学的努力方向。纽约大学也在这样的背景下，加速海外学术中心的转型升级，建设了具有学位授予资格的实体大学；三是随着行业的水涨船高和亚洲国家的引进倾向，更多美国顶尖大学加入海外办学的行列，这部分学校在办学能力和创新能力上具有更加显著的优势，成为海外办学模式创新的重要推动力。

　　新世纪以来的海外办学关键行动者延续了上一时期的特征，仍然以美国高等教育专业人员和亚洲国家的政府官员为主。随着海外办学更加强调双方价值的契合和双方机构的合作，亚洲国家的大学也成为日益重要的关键行动者。以纽约大学为例，其阿布扎比校区的关键行动者是纽约大学专业人员和阿布扎比的政府官员，但上海校区除了本校专业人员和上海政府官员的参与，华东师范大学也在其中扮演着重要角色。因此，关键行动者呈现出多元化的趋势，参与其中的高等教育专业人员从美国扩展到双方国家。

　　办学属性方面，海外办学作为国际教育贸易服务组成部分的经济属性或商品属性呈现弱化的趋势。二十世纪末期，美国大学在日本的大规模办学和撤退实质上动摇了海外办学作为贸易行为的办学模式；一部分得到中东石油富国支持的美国大学在短时间的关停进一步削弱了以经济利益为取向的海外办学。随着亚洲国家与美国大学不断的合作磨合，双方也能够更加理性地认识合作预期和成效存在的落差。在纽约大学等顶尖大学的推动下，走在模式创新前沿的海外办学更加突出高等教育机构学术研究和人才培养的核心定位，因此，可以预见，更加回归教育属性将是海外办学的重要路向和优化路径。

　　这一阶段内，纽约大学完成了从参与者到引领者的转变，其全球教育体系在数量、分布、模式、类型等方面均走在海外办学的前端，"无可匹敌的全球大学"既是纽约大学的自我认知，也是得到行业认同的客观事实。在顶尖大学引领创新和传统模式继续存在的背景下，从纽约大学全球教育体系管窥，实体机构、虚体挂靠项目、学位型机构、学位型项目、交流性机构、交流性项目并行，海外办学的多样性进一步强化。美国高等教育体系本身就是一个复杂而多元的综合型"巨人"，可以说，美国大学在亚洲的办学实践也承袭了这一特点。

第四章 美国大学在亚洲办学的制度化

制度化是世界社会理论对全球化时代教育发展特征的一个总结，虽然国家间存在较大差异，但是在行动者对强国模式的积极推动下，民族国家普遍效仿强国的制度原型，将教育作为国家制度体系的重要组成部分。制度化既是一个过程，也是一种状态，根据斯科特等人的观点，在回报递增、承诺递增、日益客观化等机制的作用下，社会系统的制度化随之产生。就制度化的内涵而言，其通常意味着稳定性和持续性，以组织为依托不断地扩散制度要素；来自政府政策的强制权威（规制）、来自专业领域的正当性（规范）、来自行动者的理念生成（文化—认知），均是制度化产生的重要机制。[1]引申到美国大学在亚洲的海外办学，这一教育现象同样表现出诸多制度化特征：首先，美国大学代表的强国教育制度原型仍然不断地向亚洲国家输出（制度要素扩散），持续新建的海外实体机构是制度要素扩散的基本路径（组织依托）；其次，美国大学在亚洲的办学现状和特征呈现出显著的稳定性和持续性；此外，亚洲国家的政府政策（规制）、美国大学的办学模式（规范）、亚洲国家对美国大学的选择偏好（文化—认知）等机制共同推动着办学活动的制度化构建。

从上述制度化的诸多要素和机制出发，本研究将美国大学在亚洲办学的制度化统合为两个方面：首先，办学形成一定规模，数量、分布、类型等表现出规律性、持续性、稳定性。当前的现状折射出美国大学的办学模式和亚洲国家偏好等制度化机制；其次，亚洲国家的政策环境使美国大学的办学活动成为具有合法性的正式制度。笔者以 C-BERT2020 年发布的数据为基础，根据其他

---

1 [美]理查德·斯科特，姚伟等译，制度与组织：思想观念与物质利益（第 3 版）[M]，北京：中国人民大学出版社，2010：129-148。

公开发表的学术著作和论文、有关国家政府机构文件、相关高校官方网站的数据资料，完善了美国大学海外办学的数量和分布等基础数据，呈现美国大学在亚洲办学的规律性，通过政府的官方渠道完善数据，也检视了相关机构的合法性。进一步将视野聚焦亚洲，笔者分析了进入亚洲国家的美国大学的主流类型、亚洲国家引进美国大学过程中形成的政策环境，以及纽约大学在这个宏观背景中制度化的过程和独特表现。

第一节　美国大学办学呈现制度稳定性

目前，亚洲在美国大学海外办学全球版图中的重要地位不断凸显，表现出较强的稳定性，成为美国大学在亚洲国家办学制度化的重要基础。一方面，位于亚洲国家的数量和增长趋势呈现出持续性；另一方面，美国大学在目标国选择、办学类型等方面也显现出规律性。

一、亚洲是最大的海外办学聚落

根据 C-BERT 截至 2020 年 11 月的办学机构数据，美国目前一共在六大洲 35 个国家和地区开办了 86 所海外办学机构，但是该统计纳入的内容十分多元：学校层次上，既有相对独立完整的实体大学，又有大学的下属二级学院；办学方式上，既有独立的海外分校，又有两国合作开办的机构，还纳入了一些非实体性的合作学位项目。与此同时，该统计又排除了如耶鲁—国大等国际合作机构。可见，有必要进一步厘清纳入统计的范畴、对现有统计进行筛查和修订。

C-BERT 提供了一个重要的起点，尤其是对办学所在国的梳理，在此基础上，笔者进一步做了三点完善：一是剔除机构，删除已经关停的机构，包括密歇根州立大学迪拜分校（MSU Dubai）、中山大学—卡内基梅隆大学联合工程学院（JIE）等；删除不授予学位、仅作为一段海外学习经历的机构，包括霍特国际商学院上海校区（Hult Shanghai）等。二是增加机构，以 C-BERT 梳理的国别为基础，到办学所在国政府、教育主管部门、高等教育主管部门等机构查证，将得到所在国认可的机构纳入统计，这类机构中新开办的有乌兹别克斯坦韦伯斯特大学（Webster University in Uzbekistan）、河南大学迈阿密学院（Miami college of HENU）等。三是排除非实体性的海外学位项目，例如纽约城市大学巴鲁克学院中国台湾校区（CUNY Baruch College Taiwan）等。从本研究的概念界定出发，聚焦于授予学位的实体机构，发现美国目前一共在五大洲 38 个国家和地区开办了 105 所实体性海外高等教育机构，包括大学和二级学院两个层次，所在国家和地区、数量分布情况如表 4.1 所示。

表 4.1　美国高等教育海外办学机构地理分布及数量占比

大　洲	机构数	国家/地区数	国家/地区及数量
亚洲	55	11	中国 31、卡塔尔 6、阿联酋 5、新加坡 4、韩国 2、日本 2、泰国 1、以色列 1、乌兹别克斯坦 1、印度 1、黎巴嫩 1
欧洲	28	17	法国 3、西班牙 4、德国 2、意大利 3、英国 2、瑞士 2、荷兰 1、奥地利 1、斯洛伐克 1、匈牙利 1、克罗地亚 1、塞尔维亚-科索沃 1、俄罗斯 1、阿尔巴尼亚 1、捷克 1、希腊 2、波兰 1
北美洲	18	7	加拿大 8、墨西哥 4、圣卢西亚 2、尼加拉瓜 1、哥斯达黎加 1、巴拿马 1、多米尼加 1
非洲	2	2	卢旺达 1、加纳 1
大洋洲	2	1	澳大利亚 2
总计	**105**	**38**	

（来源：笔者在 C-BERT 年统计数据的基础上，根据相关国家政府或教育主管部门的文件做了补充和修改。例如：C-BERT 认为中国大陆一共有 16 所美国大学的海外分校，但根据中国教育部发布的高等教育中外合作办学机构审核名单，以及部分美方高校的办学定位，本研究将美国大学在中国大陆的实体海外办学机构统计为 28 所。本章末尾附有中国大陆的完整名单。）

前文指出，亚洲和欧洲是美国高等教育海外办学机构的主要所在地区，这一现状在上表中得到了直观的体现。表 4.1 的数据表明，亚洲是美国大学海外办学数量最多的地区，位于亚洲国家的机构数量占 52.4%，超过了在其他地区办学数量的总和，成为美国高等教育海外办学的最大聚落。欧洲则是美国大学海外办学机构覆盖面积和分布范围最广的地区，办学所在国家和地区一共 28 个，其中欧洲国家 17 个，占比达 44.7%。相较而言，在欧洲的办学并没有集中于某几个国家，分布较为均匀，在亚洲的情况则与此不同，出现了东亚、中东、东南亚三个子聚落，美国大学的海外办学机构集中在中国、卡塔尔、阿联酋、新加坡等国家，而在其他亚洲国家则鲜有出现，整体而言离散程度较高。在欧洲和亚洲之外，美国所在的北美洲，包括加拿大和加勒比海沿岸国家也是一个主要的办学所在地；在非洲、大洋洲办学的数量非常有限。

二、在亚洲分布和类型的规律性

（一）数量和分布

表 4.2　美国高等教育机构在亚洲国家和地区的办学情况

国　家	机构数	美国母体大学
中国	31	大陆 28：完整名单附后； 香港 3：上爱荷华大学、萨瓦纳艺术设计大学、芝加哥大学布思商学院
卡塔尔	6	弗吉尼亚联邦大学艺术学院、康奈尔大学威尔医学院、德州农工大学、卡耐基梅隆大学、乔治城大学、西北大学
阿联酋	5	迪拜 3：罗彻斯特理工学院、霍特国际商学院、哈佛医学院； 阿布扎比 2：纽约大学、纽约理工学院
韩国	2	纽约州立大学石溪分校、犹他大学
新加坡	4	耶鲁大学、迪吉彭理工学院、美国烹饪学院、纽约州立大学布法罗分校
日本	2	天普大学、雷克兰大学
泰国	1	韦伯斯特大学
以色列	1	杜鲁学院
乌兹别克斯坦	1	韦伯斯特大学
印度	1	纽约大学工程学院
黎巴嫩	1	纽约州立大学帝国州立学院
总数	**55**	一共 48 所美国大学，其中 4 所开办了多个机构

（来源：笔者在 C-BERT2020 年统计数据的基础上。根据相关国家政府或教育主管部门的文件做了补充和修改。）

　　如表 4.2 所示，一共有 48 所美国大学进入亚洲国家，他们共开设了 55 个学位授予型的海外实体机构。55 个机构集中分布于 9 个国家 11 个地区，办学数量位列前三的国家分别是中国、卡塔尔、阿联酋。美国大学在亚洲区域内形成了东亚（中国、日本、韩国）、西亚（阿联酋、卡塔尔、以色列）、东南亚（新加坡、泰国）三个聚落，分布呈明显的规律性特征。

（二）办学类型

　　在数量和分布呈现规律性特征的同时，美国大学在亚洲国家的办学类型也呈现出规律性和稳定性。然而，笔者注意到当前高等教育海外办学分类长期存在从单一维度出发导致分类不清晰的问题。分类即根据事物的属性和特征加以区分和聚类，[2]高等教育机构的属性和特征具有多重维度，因而难以从单一维度进行理想的分类，例如从权属的维度，可以将高校分类公立和私立两类，但这样的分类不能有效表达高校的其他办学内容或特征。从其他维度分类同样存在"顾此失彼"的疏漏。已有研究主要将类别概括为：海外分校、双联项目、特许项目等等，但从前文概念梳理中可见，这样的分类过于简化且忽略了办学过程中的许多实质问题，仅海外分校一种便存在诸多不同的子形态和特征。基于此，本研究选取三个维度：机构建设方式类型、机构办学层次类型、学科和专业类型，对美国大学的亚洲海外机构进行分类。

1. 机构建设方式类型

根据机构建设的方式，可以分为三类：独立建设的海外分校、合作建设且相对独立的办学机构、合作建设依托当地实体的办学机构。在现有研究和通行概念中，三类机构常常被统一概括为海外分校，但应该注意到他们之间存在的许多实质性差异。

（1）独立建设的海外分校

这类机构由美国大学在异国独自举办，按照美国大学分支校园——即海外分校的定位办学。美国母校是单一的办学主体，分校在海外得到了政府的支持，但并没有其他教育领域办学主体的加入。天普大学日本分校（Temple University, Japan Campus, TUJ）、德州农工大学卡塔尔分校（Texas A&M University at Qatar, TAMUQ）等，正属于这个类型。

（2）合作建设且相对独立的办学机构

这类机构由美国大学和所在国家的高等教育机构合作建设，保持相对独立的建制，通常是一所独立的大学。他们具有双重属性，既是美国大学的海外分校，又是办学所在国的法人实体。上海纽约大学（New York University Shanghai, NYUSH）便属于该类别，此外，还有昆山杜克大学（Duke Kunshan University, DKU）、温州肯恩大学（Kean University Wenzhou, KUW）等。

（3）合作建设依托当地实体的办学机构

与第二类机构相似，这类机构由美国大学和所在国家的高等教育机构合作建设，但独立性相对较弱，他们与所在国的大学具有一定依附关系，通常为

2　马张华，信息组织[M]，北京：清华大学出版社，2001：74。

所在国合作大学的二级学院，耶鲁—新加坡国立大学学院（Yale-NUS College, YNC）、四川大学匹兹堡学院（Sichuan University-Pittsburgh Institute, SCUPI）等均属于这个类别。他们对当地大学的依托体现为两方面：一是对校舍等物理资源的依托，没有独立的办学场所；二是对学位授予资格的依托，不具备自己的学位体系和学位授予资格。

2. 机构办学层次类型

根据机构层次，可以将美国大学在亚洲的海外办学机构分为大学和二级学院两类。

（1）海外大学

大学和上述按"机构建设类型"分类中的第一类和第二类有一定重合，他们中一些是与美国大学存在较强依附关系的海外分校，另一些是合作开办且有一定独立性的大学。本研究关注的阿布扎比纽约大学和上海纽约大学分别属于属于两种不同的海外大学。

（2）海外二级学院

二级学院可以进一步细分为依托所在国大学的合作建设二级学院、美国大学二级学院的海外分院。前者即上述按"机构建设类型"分类中第三类，以中国、新加坡的合作办学机构居多。后者办学主体不是美国大学，而是美国大学下属的二级学院，例如：康奈尔大学威尔医学院卡塔尔分院（Weill Cornell Medical College in Qatar, WCMCQ），芝加哥大学布思商学院中国香港校区（Chicago Booth Hong Kong）等。

3. 学科和专业类型

以学科和专业类型为维度，可将美国大学海外办学机构分成三类：第一类是综合型大学，这类学校的学科门类和专业设置比较齐全；第二类是学科门类有限，围绕相关门类开设多个专业的机构；第三类是学科门类单一、专业聚焦于该学科的机构。

（1）综合性大学

显然，学科布局和专业设置类型与海外办学机构的建设方式和定位息息相关。一般而言，按照综合性大学、四年制文理学院等定位建设的学校，学科和专业类型都比较丰富，上海纽约大学和阿布扎比纽约大学均属于这个类别。

（2）学科门类有限的办学机构

学科门类有限、围绕相关学科开设多个专业的机构是当前的常见模式，大部分机构采用这种办学策略。这种模式既有利于发挥美国母校的优势，又能有效对接办学所在国的需求，办学成本相对较低、办学效益高，例如韦伯斯特大学（Webstcr University）、杜鲁学院（Touro College）等在亚洲建设的海外校区。

（3）学科门类单一的办学机构

第三类模式，即围绕单一学科开设相关专业的学校，集中在管理学、理学、工学等强调实用性的学科门类，上文所述的美国大学二级学院开设的海外分院均采用这一发展模式，他们分别属于理学、工学、医学、管理学领域。这类模式还集中体现在艺术类学科，以及游戏设计、烹饪等职业取向的学科。例如：天津茱莉亚学院（The Tianjin Juilliard School），萨瓦纳艺术设计大学中国香港分校（Savannah College of Art and Design，SCAD Hong Kong），迪吉彭理工学院新加坡分校（DigiPen Institute of Technology Singapore），美国烹饪学院新加坡学校（Culinary Institute of America Singapore）等。

笔者利用 Atlas.ti 8.0 对在亚洲地区开设的专业进行词频分析，出现频率较高的专业包括（频次在 3 以上、从高到低）：工商管理、设计相关专业、英语、传媒学、机械工程、计算机科学、经济学、心理学、工程相关专业，体现了美国大学的专业输出重点和亚洲国家的专业需求重点。

第二节 亚洲国家政策促进办学制度化

高等教育海外办学很大程度上是全球国家间政治经济关系、国家发展情况、地理距离等综合因素的缩影：[3]亚洲区域内各个国家间的发展水平和贫富差距较大，能够谋求提升国际政治和经济地位的国家占少数，美国大学海外办学集中的中国、卡塔尔、阿联酋、新加坡等正是亚洲国家中发展速度和状况处于领先地位的新兴经济体。不同国家在引进美国大学方面形成了不同的政策环境，国家发展状况和政策环境的差异又决定了美国大学在不同地区的办学现状和成效。整体上，美国大学所在的亚洲国家，其发展状况和政策环境均表现出稳定性特征，成为美国大学在亚洲办学制度化的另一个重要因素。

---

3 尤铮，王世赟，高校海外分校建设现状、挑战与经验探析[J]，江苏高教，2019(11)：25-31。

一、亚洲国家的发展状况

以联合国（United Nation）和世界银行（World Bank）的国家分类（Country Classifications）为数据源，美国高等教育海外办学机构所在亚洲国家和地区的类型和收入水平如表 4.3 和表 4.4 所示。

从表 4.3 可见，在联合国界定的国家和地区发展类型中，美国大学聚集的亚洲国家以"发展中经济体"为主，占 91% 之多，地区选择的稳定性显著。此外，在联合国界定的另外两种类型中，日本是亚洲唯一的"发达经济体"，美国大学在此也有涉足。而"最不发达"类别的亚洲国家尚无美国大学的海外机构。本研究关注的纽约大学在亚洲开办实体大学的所在国，阿联酋和中国属于主要类型"发展中经济体"。

表 4.3　办学所在国家和地区发展类型及占比

类　型	数　量	占　比	办学所在国家/地区
发达经济体	1	9%	日本
发展中经济体	10	91%	中国（大陆、香港）、新加坡、韩国、泰国、卡塔尔、阿联酋（阿布扎比、迪拜）、以色列、乌兹别克斯坦、黎巴嫩、印度
总计	**11**	**100%**	

（备注：联合国将国家/地区发展水平分为三级：发达经济体/Developed Economies、发展中经济体/Developing Economies、最不发达国家/Least Developed Countries。来源：United Nations. World Economic Situation and Prospects Report 2019 [R]. New York, the United States: United Nations publication, 2019: 169-174.）

因为联合国的国家分类纳入了多元的指标，如果将国家发展情况进一步聚焦于经济，以世界银行的收入水平为指标，则有高达 58.3% 的办学所在国家和地区属于高收入的行列，25% 的国家和地区在中等偏上收入的行列，中等偏下和低收入国家的数量占比均大幅降低，仅为 16.7%。纽约大学所在的阿联酋和中国分别属于占比较高的"高收入国家"和"中等偏上收入国家"，但具体所在地阿布扎比和上海则均属于经济发展水平极高的城市。

表 4.4　办学所在国家和地区 2019 年收入水平类型及占比

类　型	数　量	占　比	国家/地区
高收入	7	58.3%	日本、中国香港、卡塔尔、以色列、阿联酋（阿布扎比、迪拜）、新加坡、韩国

中等偏上收入	3	25%	中国大陆、泰国、黎巴嫩
中等偏下收入	2	16.7%	印度、乌兹别克斯坦
总计	**12**	**100%**	

（备注：世界银行将国家/地区的收入水平分为四级：高收入/High Income、中等偏上收入/Upper Middle Income、中等偏下收入/Lower Middle Income、低收入/Low Income。来源：World Bank. Country and Lending Groups[DB/OL]. (2019-06-30) [2021-09-03] https://datahelpdesk.worldbank.org/knowledgebase/articles/906519-world-bank-country-and-lending-groups.）

二、亚洲国家的政策环境

在引进西方高等教育资源、鼓励与西方高等教育机构开展合作的过程中，亚洲国家间逐渐形成了三种具有制度化特征的政策环境，本研究将其总结为合作式、枢纽式、松散式，涵盖了不同亚洲国家引进美国高等教育机构的主要路径。其中，合作式国家的办学数量最多，枢纽式国家使美国大学获益最多，这两类国家和地区都从国家政策的层面鼓励与美国高等教育合作，并配套相应的支持。松散式国家已经有了美国大学的海外机构，但发展还比较缓慢和零散，所在国的政策体系和美国大学的办学状况尚不具备稳定性和持续性，制度化程度较弱。本研究关注的纽约大学分别在合作式国家和枢纽式国家办学。

（一）合作式

合作式即我国政策和学术话语里的中外合作办学，除了我国之外，这类国家还有新加坡。根据中华人民共和国国务院《中华人民共和国中外合作小学条例》的规定，"外国教育机构、其他组织或者个人不得在中国境内单独设立以中国公民为主要招生对象的学校及其他教育机构。"[4]这意味着在中国大陆办学的外国机构均要寻找地方合作伙伴，因此，现有的28所机构（附表）均属于合作办学机构。新加坡在推动高等教育国际化的进程中，也实施了鼓励本国高校和外国高校合作办学的策略。[5]

1. 中国中外合作办学

我国的高等教育中外合作办学事业主要包含两部分：一是中外合作办学机构、二是中外合作办学项目。后者以合作学位项目为主，目前是数量最多、

4　中华人民共和国国务院，中华人民共和国中外合作办学条例[Z]，2003-09-01。

5　霍然，近30年东盟国家的高等教育国际化：以菲、马、新三国为例[J]，江苏高教，2018(12)：42-47。

比重最大的部分，但本研究聚焦于实体机构，因而未将其纳入。实体机构方面，根据我国教育部中外合作办学监管工作信息平台的数据，通过教育部复核的中外合作办学机构和依据《中外合作办学条例》及其实施办法批准设立和举办的中外合作办学机构一共 105 个，分布在大陆 21 个省（自治区/直辖市，下文简称"省"），覆盖率达 67.8%。[6]其中，与美国大学相关的机构一共 23 个，[7]占同类机构总数的 21.9%，地理上覆盖了 15 个省，在开设中外合作办学机构的 21 个省中的占比达 68.1%。换言之。在我国，接近一半的省级行政区域已经出现了美国大学的实体身影。

2. 新加坡多国跨境合作

新加坡并未像中国一样，将本国和外国高等教育机构的合作关系明确为强制性的政策和在地办学的基本前提，而是通过的"全球校园基地"（Global School House）等计划推动境内外高等教育的合作。如前文所述，美国大学在新加坡开设的高等教育机构也体现着明显的教育机构合作特征，他们在新加坡的海外分校均有当地的教育合作伙伴。随着 2012 年新加坡科技设计大学（SUTD）[8]的落成，教育机构之间的跨国合作关系在新加坡上升到了一个新的层次，SUTD 打破了美国大学海外办学机构的单一定位，其合作建设方来自不同的国家，分别是美国麻省理工学院（MIT）和我国的浙江大学。

这种由两个及其以上的第三方国家高等教育机构在本国合作建设大学的模式具有很强的创新性和前沿性。奈特曾把上海纽约大学等机构视为海外分校之后的新一代——"国际大学"，尽管纽约大学也提出了创新的概念，但学界仍然将其视为海外分校。相较而言，SUTD 的前沿性更加鲜明，建设主体均为第三方国家的高校，其"国际大学"的意蕴更加浓厚。虽然 SUTD 还不具备广泛的代表性，但其发展趋势很可能突破跨境高等教育的既有模式，值得关注。

---

6 具体数据如后，左边的数据表示该省域的机构总数，右边的数据表示美国合作的机构数，例如北京一共 8 所中外合作办学机构，其中 1 所是与美国合作举办的。北京：8-1；上海 14-2；天津 3-1；重庆 3-1；江苏 12-4；浙江 10-2；广东 5-0；海南 1-1；福建 2-1；山东 8-1；四川 5-2；河北 2-0；河南 4-2；湖北 5-1；湖南 1-0；陕西 4-0；山西 1-0；黑龙江 2-0；辽宁 11-2；吉林 3-1；贵州 1-1。

7 23 所为我国教育部认可的数据，本研究得出的 28 所综合了美方高校的建设定位。

8 新加坡科技设计大学，Singapore University of Technology and Design，简称 SUTD。由于其独特的建设方式、多元的合作主体，本研究并未将其归为美国大学在新办学机构的类别。但 SUTD 无疑是新加坡教育对外开放和教育合作全面升级的一个范例。

（二）枢纽式

枢纽式是稳定性和规律性特征较为显著的政策模式，集中在卡塔尔、阿联酋（阿布扎比、迪拜）、韩国等地。他们的建设路径是本国政府制定以经济为中心的国家发展宏观战略，在这些战略中突出教育，尤其是高等教育的重要价值，提出配合国家战略的教育计划，以建设占据区域中心地位和具有全球影响力的教育枢纽（Education Hub）为目标。具体路径是配套优惠政策和资金支持，成立政府背景的基金会（Foundation），由基金会负责教育枢纽的建设、投资和管理，打造聚落型的学术共同体——教育城，吸引海外顶尖大学、搭建国际合作关系，继而推动本国高等教育的发展。

1. 卡塔尔教育城

现有的资料表明，卡塔尔是枢纽式建设模式的创始国。1995 年，卡塔尔教育科学与社会发展基金会（Qatar Foundation for Education, Science, and Community Development，简称"卡塔尔基金会/Qatar Foundation"）成立。虽然基金会定位为私人特许的非营利性组织，但是该组织的成立背景是卡塔尔时任酋长的直接命令，因而具有明显的国家战略意义。基金会以搭建学术生态系统、促进本国与世界领先的高等教育等科研机构合作、建设人力资源强国为核心使命。[9]成立同年，卡塔尔基金会与弗吉尼亚联邦大学（Virginia Commonwealth University）达成了建设海外分校的合作计划。在合作和试点顺利推动的背景下，2003 年基金会正式发起教育城（Education City）建设计划。到 2008 年，卡塔尔基金会运行的第十年，教育城已经吸引了 6 所美国大学到卡国开设分校。

教育城大学的办学资金完全由卡塔尔基金会提供，基金会在本地法律允许的范围内充分尊重各高校的学术事务权，例如，德州农工大学卡塔尔分校（TAMUQ）每年从卡塔尔政府获得的办学资金超过 7600 万美元。[10]同时，基金会也明确按照"学术共同体"的定位建设教育城。共同体的基本原则包括国际资源、地方文化、高度整合、资源共享，直接表现为：入驻的美国高校建设各自的海外分校，独立招生、授予本校学位。学生被某所大学录取后，能够到教育城的其他大学学习，享受其他大学提供的学术资源和机会。这种高度融合、资源共享的模式突破了大学与大学之间互相独立的高等教育既有形态，为

9　Qatar Foundation. About QF- Introduction [EB/OL]. (2019-08-07) [2019-08-07]. https://www.qf.org.qa/about.

10　Texas A&M University Qatar. Strategic Plan [EB/OL]. (2016-08-30) [2019-08-05]. https://www.qatar.tamu.edu/about/strategic-plan.

学生创造了蕴含独特价值的教育环境和学习机会。卡塔尔一方面是枢纽式的创始国，另一方面也通过教育城创新了高等教育的形态，美国西北大学（Northwestern University）校长莫顿·夏皮罗（Morton Shapiro）对卡塔尔的教育创新不吝赞誉之辞："以西北大学校长的身份，我可以说，没有比在多哈建设分校更让我感到自豪的事情"。[11]美国合作伙伴的认可是一个主观的维度，客观上，自 1998 年弗吉尼亚联邦大学开办，到 2008 年一共引进 6 所美国大学，这些大学一直发展至今，二十余年的历程证明了卡塔尔在办学风险极高、机构关停成为常态的海外分校领域探索出了一条行之有效的道路，证明了教育城发展模式的制度稳定性和可持续性。

2. 迪拜国际学术城

进入新世纪以来，卡塔尔开创的枢纽式不断被其他国家借鉴。最早借鉴卡塔尔模式的是其近邻阿拉伯联合酋长国。但这种模式并非在阿联酋全境内得到了广泛推广，阿联酋是由 7 个酋长国组成的联邦，除了统一的外交和国防，各酋长国拥有相当的独立性和自主权，其中的阿布扎比和迪拜发展程度较高，且承担了联邦经费，[12]阿布扎比还是该国的首都，因而两个酋长国的战略地位和对外影响力显著高于其他酋长国，阿联酋的美国大学项目也集中在两地。

以构建知识经济型国家为目标导向，2003 年，迪拜政府在自由贸易区的建设规划中建立了迪拜知识村（Dubai Knowledge Village），委托由政府控股的投资集团 TECOM 对知识村投资和管理。采用与卡塔尔教育城类似的方式，迪拜开始了和西方国家高等教育机构的合作之路，随着合作范围越发广泛，知识村的名称也扩展为知识园区（Knowledge Park）。2007 年，政府在园区内建设了聚拢和服务高等教育资源的迪拜国际学术城（Dubai International Academic City，DIAC），将西方大学的迪拜分校集体迁入 DIAC，之后又在 2008 年引进罗彻斯特理工学院（Rochester Institute of Technology）、霍特国际商学院（Hult International Business School）两所美国大学。截至目前，DIAC 一共引进、建设了包括两所美国大学内在的 13 所高等教育机构，

---

11 Qatar Foundation. Education City- Introduction [EB/OL]. (2019-08-07) [2019-08-07]. https://www.qf.org.qa/education/education-city.

12 中华人民共和国外交部，阿拉伯联合酋长国国家概况[EB/OL]，(2019-08-01) [2019-08-07]，https://www.fmprc.gov.cn/web/gjhdq_676201/gj_676203/yz_676205/ 1206_676234/1206x0_676236/。

学位项目超过 500 个。[13]

　　阿布扎比最初引进美国大学时，并没有宏观层面的战略规划，仅授权政府机构阿布扎比教育委员会（Abu Dhabi Education Council）作为责任部门，分别在 2005 年、2007 年引进了纽约理工学院（New York Institute of Technology）和纽约大学（New York University）。2010 年以来，在将填海人工岛萨迪亚特岛（Saadiyat）打造为文化区（Cultural District）和阿布扎比文化中心的规划下，才将纽约大学等机构迁入了该岛，体现出类似迪拜的宏观规划的发展模式。就两个酋长国比较而言，迪拜引进的西方大学数量、枢纽建设的广度和深度、海外分校的整体情况性均领先于阿布扎比。阿布扎比现有的两所美国大学中，纽约理工已经停止招生，现有学生毕业后将终止合作。此后，阿布扎比纽约大学将成为美国在该地办学的唯一机构。

3. 韩国仁川全球校园

　　卡塔尔枢纽模式的影响力也扩展到了东亚国家，同样基于打造经济转型发展驱动力、寻找新经济增长点的目标，新世纪以来韩国政府积极推行经济自由区机制，从 2003 年仁川（Incheon Free Economic Zone）开始，目前已在全国建设了 8 个经济自由区。这些经济自由区共享的战略是利用区位优势、先进技术、生产条件，吸引优秀人才、打造国际智能化城市、实现产业升级换代。同时各个区域又有自己的重点发展行业，仁川的重点领域包括航空物流、高科技服务、生物制药等。[14]近年来，仁川经济自由区成为同行中的领先者，甚至被视为韩国经济发展的"引擎"。在"21 世纪智慧韩国""区域创新大学"等政策背景下，韩国政府于 2007 年作出决策，要依托仁川经济自由区建设东北亚最优秀的教育枢纽。2012 年，松岛全球大学基金会（Songdo Global University Foundation）成立，作为教育枢纽的管理部门，职能覆盖校区的规划和运行全过程。2015 年，教育枢纽定名为仁川全球校园（Incheon Global Campus，简称 IGC）。[15]2007 年项目运行至今，先后引进了纽约州立大学石溪分校（SUNY-Stony Brook）、乔治梅森大学（George Mason University）、犹他

---

13 Dubai International Academic City. About DIAC[EB/OL]. (2019-08-07) [2019-08-07]. http://www.diacedu.ae/about/about-diac/.

14 孙明辉，韩国仁川经济自由区发展及其与天津滨海新区比较研究[D]，长春：吉林大学，2016：9-10。

15 Incheon Global Campus. About IGC[EB/OL]. (2019-08-07) [2019-08-07]. http://www.igc.or.kr/en/igc01.do.

大学（University of Utah）等美国高校。

根据建设规划，韩国政府将持续投入 10 亿美元，IGC 的规模将拓展至容纳十所全球顶尖大学，聚焦培养教育、经济、产业、文化、艺术等领域的顶尖人才。在 IGC 的发展战略中，韩国提出了有别于海外分校的概念——"延伸校园"（Extended Campus）。但分析其办学过程，延伸校园仅仅是海外分校的另一种表达，服务本国定位和需求、国际化师资、以本国学生为主的生源、英文授课、授予美方学位等通行的办学模式并没有实质性的变革。此外，韩国政府要求学生必须到外国大学的校区交换学习一年方能获得学位，反而在较大程度上弱化了海外分校的独立性、突出了对美国母校的依赖。与卡塔尔教育城的资源共享模式类似，韩国更加突出各个分校对 IGC 物理资源的共享，虽然在组织形态上具有一定创新性，但发展规模和成效还不显著。

（三）松散式

美国大学开办分校的其他亚洲国家，日本、泰国、乌兹别克斯坦、以色列、黎巴嫩、印度，办学模式和状况均比较松散，这些国家在国家战略层面重视与美国大学的合作，但他们并没有出台针对这一领域的国家政策或者行动计划，在本国开办美国大学的背景和原因各异，因而办学规模小、数量少，尚不具备规律性特征，分析对这些地区的美国大学海外分校需要一例一析。

1. 日本

日本是美国大学最早进入的亚洲国家，也是过去四十年间高等教育海外办学在全球范围内迅速发展的一个重要开源地。以 1982 年天普大学开办的第一所日本分校为开端，20 世纪 80 年代成为美国大学到日本"淘金"的时代，在日美国大学短时间内突破 30 所；进入 90 年代，随着日本进入经济"失落的十年"，大多数美国大学纷纷"折戟沙场"，大浪淘沙后保留下来的实体机构仅 2 所：天普大学日本分校（TUJ）和雷克兰大学日本分校（LUJ）。

美国大学在日本的办学潮具有多方面的原因：美国方面，20 世纪 70 年代中后期高校经费下滑迫使大学寻找新的资金来源是宏观背景，其次，该时期一部分美国大学逐渐意识到教育的国际化发展趋势，如雷克兰大学在校史中记述的，20 世纪 80 年代末期规划到日本开设分校既是为了吸引更多国际学生，也是为了给威斯康辛本地的学生提供海外学习和丰富视野的机会。[16]日本方

---

16 Lakeland University Japan. History and Mission [EB/OL]. (2019-08-07) [2019-08-07].

面，1982 年中曾根康弘（Nakasone Yasuhiro，1918-2019）当选首相后，主张塑造日本的民族和国家认同，他批判前任领导过度聚焦于经济发展的施政模式，为此，借鉴美国和英国模式改革高等教育、推动高等教育国际化成为重要议题。第三方面，"二战"后美日关系进入全新时期，日本在亚洲独树一帜的经济地位和发展模式使其成为西方国家最重要的远东同盟，20 世纪 90 年初期，日本和美国各级城市缔结的友好关系已超过百对，频繁的人员、商务、贸易往来增进了两国之间的理解，为美国大学到日本发展奠定了重要基础。

　　不可否认上世纪九十年代日本经济衰退是在日美国大学陷入困境的重要背景，但是仅从经济的角度解释显然是不完整的。从更广泛的维度，政府未给予官方认可、学术声誉受损、毕业生就业率低下、日美双方在校务治理上的割离、办学选址和所处区位、生源质量、日美双方的监管缺失，[17]上述因素共同导致了美国大学在日本的集体失败。值得指出的是，虽然日本政府鼓励高等教育国际化，尤其是与美国、英国的合作，但其对待外国大学的日本分校却一直持以谨慎的态度。日本文部省在 2005 年对 LUJ、TUJ 等美国大学给予官方认可，历经了两国政府层面长达数年的激烈谈判。[18]以 TUJ 为例，获得当地政府的认可之时，天普大学已在日本发展有 23 年之久，日本政府对其的定性是一所在日本拥有校区、开设高等教育学位项目、授予学位的外国大学，[19]并未在官方政策术语层面使用"海外分校"的概念。也正是因为日本政府这种既鼓励又限制、晦暗不明的立意，使得在日本建设的海外分校一直具有松散性，制度化程度和规律特征都不明显。

　　2. 其他亚洲国家

　　泰国和乌兹别克斯坦的美国大学均是韦伯斯特大学（Webster University，WU），这首先是韦伯斯特的学校定位使然，在 WU 的多项使命中，全球化位列第一，因此在全球范围内建立分校和项目是 WU 长期坚持的办学模式，位于亚洲的泰国分校（WUT）和乌兹别克斯坦分校（WUU）分别建设于 1999 年、

　　　http://luj.lakeland.edu/Inside-Lakeland/history-and-mission.
17　Yang D. T. American Universities in China: Lessons from Japan [M]. Lanham the United Sates: Lexington Books, 2018: 11-16.
18　Lakeland University Japan. History and Mission [EB/OL]. (2019-08-07) [2019-08-07]. http://luj.lakeland.edu/Inside-Lakeland/history-and-mission.
19　文部科学省，外国大学等の日本校の指定[EB/OL]，(2019-06-01) [2019-08-05]，http://www.mext.go.jp/a_menu/koutou/shitu/08052204/1417852.htm。

2018 年。最近建设的 WUU 体现出政府促进、商务合作等特性。在美国—乌兹别克斯坦商会等组织的推动下下，乌兹别克斯坦教育部和韦伯斯特大学在纽约举办的美乌两国 2017 年商业论坛上签署了建设 WUU 的备忘录。作为两国商务和教育合作的重要成果，筹建 WUU 得到了乌国总统的赞许。[20]

建在以色列的杜鲁学院（Touro College）有深厚的民族和宗教根源，1970 年，杜鲁学院在纽约犹太人社区建校，立足犹太社区、服务犹太社区始终是办学使命之一，尽管学校今天已经发展为学院和大学系统，合作机构数量、学位项目类型、学科专业体系早已今非昔比，但学院始终坚持服务犹太社区、开展犹太研究等特色。1986 年，杜鲁学院到犹太民族的发源地、世界上唯一以犹太人为主体民族的国家——以色列建立分校，选址耶路撒冷，开设会计、商务、经济、心理、教育、数学、英语等专业的本科学位课程，要求学生到美国选修课程，促进耶路撒冷和纽约校区的合作往来。

WUU 为新开设的机构，韦伯斯特大学在全球广开分校的举措也存在一定争议，商业性质非常浓厚，办学现状及未来走向尚不明确。杜鲁学院在以色列已经发展三十余年，扩大犹太学生教育机会、促进犹太学生海外交流是其主要定位，办学的文化性大于学术性。相较而言，在松散型的国家中，美国大学在日本办学的情况和质量更加突出。

第三节　纽约大学在亚洲的制度化表现

与美国大学在亚洲办学的整体情况一致，纽约大学的制度化首先表现为办学现状具有持续性和稳定性（专业规范），两所海外大学的发展状况进入良好稳定的状态。其次，学校在美国、阿联酋、中国三个国家的法律和政策中，取得了办学合法性（权威规制），为制度扩散提供了重要的法理基础。此外，从纽约大学自身来看，其机构类型和学术表现具有代表性，代表着进入亚洲的美国大学的主流类型，反映亚洲国家对美国大学的偏好（文化—认知）。值得指出的是，在同等类型和水平的机构中，纽约大学是唯一在两种政策环境下办学的机构，与异国制度的嵌套程度更深。本研究从纽约大学的办学合法性、机构代表性、机构前沿性三个维度探讨纽约大学在亚洲办学的制度化，及其蕴含的研究价值。

---

20 Webster University. Webster University Announces MOU in Uzbekistan [EB/OL]. (2017-09-22) [2019-08-07]. http://news.webster.edu/global/2017/Uzbekistan-MOU.html.

一、办学合法性

（一）成为美国的合法海外机构

1. 获得办学资格

在美国高等教育市场化、私营化、在线化迅速发展的今天，一定程度上出现了机构乱象丛生的现象，美国前总统唐纳德·特朗普（Donald Trump）就曾开设一所以高等教育机构为"外衣"、实则为商业论坛的特朗普大学（Trump University）。乱象主要归咎于门槛进一步降低的办学资格。以纽约州为例，州教育主管部门（New York State Education Department）的政策规定，在州内开设一所授予学位的高等教育机构，需要完成办学陈述和申请手册，从 19 个方面说明学校的办学规划（见后文表 4.5），缴纳 7000 美元的申请费，如果学位项目超过 1 个，则额外缴纳 2500 美元/个学位项目的费用。[21]虽然文书工作事无巨细，但在专业律师的协助下，申请者能够相对容易地通过州政府审批，取得办学资格。在纽约州的政策体系下，现有高等教育机构申请开办分院或增设学位项目的要求和程序则更加简化，申请方需要说明的问题主要聚焦于新增机构或学位项目的类型、教学与课程等方面（见后文表 4.5）。整体而言，从向政府提起申请的角度看，美国大学开展海外办学并非难事。

2. 利用认证制度巩固合法性

由于办学资格相对容易获取，高等教育认证制度成为了美国大学取得行业认同（实质上的办学合法性）、大学质量监管、政校关系调节的重要途径。认证制度本质上是一种自下而上的同行评审和行业自律行为，[22]大学和学科专业通过对应的院校认证和学位项目认证，即意味着办学质量受到认可。[23]从政府与高校关系的角度看，美国高等教育的管制权在州政府的层面，认证制度使得联邦政府同样能够对高等教育施加影响，因为只有美国教育部（USDE）和高等教育认证委员会（CHEA）认证的大学，其学生才能申请联邦政府的奖学金。[24]从十九世纪末发展至今，认证制度已经成为美国高等教育最重要的组成

---

21 New York State Education Department. Application for Provisional Authorization to Open a New York State College or University [Z]. 2019-03-25.

22 Eaton, J. An Overview of U.S. Accreditation[R]. Washington DC, US: Council for Higher Education Accreditation, 2015:2, 4-5.

23 EI-Khawas, E. Accreditation in the USA: Origins, Developments and Future Prospects [R]. Paris, France: UNESCO-International Institute for Educational Planning, 2001: 14.

24 尤铮，美国高等教育学科评估的体系及标准研究——基于对两所大学教育学院的调研[J]，世界教育信息，2018，31(19)：40-47。

部分之一，具有广泛的专业影响力和公共认可度。

与开办海外分校相关的认证工作主要在院校认证层面，纽约大学所在的纽约州隶属于"中部院校与学校协会"（Middle States Association of Colleges and Schools），院校认证工作由"中部高等教育委员会"（Middle States Commission on Higher Education，MSCHE）执行。MSCHE 采用七个一级指标对院校进行评估（见后文表 4.5）。随着海外项目的普遍发展，近些年来，美国各大院校认证机构也将海外项目纳入认证的范畴，纽约大学正是通过认证制度在美国本土取得了向海外发展的合法性。

针对外海办学，2014 年 MSCHE 对将阿布扎比和上海两个门户校园做出定性，将他们定义为纽约大学的额外校址（Additional Location），[25]采用同样的标准，纳入纽约大学的认证范畴，这意味着两个校园获得了美国的政治认可和专业认可。MSCHE 特别指出，在对海外校园进行认证时，需要额外考量当地的政治和文化因素、开展教学工作的实际人数、各种办学必须资源的可得性、远距离对质量监督的影响、语言和交流问题，[26]为海外分校的认证工作提供了一个柔性的框架，也为美国大学到海外办学提供了有益的参考。2019 年6 月，两所学校先后向 MSCHE 提交了定期报告，通过初轮认证。

（二）成为所在国的合法办学机构

在认证日渐成为跨境高等教育通行策略的今天，[27]阿布扎比和上海校园作为纽约大学的额外校址，在美国本土取得办学合法性，是他们得到海外办学所在国政府认同的必要前提。与此同时，两个机构均按照办学所在地的法律要求申请办学许可、开展教学工作。

阿布扎比纽约大学的办学许可机构是阿联酋高等教育部（Ministry of Higher Education of the United Arab Emirates），审批许可程序以及学位项目的质量认证由高等教育部下属机构学术认证委员会（Commission for Academic Accreditation）来完成，法律标准是《高等教育机构办学许可和学位项目认证标准》（Standards for Institutional Licensure and Program Accreditation，下文简称《认证标准》）。上

---

25 Middle States Commission on Higher Education. New York University [EB/OL]. (2018-10-29) [2019-09-13]. https://www.msche.org/institution/0360/#locations.

26 Middle States Commission on Higher Education. Substantive Change Visits to Branch Campuses and Additional Locations [S]. Philadelphia, United States: MSCHE, 2007: 1-2.

27 江波，美国高等教育质量认证概述——国际高等教育质量保障模式研究(一)[J]，世界教育信息，2012(8)：58-60。

海纽约大学的办学许可机构是中华人民共和国教育部，审批程序和相关要求按照《中华人民共和国中外合作办学条例》（下文简称《办学条例》）执行。

　　笔者对纽约大学所在三个国家教育主管部门的相关政策进行了文本分析，这些政策详细规定了申请高等教育机构办学资格和办学项目认证需要提交的文书，一定程度上代表着办学资质和办学质量评估的政策要求。对比发现，三个国家的高等教育管理制度和政策框架整体上异中有同。

　　管理制度方面：首先，三个国家的政府对教育相关事务均拥有较高的权力，高等教育海外办学相关事务同样如此。差异在于，美国为州政府，阿联酋和中国为中央政府；其次，阿联酋采用了和美国类似的制度，政府和认证机构共同对高等教育实施监管，差异在于，美国的认证机构是自发成立的行业组织，而阿联酋的认证机构由政府组建。中国目前尚无专门的高等教育认证机构，高等教育质量保障的工作机制与美国和阿联酋存在差异；第三，具体到高等教育海外办学，中国设置了专门的政府工作平台和政策文件，美国和阿联酋则是将其作为高等教育管理体系的一个子部分，尚无专门化的工作机制。

　　政策内容方面，虽然三个国家的形式各异，但实质性的要求具有很强的互通性。笔者选取相关内容进行横向并置，以更直观地呈现三种政策体系下办学要求的侧重和异同，详细内容如下表所示。

表 4.5　二个国家高等教育机构办学资格/合法性的政策要求

国　家	机　构	标准内容	针对分支机构的附加标准
美国	州政府	执行摘要、使命和学科专业、办学需求、领导和治理、组织管理和行政工作、机构评估和数据管理、教育技术、学术及相关支持服务、学生记录的生成和保存、机构政策、向学生提供的信息、宣传招生招聘策略、图书资源、设施设备、第三方供应商、本次申请中与前期申请或办学行为相关的人员、学位项目信息、预算和财源、长期发展规划①	基本信息（机构/项目名称、授课类型、联系人、批准人）；项目信息（内容与目标、授课安排、教师、资金和教学设施、项目预算与收支、图书资源、入学要求、学术支持、学分、项目评估与改进、转学、外部评审）；课程信息②
	中部高等教育委员会	院校使命与目标；伦理与诚信；学位项目的设计与实施；学习支持情况；教育效能评估；规划、资源及院校改进；治理、领导与管理③	当地的政治和文化因素、能够开展教学工作的实际人数、各种办学必须资源的可得性、远距离对质量监督的影响、语言和交流问题④

阿联酋	高等教育部学术认证委员会	治理和行政管理；质量保障；教学项目；研究和学术活动；教员和专业职员；学生；健康安全与环境；学习资源中心；财政来源财务管理与预算编制、合法合规与信息公开、社区融入⑤
中国	教育部	合作办学者、机构名称、培养目标、办学规模、办学层次、办学形式、办学条件、内部管理体制、经费筹措与管理使用；合作协议（期限、争议解决办法）；资产来源、数额、产权；捐赠校产的相关文件；投资资金到位 15%；章程；理事会、校领导、教师、财会人员资质证明⑥

（来源：笔者根据上述机构的政策文本整理汇总。①New York State Education Department. Application for Provisional Authorization to Open a New York State College or University [Z]. 2019-03-25.；②New York State Education Department. Application for Registration of a New Program in a Licensed Profession [Z]. 2016-09-01.；③Middle States Commission on Higher Education. Standards for Accreditation and Requirements of Affiliation (thirteenth version) [S]. Philadelphia, United States: MSCHE, 2015: 4-15.；④Middle States Commission on Higher Education. Substantive Change Visits to Branch Campuses and Additional Locations [S]. Philadelphia, United States: MSCHE, 2007: 1-2.；⑤Commission for Academic Accreditation. Standards for Institutional Licensure and Program Accreditation[S]. Dubai, the United Arab Emirates: UAE Ministry of Education, 2019: 67.；⑥中华人民共和国国务院，中华人民共和国中外合作办学条例[Z]，2003-09-01.）。

二、机构代表性

笔者通过美国卡内基高等教育机构分类（Carnegie Classification of Institutions of Higher Education，简称 CCIHE）和四个主要世界大学排名，分析在亚洲办学的 48 所美国大学的背景信息，并进一步表征纽约大学在其中的代表性。

（一）机构类型

CCIHE 是认识美国高等教育机构的一个重要路径，1970 年，卡内基高等教育委员会（Carnegie Commission on Higher Education）发起了高等教育院校的分类研究工作，首次分类结果发布于 1973 年。分类结果的功用主要体现在快速了解高等教育机构的关键特征和类型定位、为制定推动高等教育多样化和协调资源分配的政策提供参考、为学生和求职者提供院校信息、服务高等教育研究的样本选择和数据分析。[28]卡内基高等教育机构分类以印第安纳大学布鲁明顿分校（Indiana University Bloomington）教育学院的高等教育研究中心为

---

28 McCormick A., Borden V. Higher Education Institutions, Types and Classifications of[M]//Teixeira P., Shin J. (eds.) Encyclopedia of International Higher Education Systems and Institutions. Dordrecht: Springer, 2017: 1-9.

依托，具有较高的学术价值和同行公信力，1973 年至今，一共发布了九个版次的分类结果。

本研究以 2018 年 CCIHE 最新版分类为数据源，该分类一共六个主维度：基本类型（Basic）、本科生教育（Undergraduate Instructional Program）、研究生教育（Graduate Instructional Program）、在读生特征（Enrollment Profile）、本科生特征（Undergraduate Profile）、规模与设施（Size and Setting），每个维度下划分有数个到十余个子类别；同时对学校属性、区位、层次等重要的描述性特征进行了分类。卡内基分类主要是根据学校的办学特征对学校归类，其理论基础是为鼓励高等教育的多元化发展，维持高等教育多样化的健康生态，并没有为学校排名次、分优劣的价值取向。但是执行近半个世纪以来，随着分类影响力的增强，一定程度上引发了校际之间同质化发展、学校渴望进入研究型大学类别等问题。[29]在亚洲办学的美国大学中，也表现出研究型大学占比高的特征。

表 4.6　在亚美国大学 CCIHE 基本类别分布情况

类型代码	类型定义	数 量	占 比
15	授予博士学位大学/研究程度极高 Doctoral Universities: Very High Research Activity	23	48%
16	授予博上学位大学/研究程度高 Doctoral Universities: High Research Activity	5	10%
17	授予博士学位/开展专业教育 Doctoral/Professional Universities	4	8%
18	授予硕士学位院校，项目规模大 Master's Colleges & Universities: Larger Programs	7	15%
19	授予硕士学位院校，项目规模中等 Master's Colleges & Universities: Medium Programs	1	2%
20	授予硕士学位院校，项目规模校 Master's Colleges & Universities: Small Programs	1	2%
22	本科院校：领域多元 Baccalaureate Colleges: Diverse Fields	1	2%
25	四年制专业院校：医学 Special Focus Four-Year: Medical Schools & Centers	1	2%

---

29 McCormick A., Zhao C. M. Rethinking and Reframing the Carnegie Classification[J]. Change: The Magazine of Higher Learning, 2005, (37)5: 51-57.

29	四年制专业院校：商学与管理 Special Focus Four-Year: Business & Management Schools	2	4%
30	四年制专业院校：艺术、音乐与设计 Special Focus Four-Year: Arts, Music & Design Schools	2	4%
32	四年制专业院校：其他专业领域 Special Focus Four-Year: Other Special Focus Institutions	1	2%

（来源：笔者根据 Indiana University Center for Postsecondary Research. Carnegie Classification of Institutions of Higher Education 2018 edition[DB/OL]，(2018-12-20) [2019-01-12]，http://carnegieclassifications.iu.edu/ 检索和整理。）

如表 4.6 所示，笔者选取卡内基分类的"基本类别"分类结果，辅以学校的公立/私立属性和办学年限，分析在亚洲进行海外办学的美国大学类别及各类学校的数量和占比。根据卡内基 2018 年的分类结果，48 所学校所覆盖的基本类型一共 11 种，从类型数量上看，办学具有多样性。但实际上，如果将 11 种类型按大类归类，分析各类机构的占比，48 所学校中的研究型大学占据大多数。

其中的 11 个类别可以整合为四个大类：博士学位院校、硕士学位院校、本科院校、四年制专业院校，其中博士学位院校在 2010 年之前的卡内基分类中被统一归类为研究型大学（Research Universities），当研究人员注意到院校倾向进入研究型大学行列并出现同质化的趋势后，才将研究型大学类别和表达改革为现行的模式。从这个历史渊源上看，在亚洲办学的美国高校中，研究型大学占比高达 66%，是主流的院校类型。从另一个角度，这也说明相关亚洲国家对美国研究型大学的普遍青睐，是促进办学制度化的"文化—认知"机制。纽约大学属于"授予博士学位大学/研究程度极高/Doctoral Universities: Very High Research Activity"的类别，代表着 48 所在亚洲办学的美国大学中的主流类型。

基本类型之外，办学年限上，美国高等院校主要实行二年学制或四年学制，二年制的多为技术专科学校和社区学院，四年制即本科及本科以上层次的学校。根据卡内基分类的信息，在亚洲的 48 所美国大学均为四年及以上（4-year or above）的学校；学校属性上，一共分为公立（Public）、私立非营利性（Private not-for-profit）、私立营利性（Private for-profit）三类，三类学校的数量和占比分别是 22（46%）、25（52%）、1（2%），公立私立院校占比相当，非营利性院校占比远超营利性院校。纽约大学属于"私立非营利性（Private not-for-profit）"机构，同样代表着 48 所在亚洲办学的美国大学中的主流类型。

（二）世界排名

近年来，商业机构开发的国际大学排名在高等教育领域的影响力不断提升，全球范围内的许多高校都对排名结果保持高度关注，也将好的排名结果作为宣传的途径，这从各高校的官方网站中可见一斑；此外，我国政府、高校等机构在开展人才选拔、进行国际交流项目人才推荐时也常常以学校国际排名为一个参考指标。事实上，大学排名长期受到各方诟病，从排名性质的角度，商业性机构无法回避排行中的商业利益考量，排名难以避免利于一些高校而牺牲一些高校的两极分化，[30]进而产生不良的价值导向；从方法的角度，当前主流的世界大学排行榜均存在技术标准上的缺憾，缺乏合法性标准。[31]但是，由于大学排名具有广泛的受众，排名结果的社会影响和择校影响较大，加之第三方参与评价的性质也客观上赋予了其一定的高等教育诊断、导向和监督作用，[32]因而有必要客观看待国际排名的可取部分。

笔者以四个世界大学排名为参考，分别是：英国 QS 世界大学排名 2020（QS World University Ranking，Q20）、美国新闻与世界报道最佳全球大学排名 2020（U.S. News & World Report Best Global University Ranking，U20）、英国泰晤士高等教育世界大学排名 2020（Times Higher Education World University Ranking，T20）、中国软科世界大学学术排名 2019（Academic Ranking of World Universities，A19）。

首先应该指出，将 48 所大学在四个排名系统中的结果并置后，U20 和 A19 排名结果的整体趋势和分布较为一致，相较之下一些大学的 Q20 排名结果与前两个排名有一定出入，T20 排名结果的离散程度则更高。其次，四个排名也存在一些共同特征，不拘泥于高校的具体名次，将结果其分为 1-100、101-300、301-500、500+四个排名段，四个排名系统的结果分布是接近的，48 所美国大学在各排名段中的数量（占比）分别是 13 所（27%）、8 所（17%）、4 所（8%）、23 所（48%），进入前 500 的学校有 25 所。第三，四个排名收录的高校数量分别是 Q20-1000 所、U20-1250 所、T20-1400 所、A19-1000 所，有 19 所大学没

---

30 王英杰，大学排行——问题与对策[J]，比较教育研究，2008(10)：1-5。

31 周光礼，蔡三发，徐贤春，王顶明，世界一流大学的建设与评价：国际经验与中国探索[J]，中国高教研究，2019(09)：22-28+34。

32 殷晶晶，我国创建世界一流大学路径探究——基于世界大学排名分析[J]，江苏高教，2017(05)：25-28。

有进入任何一个排名系统，有 4 所大学至少未进入一个排名系统。纽约大学属于排名在 1-100 段的机构，代表着在代表着 48 所在亚洲办学的美国大学中的主要部分。

三、机构前沿性

笔者根据地理分布、亚洲国家策略、办学机构类型、院校类型四个维度，重点分析世界排名 1-100 段 13 所学校的情况。通过将四个维度进行交叉分析，1-100 区间的学校与卡内基分类中"研究程度极高型"完全重合。美国母校性质方面，私立学校 10 所，公立学校 3 所。海外机构层次类型方面，海外大学5 所，海外二级学院 9 所。纽约大学是同等水平和类型的美国高等教育机构中，在亚洲国家办学数量最多的大学，更是全球范围内为数不多的开设两所综合性实体海外大学的机构。就海外机构的层次而言，虽然西北大学和卡耐基梅隆大学海外机构的学校规模和建设方式也符合大学（而非二级学院）的定义，但校领导的行政职务是 Dean，相较而言，机构的独立性弱于纽约大学的海外机构。纽约大学阿布扎比和上海两所学校的校领导职务是 President，在建设定位等方面也具有更强的独立性和完整性。

表 4.7　世界排名前 100 在亚美国大学的类型概况

办学所在国及策略	学　校	院校分类*	学校属性	机构层次类型
中国/ 合作式	加州伯克利大学	博/研究极高	公立	二级学院
	密歇根安娜堡大学	博/研究极高	公立	二级学院
	匹兹堡大学	博/研究极高	公立	二级学院
	伊利诺伊香槟分校	博/研究极高	公立	二级学院
	杜克大学	博/研究极高	私立	大学
	纽约大学	**博/研究极高**	**私立**	**大学**
	约翰霍普金斯大学	博/研究极高	私立	二级学院
	芝加哥大学	博/研究极高	私立	二级学院
	南加州大学	博/研究极高	私立	二级学院
卡塔尔/ 枢纽式	康奈尔大学	博/研究极高	私立	二级学院
	西北大学	博/研究极高	私立	大学
	卡耐基梅隆大学	博/研究极高	私立	大学

| 阿联酋/枢纽式 | 纽约大学 | 博/研究极高 | 私立 | 大学 |
| 新加坡/合作式 | 耶鲁大学 | 博/研究极高 | 私立 | 二级学院 |

（备注：*院校分类"博/研究极高"即 CC/HE 分类"基本类型"第 15 类"授予博士学位大学/研究程度极高 Doctoral Universities: Very High Research Activity"。来源：笔者自行整理。）

　　地理分布方面，13 所学校均位于亚洲国家策略类型中的"合作式"和"枢纽式"国家，分别是中国 9 所（含大陆和香港，下同）、新加坡 1 所、卡塔尔 3 所、阿联酋 1 所（含阿布扎比和迪拜，下同），"松散型"国家并没有同等水平的美国大学。分布情况一定程度上印证了前文对三种策略类型的分析：合作式和枢纽式国家建设规划清晰、优惠政策健全、政府支持有力，松散式国家态度立场和支持力度都相对有限。就合作式和枢纽式两类国家而言，排名 1-100 段的学校数量和占比体现了枢纽式国家更高的办学效益，上述四个国家的办学总数分别是中国 31 所、卡塔尔 6 所、阿联酋 4 所、新加坡 3 所，世界排名 1-100 区间的高校在四个国家机构总数中的占比分别是中国 29%、新加坡 25%、卡塔尔 50%、阿联酋 25%，综合两个指标，卡塔尔作为枢纽式的创始国和中东地区引进美国高等教育的先行者，表现出优于其他国家的引进效益。

　　审视美国大学在亚洲办学的整体情况，纽约大学具备一定的独特价值，尤其在世界排名 1-100 阵营的顶尖大学中，纽约大学是其中唯一在两种政策环境下办学的机构，表现出诸多特殊性，甚至是领先性。

　　首先，从学校性质的角度，纽约大学是一所私立非营利性大学，在卡内基高等教育机构分类中，被归为"授予博士学位大学/研究程度极高"的类别，即研究型大学。通过对世界排名 1-100 在亚美国大学群像的分析，私立、研究型是在亚洲开展海外办学的美国大学的主要类型，具备世界社会理论强调的可供复制模式的"制度原型"意义。纽约大学作为美国私立研究型大学的一员，其学校属性在同类机构中具有代表性。

　　其次，从学校水平的角度，纽约大学是一所具有多重量化指标支撑的世界顶尖大学，代表亚洲国家对美国高等教育的认知偏好。在四个世界大学排名中，纽约大学均位列 1-100 区间，分别为 Q20-39 位、U20-28 位、T20-29 位、A19-30 位。四个排名系统的指标和重点各异，能同时在四个排名系统中位于全球 30 左右充分说明了纽约大学的学术水平。学术性的卡内基高等教育分类和商业性的世界大学排名结果共同表明纽约大学是一所高水平、研究型大学，分析其在亚洲的办学经验和和模式具有较高的学术价值。

再次，从海外办学情况的角度分析，以本章的办学数量、地理分布、办学类型、所在国家政策环境为维度，纽约大学的办学实践具有广泛的代表性。办学数量和地理分布方面，在世界排名 1-100 阵营的大学中，纽约大学是唯一一所在亚洲开设两个海外校园的学校，且均为综合性实体大学，与亚洲国家存在着较深的制度嵌套关系。国家发展状况方面，阿联酋和中国分别属于世界银行界定的高收入经济体和中等偏上收入经济体。政策环境方面，两个国家分别为枢纽式和合作式，阿布扎比是独立建设的海外分校，上海是合作建设、具有较高独立性的办学机构。

此外，阿联酋和中国代表着两种文化类型，文化环境、政治体制、经济结构、教育情况均存在较大差异，因而，从世界社会理论关注制度趋异的层面，纽约大学"一校三园"的架构，为同一种高等教育模式在不同文化框架下的移植和本土化调适提供了具有独特价值的分析素材。值得指出的是，纽约大学的两所亚洲学校均为大学层次，学科和专业布局全面，学校在海外办学过程中的组织策略更加多维。

综合上述几方面原因，纽约大学在亚洲的办学实践取得了丰富的办学成效，纽约大学本身是一所高水平私立研究型大学，代表着进入亚洲的美国高水平大学的主流类型，其在亚洲的发展实践体现了较高的层次和卓越的质量，其全球教育体系具备同类大学所欠缺的组织形态和丰富内涵。因而，在对美国大学亚洲办学进行深度分析时，以纽约大学为主要案例，通过对其制度模型和规律性特征的挖掘，辅以对照同类美国大学的亚洲实践，既是进行学术探究的理想模式，也是深入认识海外办学的必由之路。

表 4.8（表 4.4 附表）：美国高校在中国大陆（合作）开办的机构情况

序	学校/机构	合作双方/外国合作方	学位	所在地	类型及专业	招生起止年
1	上海纽约大学	华东师范大学、纽约大学 New York U	中本外本硕	上海	法人资格　综合型大学	2013-42

2	昆山杜克大学	武汉大学、杜克大学 Duke U	中本 外本 硕博	江苏 昆山	法人资格　综合型大学	2013-29
3	温州肯恩大学	温州大学、肯恩大学 Kean U	中外本	浙江 温州	法人资格　综合型大学	2014-64
4	南京大学－约翰斯·霍普金斯大学中美文化研究中心	约翰斯·霍普金斯大学 Johns Hopkins U	中外硕	江苏 南京	二级学院；国际政治、国际经济、比较与国际法、中国研究、美国研究、能源资源与环境	1986-
5	辽宁师范大学国际商学院	密苏里州立大学 Missouri State U	中外本	辽宁 大连	二级学院；工商管理	2000-25
6	重庆工商大学国际商学院	威得恩大学 Widener U	中外本	重庆	二级学院；法语、国际工商管理、国际经济与贸易	2000-23
7	上海交通大学交大密西根联合学院	安娜堡密歇根大学 U of Michigan-Ann Arbor	中外本硕博	上海	二级学院；机械工程、电子与计算机工程、材料科学与工程	2001-27
8	山东工商学院国际商学院	莫瑞州立大学 Murray State U	中外本	山东 烟台	二级学院；会计学、金融学、财务管理、国际经济与贸易、市场营销	2002-27
9	沈阳师范大学国际商学院	富特海斯州立大学 Fort Hays State U	中外本	辽宁 沈阳	二级学院；国际经济与贸易；国际经济法；国际金融；市场营销	2003-33
10	南京邮电大学－纽约理工国际学院	纽约理工学院 New York Institute of Technology	中外本	江苏 南京	二级学院；电气和计算机工程、计算机科学、传媒艺术、工商管理	2007-21
11	郑州西亚斯学院堪萨斯国际学院	富特海斯州立大学 Fort Hays State U	中外本	河南 郑州	二级学院；工商管理、国际经济与贸易、金融学、英语、信息管理与信息系统、护理	2008-24
12	江南大学北美学院	诺斯伍德大学 Northwood U	外本	江苏 无锡	二级学院；工商管理	2012-24
13	清华－伯克利深圳学院	伯克利加州大学 U of California, Berkeley	中硕博 外硕	广东 深圳	二级学院；环境科学与新能源技术、数据科学和信息技术、精准医疗与公共健康	2014-

14	中国传媒大学国际传媒教育学院	纽约理工学院 New York Institute of Technology	中本外硕	北京	二级学院；广播电视、数字媒体艺术、文化产业管理、视觉传达设计、戏剧影视导演、广告学	2015-21
15	北京理工大学珠海学院布莱恩特学院	布莱恩特大学 Bryant University	中外本	广东珠海	二级学院；会计学	2015-23
16	东北师范大学罗格斯大学纽瓦克学院	罗格斯新泽西州立大学 State U of New Jersey, Rutgers	中外本	吉林长春	二级学院；物流管理、金融学、公共事业管理	2015-24
17	四川大学匹兹堡学院	匹兹堡大学 U of Pittsburgh	中外本	四川成都	二级学院；工业工程、机械设计制造及其自动化、材料科学与工程	2015-25
18	上海交通大学－南加州大学文化创意产业学院	南加州大学 U of Southern California	中外硕	上海	二级学院；数字文化创意	2015-
19	河南大学迈阿密学院	迈阿密大学 U of Miami	中外本	河南开封	二级学院；环境科学、土木工程、电子信息科学与技术、自动化	2016-24
20	浙江大学伊利诺伊大学厄巴纳香槟校区联合学院	伊利诺伊大学厄巴纳-香槟校区 U of Illinois at Urbana-Champaign	中外本硕博	浙江杭州	二级学院；机械工程、工程力学、电气工程及其自动化、电子与计算机工程、土木工程	2016-26
21	贵州财经大学西密歇根学院	西密歇根大学 Western Michigan U	中外本	贵州贵阳	二级学院；本科会计学、财务管理、市场营销	2017-31
22	海南大学亚利桑那州立大学联合国际旅游学院	亚利桑那州立大学 Arizona State U	中外本	海南海口	二级学院；酒店管理、人文地理与城乡规划、行政管理	2017-37
23	厦门理工学院密苏里学院	密苏里大学哥伦比亚分校 U of Missouri-Columbia	中外本	福建厦门	二级学院；电气工程及其自动化、机械设计制造及其自动化、土木工程	2017-27

24	南京邮电大学波特兰学院	波特兰州立大学Portland State U	中外本硕博	江苏南京	二级学院；通信工程、电子科学与技术、通信与信息系统	2019-29
25	西南财经大学特拉华数据科学学院	特拉华大学U of Delaware	中外本	四川成都	二级学院；信息管理与信息系统、金融数学、物流管理	2019-31
26	南京农业大学密西根学院	密歇根州立大学Michigan State U	中外本硕	江苏南京	二级学院；环境工程、食品科学与工程、农业经济管理、植物病理学、农业信息学	2019-31
27	天津音乐学院茱莉亚研究院	茱莉亚学院Juilliard School	中外硕	天津	二级学院；音乐	2019-38
28	湖北工业大学底特律绿色工业学院	底特律大学U of Detroit Mercy	中外本	湖北武汉	二级学院；机械设计制造及其自动化、电气工程及其自动化、环境工程、软件工程	2019-39

（来源：笔者根据中华人民共和国教育部中外合作办学监管工作信息平台"教育部审批和复核的机构及项目名单"[http://www.crs.jsj.edu.cn/index/sort/1006]、C-BERT 和 OBHE 研究报告、相关学校官方网站等信息整理。其中：1."大学"指具有独立法人资格的大学，三所学校均被列入教育部发布的《全国普通高等学校名单》，具有独立授予学位的资格。2."二级学院"指隶属于中国高校的二级学院，他们不具有独立法人资格，学位授予机构是其所属的大学。3.下列机构并未进入教育部审批和复合的机构名单：南京大学－约翰斯·霍普金斯大学中美文化研究中心；下列机构被教育部认定为学位项目而非办学机构，但美方学校认为这是他们在中国的校区：南京邮电大学－纽约理工国际学院，上海交通大学－南加州大学文化创意产业学院，清华－伯克利深圳学院，北京理工大学珠海学院布莱恩特学院；4.中山大学－卡内基梅隆大学联合工程学院仍在教育部的名单中，但该机构已停办，本研究未予纳入。5."招生起止年"系我国教育部批准相关机构的第一个办学周期。）

第五章　纽约大学教育模式在亚洲的移植

　　世界社会理论指出，强国教育政策是全球化时代教育制度要素扩散的原型，即可供复制的部分。笔者将纽约大学作为世界社会理论上的"制度原型"，通过对其海外办学运行过程，尤其是位于亚洲的两所实体大学的分析，归纳其代表的美国高等教育模式向亚洲国家输出的要素。纽约大学的全球教育体系覆盖六个大洲、12个国家和地区的15座城市。全球教育体系由两部分组成：三个主要校区（Main Campuses）和十二个全球学术中心（Global Academic Centers）。亚洲在其中占三席，分别是位于以色列特拉维夫的学术中心、位于阿联酋阿布扎比的校区、位于中国上海的校区。两类海外机构的建设定位和路径有所差异，学术中心主要服务师生的国际交流，海外校区则是授予学位的实体性大学，共性在于两类机构均突出了学术性，建设发展过程中也表现出诸多互通特征，共同构成了纽约大学高等教育模式向亚洲输出的核心要素。

第一节　纽约大学全球学术中心

一．突出全球中心的学术性

　　建设学术中心的目的在于为纽约大学师生提供海外学习和国际交流的机会，丰富师生的国际经历和视野。虽然不具有学位授予的资格，但纽约大学始终将"学术性"作为全球学术中心建设的核心，采取多项制度性措施保障海外学习的学术性，包括：按照校历规划学习周期，学生在海外的学习时长从一个学期到一个学年不等；海外学习以严肃的课程修习和学分要求为依托；纽约大学采用构建"学术伙伴"和"学术关联"的方式鼓励纽约校区的 18 个学院[1]参与海外中心的学术建设，学术伙伴（Academic Partnership）指对海外中心的课程开发和执行产生重要贡献、愿意为海外中心提供学术规划的纽约校区院系，学术关联（Academic Affiliation）则是直接在海外中心开设必修选修学分课程的纽约校区院系。[2]通过修课获得相当比重的学分、与纽约校区院系保持学术关系，是维系全球学术中心学术性的核心举措。此外，一些学术中心在办学所在国与当地高校开展合作，当地学校也会对合作关系和成效进行考量，一定程度上对学术性的维持起到了积极作用。

地理分布上，纽约大学全球学术中心 6 个位于欧洲、2 个位于美国本土，位于亚洲、非洲、大洋洲、南美洲的均为 1 个，建设概况如表 5.1 所示。

表 5.1　纽约大学全球学术中心办学概况

大洲	国家/地区	成立时间	教员数量	职员数量	学生数量
欧洲	西班牙马德里	1958	40	7	80-110
	法国巴黎	1969	70		150-200
	意大利佛罗伦萨	1995	60+	25	350-375
	捷克布拉格	1998	40	10	200
	英国伦敦	1999	60+		450
	德国柏林	2006	N/A 当地大学等兼聘		75-110
美国本土	华盛顿特区	2012	31	15	119
	洛杉矶	2019	N/A		

1　纽约大学纽约校区的 18 个学院是：文理学院 Faculty of Arts & Science；全球公共卫生学院 College of Global Public Health；库朗数学科学研究所 Courant Institute of Mathematical Sciences；加勒廷个性化学习学院 Gallatin School of Individualized Study；美术研究所 The Institute of Fine Arts；古代世界研究所 Institute for the Study of the Ancient World；斯特恩商学院 Leonard N. Stern School of Business；瓦格纳公共行政学院 Robert F. Wagner Graduate School of Public Service；迈耶斯护理学院 Rory Meyers College of Nursing；职业研究学院 School of Professional Studies；法学院 School of Law；医学院 School of Medicine；西尔弗社会工作学院 Silver School of Social Work；斯坦哈特文化、教育与人类发展学院 Steinhardt School of Culture, Education, and Human Development；坦登工学院 Tandon School of Engineering；帝势艺术学院 Tisch School of the Arts。

2　New York University. Global Academic Partnerships and Affiliations [EB/OL]. (2019-08-26) [2019-08-26]. https://www.nyu.edu/faculty/global-academic-partnerships-and-affiliations.html.

非洲	加纳阿克拉	2004	N/A	6	15-20
南美洲	阿根廷布宜诺斯艾利斯	2008	20+		80-200
亚洲	以色列特拉维夫	2009	N/A 当地大学等兼聘		25-35
大洋洲	澳大利亚悉尼	2012	25	8	150
总计	前后跨度 **61** 年，教职工规模 **417+**，学生规模 **1679-1969**				

（备注：上表根据地理分布和各中心的建设时间排序。来源：笔者根据纽约大学官方网站提供的数据整理和汇总。New York University. Studying Abroad[EB/OL]. (2019-08-26) [2019-08-26]. https://www.nyu.edu/academics/studying-abroad.html.）

二、学术工作情况

全球学术中心的课程领域、学分设置、授课语言、地方合作伙伴等学术工作情况如表 5.2 所示。

表 5.2　纽约大学全球学术中心学术工作情况

学术中心	课程领域	学　分	授课语言	当地合作方
阿克拉	西非文化、特维语等	12-18	英	加纳莱贡大学
柏林	社会学、历史学、政治学、工作室艺术、环境解学、欧洲研究等	12-18	英/德	当地高校等机构
布宜诺斯艾利斯	社会工作、传媒艺术等	12-18	英/西	N/A
佛罗伦萨	社会传媒策略、意大利旅游写作与数字化叙事等	12-18	英/意	佛罗伦萨大学
伦敦	非洲研究、艺术史、生物学、化学、戏剧研究、儿童与青少年心理健康、经济学、环境科学、传媒学、法律、大都市研究等	12-18	英	伦敦大学
洛杉矶	音乐产业、电影营销、剧本分析等	N/A	英	文艺和艺术界相关机构
马德里	旅行写作、城市愿景、伊斯兰教与西班牙等	12-18	英/西	马德里自治大学
巴黎	法语、艺术、人文社科、数学、机器学习、计算机安全、传媒学、法律等	12-18	英/法	巴黎大学、巴黎政治大学、音乐声学研究中心
布拉格	东欧语、人类学、艺术史、商学、比较文学等	12-18	英	N/A

悉尼	商学、心理学、新闻学、环境科学、公共健康、人类学、历史研究等	12-18	英	N/A
特拉维夫	传媒学、政治学、希伯来与阿拉伯研究	14-18	英	N/A
华盛顿特区	美国研究、艺术史、商业、环境研究、历史、新闻、都市研究、政治、法律预科和公共政策	12-16	英	N/A

（备注：上表根据各中心的英文名称排序。来源：笔者根据纽约大学官方网站提供的数据整理和汇总。New York University. Studying Abroad[EB/OL]. (2019-08-26) [2019-08-26]. https://www.nyu.edu/academics/studying-abroad.html.）

十二个学术中心的地理位置和课程领域体现了全球学术中心服务"师生国际交流、国际视野、语言学习、课程修习"的定位：（1）促进国际交流和丰富国际视野的方面，全球学术中心遍布六大洲，涉足人类最主要的文明形态和种类；（2）语言学习方面，学术中心结合所在地的语言环境和学术优势，开设了德法意等西欧语言课程、捷克波兰等东欧语言课程，以及阿拉伯语、希伯来语、特维语等中东和非洲语言课程，语言教育的体系较为健全，涵盖常见的通用语言和部分非通用语言；（3）课程修习方面，学术中心的学分课程以语言和区域研究为主。此外，这些课程满足本科生通识教育和部分学科专业课程的修课要求，有助于提高学生海外学习的意愿，通过学分安排，对海外学习提供了制度约束。整体上，各个中心之间表现出以人文社会学科为重点的共性特征，伦敦、巴黎以及美国本土的学术中心课程门类更加全面，开设了商学、计算机科学相关课程。

三、纽约院系的学术支持

全球学术中心的课程体系建设和学术规划很大程度上依赖纽约大学有关学院的支持，纽约校区院系与学术中心的关系如表 5.3 所示。

表 5.3　纽约校区学院与全球学术中心的学术关系表

学术中心	学术关联	学术伙伴
阿克拉	文理、社工、商、文教	公卫、文理、加勒廷、文教、公政
柏林	文理	文理、加勒廷、文教、艺术

布宜诺斯艾利斯	文理、文教、社工、艺术	文理、加勒廷、法、护理、文教、公卫
佛罗伦萨	文理、护理、文教、商	文理、加勒廷、艺术
伦敦	文理、文教、公政	文理、加勒廷、文教、商、艺术、公卫、工
洛杉矶	N/A	文理、加勒廷、商、文教、艺术
马德里	文理、加勒廷、商	文理、文教
巴黎	文理、工、文教、艺术	文理、数学、加勒廷、法、文教
布拉格	文理、加勒廷、商	文理、文教、艺术
悉尼	文理、文教、商	文理、加勒廷、公卫、艺术
特拉维夫	文理、加勒廷、社工、文教、商、艺术	公卫、文理、工
华盛顿特区	文理、加勒廷、法、社工、商	文理、公政、公卫

（备注：上表根据各中心的英文名称排序。表中名称为纽约校区各院系的简称，全称可参考前页脚注或下图。来源：笔者根据纽约大学官方网站提供的数据整理和汇总。New York University. Studying Abroad[EB/OL]. (2019-08-26) [2019-08-26]. https://www.nyu.edu/academics/studying-abroad.html.）

通过"伙伴"（Partnership）和"关联"（Affiliation）两种学术关系，一部分学院直接到全球学术中心开设课程，服务本专业学生的修课需求，或学校通识教育的课程安排；更多学院则通过学术咨询、发展建议等方式参与全球学术中心的建设。本研究将纽约大学纽约校区视为学校所代表的美国高等教育模式的"制度原型"，纽约校区有关院系在全球学术中心事务中的参与深度和广度在很大程度上体现着纽约大学向海外输出的美国高等教育模式的关键要素。通过对全球学术中心与纽约校区学院学术关系的梳理，笔者发现纽约大学在全球学术中心建设中形成了以文理学院为中心、以教育与人类发展学院和个性化学习学院为重要依托、以商学院和艺术学院为主要依托，辅以配套公共卫生、公共行政、工学、法学、护理学、数学等学科的模式。这种关系可以由图5.1进行视觉化表达，图中的文字为各学院名称，数字代表其在伙伴和隶属两种学术关系中出现的频次，[3]代表了它们在海外学术事务中的参与程度。

---

3 纽约校区相关学院在"全球学术中心——纽约校区学术关系"中的出现频次分别为：文理学院23，斯坦哈特文化、教育与人类发展学院15，加勒廷个性化学习学院12，斯特恩商学院9，帝势艺术学院9，全球公共卫生学院6，西尔弗社会工作学院4，瓦格纳公共行政学院3，坦登工学院3，法学院3，迈耶斯护理学院2，库朗数学科学研究所1。

图 5.1　纽约校区各学院在全球学术中心的参与程度

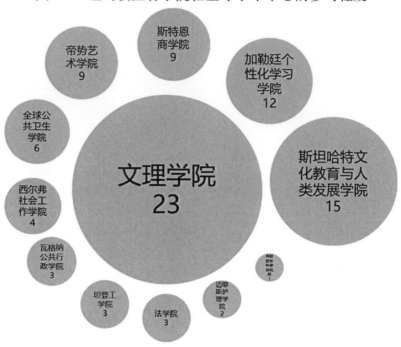

（来源：笔者自行绘制）

纽约大学 1831 年建校，1832 年，文理学院以创校学院的身份开始招生和教学工作，由于这种历史关系，文理学院在纽约大学中始终居于学术核心的地位，也象征着大学的学术传统。文理学院开设本科和研究生两个层次的通识教育，"从诺贝尔奖获（Nobel Prize）得者到艾美奖（Emmy Award）获得者"，[4]授课老师是各行各业的精英和翘楚，研究范畴和课程内容广泛，涵盖自然科学、社会科学、人文学科、艺术四大领域，强调培养通才；加勒廷个性化学习学院的核心内涵也是通识教育，但更加强调创新的学习形式和个性化制定学习方案。

综上所述，从全球学术中心的角度审视，纽约大学向外输出的美国高等教育模式主要包括两个要素：以本科生为主体的通识教育、以人文社会科学为主的学科专业布局。纽约大学本部院系的参与则成为海外机构学术性保障、美国模式输出所依赖的重要路径。

4　New York University. Schools and Colleges Adhering to the highest standard of academic enterprise and innovation [EB/OL]. (2019-08-26) [2019-08-26]. https://www.nyu.edu/academics/schools-and-colleges.html.

第二节　两所位于亚洲的实体大学

经过二十一世纪第一个十年的建设，纽约大学全球教育体系已在三个亚洲国家扎根，分别是 2006 年中国上海、2008 年阿联酋阿布扎比、2009 年以色列特拉维夫。从数量上看，欧洲仍然是纽约大学全球教育体系的重要区域，学术中心一共分布在 6 个欧洲国家，覆盖广度和建设数量占据全球教育体系的"半壁江山"。但从时间线索和发展速度上看，二十一世纪以来，亚洲才是纽约大学海外发展的战略重点：2000 至 2010 年间，纽约大学一共新建 6 个海外学术中心，其中 3 个位于亚洲，从上海到阿布扎比，前后历时四年。而从 1958 年西班牙马德里到 2006 年德国柏林，纽约大学欧洲学术中心的建设成形用了近五十年的时间，亚洲表现出更快的建设速度和更高的建设效率。

2011 年至今，纽约大学全球教育体系的格局产生了较为显著的变化：一是发展速度整体放慢，随着 2012 年澳大利亚悉尼（Sydney）中心的建设，全球体系遍及六大洲，"全球"二字从构想成为现实，纽约大学也随之停止了在海外地理版图上的新拓展；二是方向发生变化，悉尼之后，纽约大学在美国本土新建了华盛顿特区、洛杉矶 2 个学术中心，初步表现出从海外向美国本土回收的趋势；第三，也是最重要的变革，位于亚洲的阿布扎比校区从规划走向实践，上海的学术中心完成了机构类型和层次的实质性转型，两所授予学位且独立完整的大学先后在亚洲落成，深刻推动着全球教育体系的结构性变革，亚洲也成为纽约大学全球教育体系中最为重要的组成部分。

2007 年，美国教育理事会（American Council on Education，ACE）针对高等教育海外办学提出十二项重点分析因素，包括：地理区位、办学活动广度、合作伙伴、法律身份、资格认证、项目层次、学位授予、研究领域、课程内容、教职员工、学生、办学设施。[5]前文已经对纽约大学海外实体校区的地理区位、合作伙伴、法律身份进行了分析，此外，已有研究表明，招生始终是海外分校发展存续面临的最大挑战，尤其是在中东国家，当地政府为西方大学提供了充足的办学经费，当资金不再成为顾虑，招生困难已经成为办学失败的普遍因素。[6]基于

5　Green M., Eckel P., Calderon L., et al. Venturing Abroad: Delivering U.S. Degrees Through Overseas Branch Campuses and Programs[M]. Washington DC, The United States of America: American Council on Education, 2007: 147-148.

6　Mahani S., Molki A. Internationalization of Higher Education: A Reflection on Success and Failures among Foreign Universities in the United Arab Emirates[J]. Journal of International Education Research, 2011, 7(3): 1-8.

此，下文将以招生、教职员工、研究领域等为重点内容，分析纽约大学两所海外实体校园的办学策略和办学情况。

一、阿联酋阿布扎比

2007 年，纽约大学和阿布扎比政府共同宣布将在阿布扎比合作建设一所高校的计划，根据规划，阿布扎比纽约大学（New York University Abu Dhabi）[7]建成后将实现三个"第一"：美国顶尖研究型大学在阿布扎比运行的第一所高校；美国顶尖研究型大学在中东地区开设的第一所综合文理学院；阿布扎比地区第一所精英型、综合性大学，以本科生教育为主体，开展通识教育，开设文学、理学、工学等相关学科的学位项目。

（一）初建期四个关键节点

2008 至 2010 年，在阿布扎比政府的支持下，学校顺利度过了建设初期的四个关键节点，包括：学校学术资源和政府资金资源的有效对接、统筹启动科研工作、明确校园建设规划、逐步启动招生工作。四个方面环环相扣、逐步推进，是学校筹建期间和运行初期的重要工作内容。

1. 政校资源对接

2008 年，纽约大学启动以阿联酋领导人、阿布扎比王储名字命名的优才计划"谢赫·穆罕默德·本·扎耶德学者项目"（Sheikh Mohamed bin Zayed Scholar Program），支持本土学生到海外学习。项目由阿布扎比政府提供奖学金，从优选择一批阿联酋本地高校的大学生，对他们开放纽约大学的学术资源，包括一般性的学术交流，也包括制度性的课程修习、学分交换、研究生入学等。[8]创校项目的设立取得了良好的社会效应，阿布扎比王储穆罕默德是纽约大学得以进入当地的关键人物，他不仅是项目落地的决策者，还是学校的实际赞助人，也和纽约大学时任领导共同规划了学校发展的宏观方向。以穆罕默德的名字命名优才计划，体现了纽约大学对这位关键人物的敬意，使学校获得

7　New York University Abu Dhabi，英文简称 NYU Abu Dhabi 或 NYUAD。当前的中文文献和研究通常将其翻译为"纽约大学阿布扎比分校"，通过对学校管理人员的访谈、对阿拉伯语校名顺序的分析、考虑上海和阿布扎比两个校区建设定位及校名的一致性，本研究认为"阿布扎比纽约大学"的表达更为合理。

8　NYU Abu Dhabi. Sheikh Mohamed bin Zayed Scholars Program [EB/OL]. (2019-08-26) [2019-08-26]. https://nyuad.nyu.edu/en/academics/community-programs/sheikh-moha med-bin-zayed-scholars-program.html.

更稳定的政治保障，夯实了办学合法性基础；利用阿布扎比的资金支持，通过优才计划联通阿联酋的高等教育资源，使学校收获了当地高等教育同行和民众的认可。概言之，优才项目使纽约大学在阿联酋获得了从中央政府到普通民众的支持，也使学校在利用当地资金资源和调动学校学术资源之间完成了一次行之有效的尝试，为双方带来了双赢的合作效果。

2. 建立科研平台

以"穆罕默德学者项目"为起点，初创期的第二个关键节点是 2008 年学校成立的第一个实体性交叉学科科研平台——阿布扎比纽约大学研究院（NYU Abu Dhabi Institute）。研究院下设十余个研究中心、实验室、图书馆，强调研究的前沿性、应用性、基础性，研究领域覆盖海洋与气候、天体物理、基因生物技术、认知神经、公共卫生、城市网络、网络安全、低收入国家与战争冲突地区儿童福祉、阿拉伯语言等，表现出较为明显的理学和工学的学术倾向，并适当注重当地的文化特征，反映了阿布扎比政府的重点需求。以研究院的建立为标志，阿布扎比纽约大学的科研工作稳步启动。

3. 校园建设规划

学校建校初期，纽约大学在阿布扎比市中心的临时校园开展工作，临时校园是一个位于写字楼的办公区，并没有形成一所独立实体大学的物理格局。2009 年，阿布扎比政府启动填海人工岛——萨迪亚特岛（Saadiyat Island）的建设项目，政府意在通过该岛聚集从西方国家引进的大学、博物馆等文化项目，打造文化区。在这样的契机下，阿布扎比纽约大学成为文化区建设的一部分。纽约大学制定了在萨迪亚特岛建设一个拥有独立完整实体校园的方案，2009 年该方案获得批准，学校顺利突破第三个关键节点，朝着建设构想迈进了重要的一步。

4. 启动招生

2010 年，在"穆罕默德学者项目""阿布扎比纽约大学研究院"等工作的基础上，阿布扎比纽约大学突破了第四个关键节点，市中心校区迎来第一批学生，学校教学工作全面启动。次年，阿布扎比政府动工建设规划在萨迪亚特岛的新校区。2014 年，新校区建成，学校整体迁入萨迪亚特岛，阿布扎比纽约大学成为一所真正独立完整的大学，进入一个新的发展阶段。

（二）建设定位下的发展现状

阿布扎比纽约大学建设规划的三个"第一"明确了学校精英型、国际化、顶尖研究型、通识教育等定位。上述定位体现在学校办学运行中招生、研究领域、师资建设等工作中。

1. 精英型、国际化定位下的本科招生

精英型定位下的本科招生集中表现为小规模的招生人数和低录取率。从2010年开始招生到2019年迎来第十届学生，阿布扎比纽约大学的本科生在校生规模达到1500人，根据学校的发展规划，规模将控制在2200人左右。[9]按照学校目前招生人数年均递增30-40人推算，阿布扎比纽约大学将在2024-25年达到预期的办学规模。整体上，2010至2020年间招生人数逐年稳定增长，数量情况及学生群体覆盖的国家和地区数量如下图所示。

图 5.2　阿布扎比纽约大学 2010-2020 年招生情况

（来源：学校官网发布的历年新生开学典礼相关报道中介绍了新生总数和来源结构，笔者根据上述数据自行整理和绘制。）

招生数量递增的同时，阿布扎比纽约大学建校至今的录取率一直维持在较低水平，约为3%左右。相较而言，纽约校区2013年至2019年的录取率虽然也大幅降低，但其幅度为32%减至16%。[10]即使与哈佛大学、普林斯顿大学

9　NYU Abu Dhabi. Class of 2023: NYUAD's Tenth and Largest Incoming Class [EB/OL]. (2019-10-09) [2019-10-10]. https://nyuad.nyu.edu/en/news/latest-news/community-life/2019/october/class-of-2023.html.

10　Toptier Admissions. NYU Class of 2023 16% Admission Rate - New Low [EB/OL]. (2019-11-10) [2019-11-10]. https://www.toptieradmissions.com/resources/college-admissions-statistics/nyu-acceptance-rates/.

等美国本土的私立顶尖藤校相比，阿布扎比纽约大学的录取率也属于较低的水平，因为前一类高校的录取率通常在 5%左右。较低的录取率并不足以维系精英型的办学定位，低录取率之所以具有意义，需要庞大的申请者数量作支撑。

根据学校公布的数据，2011 年向学校递交本科申请的人数为 5858 人，[11]2012 年，这一数据增长至 15520 人，[12]此后，在年均开销 7 万多美元的情况下，阿布扎比纽约大学的申请人数也一直居于万人规模，高申请量、低录取率两项数据常年并行不悖，为学校巩固精英型定位提供了重要保障，同时，也成为体现学校声誉和办学效益的重要指标。

国际化定位下的本科招生集中体现在学生国籍结构的多元性。建校初期，阿布扎比纽约大学的学生多来自阿联酋和美国，办学运行三年后，自 2013 年起，学校逐渐形成以阿联酋、美国为主，学生国籍结构多元的招生特征。如上图所示，从 2010 年至 2020 年，学生来源国家和地区数从 40 个扩大到 81 个，随着 2020 级新生的加入，在读学生的来源国超过 120 个、学生母语超过 120 种，实现了多元化、国际化的办学定位，也成为体现学校国际影响力的重要指标。

阿布扎比纽约大学学生主要来源国具有以下特征：一是世界上主要的留学生输出国家，例如中国、印度、韩国等；二是与美国文化相近的国家，如英国、澳大利亚等"盎格鲁—撒克逊文化圈"的英语国家；三是与阿联酋文化或地理相近的中东和东非国家，如埃及、约旦、埃塞俄比亚等阿拉伯国家；四是在阿联酋移民人口结构中占据较高比重的南亚国家，除了前述的印度，还有尼泊尔和斯里兰卡。生源国的多样化使得学生群体中并不存在真正的"多数"，虽然阿联酋和美国学生的数量较多，但各自占比仅在 11%-19%之间，年均维持在 13%左右。可见，较小的办学规模和招生基数有效抑制了"主流"群体的出现，符合纽约大学在阿布扎比的办学定位。

---

11 NYU Abu Dhabi. NYUAD Welcomes Class of 2015 [EB/OL]. (2011-09-19) [2019-08-26]. https://nyuad.nyu.edu/en/news/latest-news/community-life/2011/september/nyuad-welcomes-class-of-2015.html.

12 NYU Abu Dhabi. NYU Abu Dhabi Welcomes Class of 2016 Comprising 151 Students from 65 Countries [EB/OL]. (2012-09-10) [2019-08-26]. https://nyuad.nyu.edu/en/news/latest-news/community-life/2012/september/nyu-abu-dhabi-welcomes-class-of-2016-comprising-151-students-fro.html.

2. 通识教育和综合大学定位下的研究领域

根据建设文理学院、开展通识教育的定位，阿布扎比纽约大学按照美国大学通识教育的传统，将研究领域分为四个类别：人文学科（Arts and Humanities）、工学（Engineering）、自然科学（Sciences）、社会科学（Social Sciences）。根据建设综合性大学的定位，阿布扎比纽约大学四个研究门类下设有多个学位项目。如表 5.4 所示，人文学科领域开设 15 个本科学位项目、工学领域开设 5 个、自然科学领域开设 6 个、社会科学领域开设 3 个。此外，各个学科项目的运行均有显著的跨学科特征，不同学术领域组合开设了 7 个交叉学科的本科学位项目。

通过学术领域的划分，阿布扎比纽约大学在坚持通识教育为核心的过程中成为了一所具有美国式文理学院特征的高等教育机构；通过跨学科教学和研究的形式，学校整体上形成了较为全面的学科和专业布局，成为一所包括文理学院在内的综合性高等教育机构。

表 5.4 阿布扎比纽约大学学术领域构成

研究领域	本科学位项目
人文学科	古代世界、阿拉伯音乐研究、阿拉伯语、艺术与艺术史、中文、设计学、电影与新媒体、法语、历史学、交互媒体、文学与创作、音乐学、哲学、戏剧、写作 *（15 个）*
工学	计算机工程、木土工程、电子工程、通用工程、机械工程 *（5 个）*
自然科学	生物学、化学、计算机科学、数学、物理学、心理学 *（6 个）*
社会科学	经济学、政治科学、社会研究与公共政策 *（3 个）*
交叉学科领域	**人文+社会：**非洲研究、人类学、阿拉伯区域研究、法律研究；**自然+社会：**环境研究；**人文+自然+社会：**和平研究、城市研究 *（7 个）*

（来源：笔者根据阿布扎比纽约大学官方网站提供的数据整理和汇总。NYU Abu Dhabi. Academic Divisions [EB/OL]. (2019-08-26) [2019-08-26]. https://nyuad.nyu.edu/en/academics.html.）

3. 顶尖研究型大学定位下的师资建设

阿布扎比纽约大学按照纽约大学的同等标准组建教师队伍，各研究领域的师资构成情况如下表所示：

表 5.5　阿布扎比纽约大学各学术领域师资构成

研究领域	教员数*			阿布扎比全职教员中★				
	总数	AD 全职	NY 联聘	博士学位	教授	副教授	助理教授	讲师
人文	93	72	5	62	15	8	29	13
工	43	42	0	31	9	4	14	13
科学	95	72	6	62	9	19	28	13
社科	125	90	22	53	11	21	32	24
总计	356	276	33	208	44	52	103	63
占比	**100%**	**77.5%**	**9.2%**	**75.4%**	**15.9%**	**18.8%**	**37.3%**	**22.8%**

（备注：*教员数中，"总数"并非后两项的加总，还有其他类型的教师，例如访问教授，本表未予呈现；"AD 全职"指阿布扎比全职教员、"NY 联聘"指纽约和阿布扎比校区联合聘用的教员。★阿布扎比全职教员数中，"博士学位"表示获得博士学位（含 PhD、JD、EdD 等）的全职教员数；除了教授、副教授、助理教授、讲师四类，还有其他类别，例如访问教授，本表未予呈现；该部分的比例为各类人员在阿布扎比全职教员（276 人）中的占比，而非在教员总数（356 人）中的占比。来源：阿布扎比纽约大学官方网站教师名录和简历，笔者自行统计和分类。NYU Abu Dhabi. Faculty [EB/OL]. (2019-08-26) [2019-08-26]. https://nyuad.nyu.edu/en/academics/faculty.html.）

2010 年至今，学校专职教员规模超过 300 人，一共来自 45 个不同的国家和地区，绝大多数在全球顶尖大学获得最高学历。十年间，除了所在国政府的投资，阿布扎比纽约大学从其他校外渠道获得科研经费 2000 余万美元，发表 3000 余项科研成果，成果发表量和引用量位列阿联酋第一，自然指数（Nature Index）在西亚地区 416 所科研机构中位列第 28 位，[13]整体表现出良好的科研发展状况和发展趋势。

分析纽约大学在阿布扎比移植美国高等教育模式的制度策略，拥有博士学位的全职教员是一个重要群体。已有研究指出，海外分校的一项重要工作是母校向分校的知识转移（Knowledge Transfer），知识包括显性和隐性（Explicit and Tacit）两种，而后者（人们的想法、观念等对分校的影响）往往具有重要影响，缺乏母校人员的参与，隐性知识可能会阻碍分校的工作。[14]还有研究表

13 NYU Abu Dhabi. UAE Highlights Report 2018-2019[R]. Abu Dhabi, the UAE: NYU Abu Dhabi, 2019: 5.

14 Boyle B., Mcdonnell A., Mitchell R., et al. Managing Knowledge in Internationalizing Universities through Foreign Assignments[J]. International Journal of Educational Management, 2012, 26(3): 303-312.

明，聘请在输出国获得学位的管理人员和学术人员是推动母校分校互联的主要方式。[15]这些特征在纽约大学的海外办学中得到了体现。

图 5.3 阿布扎比纽约大学拥有博士学位教员学缘结构

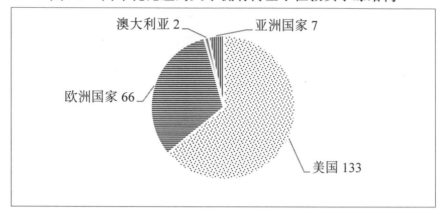

（来源：笔者自行绘制）

通过上述图标的数据可知，阿布扎比纽约大学的教师队伍并没有过度依赖纽约校区，纽约校区的联聘教员占比不足 10%。但是，全职教员中在美国大学取得博士学位的占据了极高比例（总计 133 人，占比 63.8%），分别为人文学科 34 人（占比 54.8%）、工学 20 人（占比 64.5%）、自然科学 31 人（占比 50%）、社会科学 48 人（占比 77.4%），他们多毕业于哈佛大学、康奈尔大学、普林斯顿大学等美国顶尖学府，充分反映学校组建教师队伍的偏好和价值取向。更深层次上，博士学位意味着更重要的岗位和工作内容，以及更好的职业发展机会，这部分占比颇高的教员在美国攻读博士学位，接受美国的高等教育和学术训练，通晓美国高等教育模式，因而，他们也成为纽约大学在该地区移植美国高等教育模式最重要的隐性知识载体。

拥有博士学位的教师学缘结构方面，毕业于美国顶尖学府之外，如上图所示，毕业于欧洲国家大学的教员占据了大多数，这些学校主要位于英国、法国、德国、意大利、荷兰等地，包括伦敦大学、巴黎十三大、亚琛工业大学等顶尖高校。值得注意的是，虽然阿布扎比纽约大学位于亚洲，但拥有博士学位的教师中，毕业于亚洲国家大学的仅有 7 人，一共来自 6 所大学。[16]因而，这部分教员的学

15 Borgos J. An Examination of Interconnectedness between U.S. International Branch Campuses and Their Host Countries[D]. Albany, the United States of America: University at Albany, State University of New York. 2013: 84-85.
16 具体是：工学领域 2 人，均来自新加坡国立大学机械工程专业；人文学科领域 1

缘结构说明，阿布扎比纽约大学形成了美国高校校友占绝对主导的师资现状。

二、中国上海

（一）从学术中心到实体大学

新世纪初期，随着欧洲地区的全球学术中心不断成熟和饱和，在新的历史条件下，纽约大学开始将全球合作伙伴的潜在目标转向亚洲。2001 年前后，纽约大学委托华裔教授到上海寻找合作伙伴，随即与华东师范大学达成合作意向。2003 年，纽约大学开始向华东师范大学派遣交流学生，开启了双方的跨境教育合作。2006 年，双方正式在华东师大校内成立纽约大学上海学术中心，[17]上海至此成为纽约大学全球教育体系的布点之一，中国成为纽约大学本科生海外学习的重要目标国。与阿布扎比从一开始就确定了大学的建设定位不同，纽约大学在上海的初期目标是一个海外学习中心，在中心发展状况良好、且有阿布扎比为先例的情况下，才由学术中心逐渐过渡为大学。

纽约大学在上海拓展学术关系之际，恰逢浦东新区进行综合配套改革试点的良好机遇。2005 年，上海市政府对浦东新区提出"引进国外高校应聚集浦东"的工作要求。浦东新区政府为此积极创设办学条件，推进引进国外大学的工作，其中一份有代表性的历史文件是浦东政府编制的宣传册《世界一流大学，浦东欢迎您》。2008 年，上海学术中心运行两年之际，纽约大学时任校长萨克斯顿带队访问上海，与浦东新区政府达成建设上海校区的意向。为了促成合作，萨克斯顿还通过中国驻美大使馆向中国教育部请求支持。

2009 年，双方进入正式谈判的阶段，围绕课程规划、空间规划、财政预算、运行协议四个关键问题展开了"异常艰难"的协商。最终在 2010 年达成框架合作办学协议，厘清了用地、校园建设、财产权属等关键问题后，上海市教委和华东师大随即向教育部提交筹建申请。[18]回顾开办学术中心和筹建大学

人，来自印度尼赫鲁大学历史学专业；社会科学领域 1 人，来自土耳其科克大学公共管理专业；自然科学领域 3 人，分别是东京工业大学化学专业、沙特阿拉伯阿卜杜拉国王科技大学生物学专业、阿布扎比哈利法科技大学计算机科学专业。

17 韩晓蓉，石剑峰，"中美混血"上海纽约大学奠基　重点培养金融人才[N]，东方早报，2011-03-29(A10)。

18 张恩迪，谢秉衡，圆梦浦东的上海纽约大学[M]//政协上海市委员会文史资料委员会，中共上海市委党史研究室，政协上海市浦东新区委员会编著，口述上海·上海改革开放系列：浦东开发开放（下册），上海：上海教育出版社，2014：5-10。

的过程，纽约大学综合应用了多重策略，选任华裔教授作为合作破冰者体现了纽约大学对非正式制度策略的应用，与浦东区政府—上海市教委—上海市政府—教育部的逐级沟通，以及与中国驻美大使馆的多方接洽则是正式制度策略的应用，体现了纽约大学对中国教育行政管理制度的深入研判。浦东良好的政策时机和纽约大学策略性的推进措施共同为学校筹建奠定了良好的基础。

2011 年，上海纽约大学的筹建工作顺利突破数个关键节点：1 月，教育部批复《关于批准华东师范大学与美国纽约大学合作筹备设立上海纽约大学的函》，学校筹建工作获得批准；2 月，华东师范大学成立上海纽约大学筹建中方工作组；3 月，上海市政府、浦东新区、华东师范大学、纽约大学共同签署操作协议，举办奠基仪式。上海纽约大学被上海市政府列为重点工作，明确为上海落实《国家中长期教育改革发展规划纲要》、扩大教育开放的第一号改革试点项目。

学校举办签约和奠基仪式后，时任中央政治局委员、国务委员刘延东会见了萨克斯顿，鼓励将上海纽约大学办成"高等教育国际合作示范改革的试验田，建设成为高水平的世界一流大学"；6 月，位于浦东新区陆家嘴世纪大道的学校教学大楼开工建设。[19]2013 年，学校迎来首届本科生。2019 年，学校扩容，在浦东新区前滩建设新校区，校园的功能性和完整性将得到实质性地提升。

（二）建设定位下的发展现状

上海纽约大学定位为中国第一所中美合作建设的研究型大学，致力于成为中国高等教育改革的"试验田"，坚守"好奇严谨，厚德敬业，以世界为课堂，以天下为己任"的育人理念，致力于培养具有国际视野、跨文化沟通能力以及创新能力的世界公民。[20]据此，可以将上海纽约大学的办学定位概括为研究型、试验田、国际化三个关键词。

1. 国际化定位下的本科招生

从 2013 年第一届本科生入校至今，上海纽约大学在校生规模到达 1300 余人，来自 70 多个国家和地区。根据学校的发展规划，随着 2022 年前滩新校区的落成，学校在读规模将达到 4000 人。整体上，2013 至 2020 年间，招生情况呈逐年稳定增长的趋势，各年度招生数量、增长趋势，以及学生群体覆盖的

---

19 上海纽约大学，建校历程大事记[EB/OL]，(2019-08-30) [2019-08-30]，https://shang hai.nyu.edu/cn/about/history。

20 上海纽约大学，关于我们 上海纽约大学概况[EB/OL]，(2019-08-30) [2019-08-30]，https://shanghai.nyu.edu/cn/about/history。

国家和地区数量等情况如图 5.4 所示。

与阿布扎比纽约大学一样，上海纽约大学同样保持着较大的申请基数和较低的录取率，即便年均开销高达 7 万美元，学校每年依然收到来自 40 多个国家、上万名学生的申请。2018 年至 2019 年，申请人数从 13400 人增长至 16750 人，增长率 25%。其中，中国学生的申请数量从 2000 余人增长至 3000 余人，增长率 45%，而针对中国学生的录取率仅为 7.3% 左右；累计至 2019 年秋季学期，上海纽约大学的国际学生录取率同样仅为 7% 左右。[21] 与阿布扎比不存在"多数"的学生多元构成不同，根据建校协议，上海纽约大学的中国学生至少应占 51% 的比例，因而中国学生成为了主体部分；国际学生以美国学生为主，此外，学生主要来自韩国、巴基斯坦、加拿大、印度、泰国等地。

图 5.4 上海纽约大学 2013-2020 年招生情况

（来源：学校官网发布的历年新生开学典礼相关报道中介绍了新生总数和来源结构，笔者根据上述数据自行整理和绘制。）

2. 试验田定位下的研究领域

与阿布扎比相似，通识教育同样是纽约大学在上海办学的核心内容，与纽约校区和阿布扎比校区的区别在于，上海纽约大学进一步细化了通识教育的内容维度，设置了七个课程板块：社会（Social Foundations）、文化（Cultural Foundations）、自然科学（Science）、数学（Mathematics）、算法思维（Algorithmic

---

21 NYU Shanghai. NYU Shanghai Admits 7% of International Applicants to Class of 2023[EB/OL]. (2019-04-19) [2019-08-30]. https://shanghai.nyu.edu/news/nyu-shanghai-admits-7-international-applicants-class-2023.

Thinking)、语言（Language）、写作（Writing）。

在当前许多中国高校探索实施通识教育的改革背景下，上海纽约大学为中国同行提供了一定借鉴，也在对美国通识教育模式的不断改革中完善"试验田"的建校定位。以七个课程板块为基础，上海纽约大学开设了 19 个本科专业，与开展通识教育的文理学部并行，另外设置了商学、工程与计算机科学两个学部。学术领域构成情况如表 5.6 所示，通识教育相关的本科学位项目为 13 个，构成了学术领域的主体部分。

表 5.6　上海纽约大学学术领域构成

学术组织	本科学位项目
文理学部	生物科学、化学、经济学、全球中国学、综合人文、数学与应用数学、交互媒体、交互媒体与商学、数学、神经科学、物理学、世界史、自主设计 *(13 个)*
商学部	商学与金融、商学与市场营销 *(2 个)*
工程与计算机科学部	计算机科学、计算机工程、数据科学与大数据技术、电子信息工程 *(4 个)*

（来源：笔者根据上海纽约大学官方网站提供的数据整理和汇总。上海纽约大学，专业与辅修专业[EB/OL]，(2019-08-26) [2019-08-26]. https://shanghai.nyu.edu/cn/academics/majors。）

3. 研究型定位下的师资建设

采用与纽约大学同等标准的招聘原则，截止 2018 年，上海纽约大学的师资规模达 200 余人，来自 20 多个国家和地区，其中不乏拥有美国国家科学院（U.S. National Academy of Sciences）院士、美国文理科学院（American Academy of Arts and Sciences）院士、美国科学促进会（American Association for the Advancement of Science）会士、中国长江学者等头衔的杰出学者。学校当前的师生比为 1：6，规划的师生比将维持在 1：8。各个学术领域的师资情况如表 5.7 所示。

拥有博士学位的教师学缘结构方面，如图 5.5 所示，上海纽约大学同样呈现出美国大学校友占主导的趋势，在拥有博士学位的 96 位上海全职教员中，73 位毕业于美国大学，占比达 76%。与阿布扎比存在差异的是，上海全职教员的博士学位来源国更加丰富，美国之外，并不存在欧洲国家大学校友为主的局面，亚洲国家和欧洲国家大学的博士毕业教员数量相当。在亚洲获取博士学位的 9 人中，6 人毕业于中国高校，占据较高比重，[22]而在阿布扎比任教的全职教员中，从阿布扎比本土获取博士学位的教员仅 1 人。

表 5.7 上海纽约大学各学术领域师资构成

研究领域	教员数*			上海全职教员中★				
	总数	SH 全职	NY 联聘	博士学位	教授	副教授	助理教授	讲师
文理	171	121	5	68	10	14	49	47
商	24	16	2	16	1	2	12	1
工	12	12	0	12	1	1	10	0
总计	**207**	**149**	**7**	**96**	**12**	**17**	**71**	**48**
占比	**100%**	**72.0%**	**3.4%**	**64.2%**	**8%**	**11.4&**	**47.7%**	**32.2%**

（备注：*教员数中，"总数"并非后两项的加总，还有其他类型的教师，例如访问教授，本表未予呈现；"SH 全职"指上海全职教员、"NY 联聘"指纽约和上海校区联合聘用的教员。★上海全职教员数中，"博士学位"表示获得博士学位（含 PhD、JD、EdD 等）的全职教员数；除了教授、副教授、助理教授、讲师四类，还有其他类别，例如访问教授，本表未予呈现；该部分的比例为各类人员在上海全职教员（149 人）中的占比，而非在教员总数（207 人）中的占比。来源：上海纽约大学官方网站教师名录和简历，笔者自行统计和分类。上海纽约大学，教师目录[EB/OL]. (2019-08-30) [2019-08-30]. https://shanghai.nyu.edu/cn/academics/faculty-directory.）

图 5.5 上海纽约大学拥有博士学位教员学缘结构

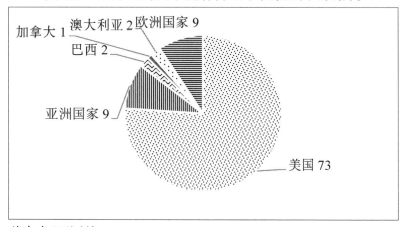

（来源：笔者自行绘制）

---

22 9 人分别来自：中国复旦大学管理学、中国复旦大学遗传学、中国传媒大学传播学、中国香港大学经济学、中国香港科技大学市场营销、中国香港中文大学中国研究、新加坡国立大学化学、韩国首尔国立大学物理材料、以色列本·古里安大学经济学。中国高校毕业生 6 人，中国大陆 3 人、中国香港 3 人。

第三节　模式移植的核心内容

通过对纽约大学全球教育体系，尤其是两所实体大学的剖析，结合访谈获取的知识，本研究认为，纽约大学在亚洲发展时，向亚洲国家输出和移植的美国高等教育模式具有三方面核心内容：首先是对高等教育理念的移植，其中有美国大学共通共享的理念，也有纽约大学的独特理念；其次是对高等教育治理模式的移植，以教工共享治理为核心组织路径，纽约大学将教工治理的原则延展到全球架构中，形成了全球跨校区融合治理的模式；最后是对本科生教育为主体的通识教育的移植。概括起来，即教育理念、大学治理、人才培养三方面。

一、高等教育理念

> 我们的确围绕一些细节开展了艰难的谈判，但是，从协议签署到办学运行，纽约大学的核心办学理念，或者说学术原则，并没有受到任何妥协。而且恰恰与之相反，阿布扎比和上海合作方的工作远远超出我们的预期。由纽约大学全面负责两个校区的学术事务也是我们合作的重要共识。（NY-LD1-19）

（一）高等教育理念的内涵和移植

纽约大学的自我定位是高等教育的革新者，主动面向新兴中产阶级、融会城市特色和学术专业、倡导培养全球视野。[23]在这一定位之下，学校的使命是成为全球顶尖的学术、教学和研究中心：吸引各个领域的学术领袖和名师，鼓励他们创新专业项目、营造卓越环境，继而在全球范围内吸纳优秀的学生。通过全球教育体系这一独特地理布局带来的学术和文化优势，在教育过程中鼓励多样性和多元视角，尤其是国际视角。[24]具体到学校工作上，根据萨克斯顿的治校理念，一所卓越大学的核心原则包括：学术诚信、包容差异、挑战权威、追求真理，具体体现为学术自由、探究自由、言论自由，对权威保持"健康的不敬"。[25]概言之，本研究将纽约大学的高等教育理念和学术原则总结为：

（1）坚守学术核心，学术自由和学术卓越协同并行；

---

23 New York University. About NYU [EB/OL]. (2019-09-01) [2019-09-01]. https://www.nyu.edu/about.html.

24 New York University. NYU Mission Statement [EB/OL]. (2019-09-01) [2019-09-01]. https://www.nyu.edu/about.html.

25 Sexton J. Standing for Reason: The University in a Dogmatic Age [M]. New Haven the United States of America: Yale University Press, 2019: 102-105.

（2）坚定都市特色，学校发展和城市发展互相成就；

（3）坚持国际多元，学校架构和人才培养全球联动；

（4）坚信变革创新，学校理念和办学实践打破传统。

其中，学术自由和学术卓越等理念是美国高等教育共通共享的理念，后面三点则具有纽约大学的独特性。这些理念和原则在阿布扎比和上海得到了较好地传承。在中东，阿布扎比酋长国和纽约大学对高等教育达成了若干共识：双方均高度认可通识教育的价值、认同研究型大学对社会的贡献和利益、重视不同文化背景间的交流合作、秉持将学生培养为世界公民的理念。在这些共识的引导下，学校确立了相应的愿景和使命，包括：文理学院和住宿制相配套、综合性大学定位、开展前沿研究、培养学生综合领导力等原则；建成以卓越文理学院为内核的世界一流研究型大学；开展卓越的教学研究工作、强化合作、解决人类共同面对的问题，服务阿布扎比成为全球领先的城市。[26]

在东亚，上海纽约大学提出"依托纽约大学先进教育理念和优质教育资源"的办学路径，事实上明确表达了上海市对纽约大学高等教育理念的认可和接纳，在此基础上，双方确立了致力成为中国高等教育改革"试验田"的愿景，以及培养"具有国际视野、跨文化沟通能力以及创新能力的世界公民"的使命。[27]两所学校的官方陈述贯彻了"学术核心、都市特色、国际多元、变革创新"的理念和原则，为纽约大学所代表的美国高等教育模式在两地的移植和发展创造了条件。

（二）高等教育理念的表征和移植

当前，高等教育机构普遍通过直观的视觉形象传承和表达办学理念，以视觉识别体系为主要内容的机构形象战略已经成为高校发展的重要内容，关乎高校的品牌认知度、公共影响力和文化差异性。学校标志、标准字体、标准色、网站、办公用品、广告媒体、环境展示等共同构成一所学校的视觉识别体系。这些外显符号不仅仅是简单的图案和文字，它们往往蕴含着学校的办学理念和精神、目标和宗旨，甚至体现着学校的道德和哲学。[28]美国大学历来重视学

---

26 NYU Abu Dhabi. Vision and Mission About NYU Abu Dhabi [EB/OL]. (2019-09-01) [2019-09-01]. https://nyuad.nyu.edu/en/about/nyuad-at-a-glance/vision-and-mission.html.

27 上海纽约大学，关于我们 上海纽约大学概况[EB/OL]，(2019-08-30) [2019-08-30]. https://shanghai.nyu.edu/cn/about/history。

28 叶李娜，基于 CI 战略的大学形象塑造研究[D]，金华：浙江师范大学，2007: 29-30。

校的形象建设战略，民众也习惯通过学校标志、标准色、网站域名等判断学校的合法性，当高校在异地和海外开展办学行为时，学校的视觉形象也成为判断海外项目合法性的一个直观指标。

纽约大学的校徽设计于 1965 年，以奔跑的人形、火炬台、火炬和拉丁文格言"Perstare et Praestare"（英文"to persevere and to excel"）为要素。火炬被喻为"学习之炬"，奔跑的人形象征着人类对知识和学习的努力追求。校徽的颜色是紫罗兰色（Violet），相传一度时期，纽约大学华盛顿广场校区和早期建筑周围开满了紫罗兰，紫罗兰与雅典有关，雅典又是古代世界的学习中心，因此紫罗兰被视为教育和知识的象征植物，其花色在这样的寓意下被纽约大学选为校色。[29]基于校徽上的火炬和紫罗兰色两个主元素，纽约大学设计了学校标志，如下图所示，这两个元素在纽约、阿布扎比、上海三个校区之间统一使用，象征着学校理念、精神、传统等要素的海外传承。同时，两个海外校区又做了一定变化，加上了城市名和当地官方语言的校名，阿布扎比和纽约在标志正形（白底紫标）和负形（紫底白标）上做了一定区分，上海则进一步将火炬的侧视图更改为俯视图，但这些改动并不影响三个校区视觉形象的统一性，也未改动火炬和紫罗兰两个象征性符号的内涵。

图 5.6　纽约大学视觉形象图示

纽约大学校徽	纽约大学学校标志

上海纽约大学学校标志	阿布扎比纽约大学学校标志

（来源：学校官网。）

29　New York University. Faculty Handbook: A private University in the Public Service [M]. New York: New York University, 2018: 4.

二、跨校区全球融合治理

首先，我们不称阿布扎比和上海的校区为海外分校（c），这是一个非常重要的前提和事实。纽约大学的全球教育体系是一个有机循环系统（Organic Circulatory System），由纽约华盛顿广场校园、阿布扎比和上海两个门户校园（Portal Campus）和遍布世界各地的学术中心组成，师生人才和学术资源在这个体系中有机循环。三个校区都是我们的主校区（Main Campus）。（NY-LD1-19）

上海纽约大学确实不是海外分校，和传统的海外分校模式很不一样，最基本的，我们的学校是独立法人单位。我认为高等教育学术界过于简化了基本的学术概念，所以才普遍使用"海外分校"来统一指代非常多样化的跨境办学实践。这一个问题应该得到修正。（SH-FC1-19）

美国一些学者批评海外分校建设有一定殖民色彩，但纽约大学的实际是，两个门户校园都有自己的学校文化和办学特征，而且都有独立的学位授予资格，所以从这个角度，我们认为应该考虑阿布扎比和上海两个校园究竟是不是纽约大学的分支机构（Branch Campus）。（NY-ST1-19 & NY-ST2-19）

（一）全球融合：从概念到实践

虽然仍然被学界普遍界定为海外分校，但纽约大学在亚洲举办两所实体大学时，创建了有别于传统海外分校的概念，即呈现在官方文本中、被受访者描述为"有机循环系统"的全球教育体系。海外校区创始校长萨克斯顿也多次在著作、公开演说、随笔等渠道中强调这一创新的办学定位。为了达成这一定位、将概念转化为现实，纽约大学在全球教育体系中采取了全球融合治理的模式，表现出诸多不同于其他海外分校的治理特征。

与大晋大学日本分校（TUJ）、德州农工大学卡塔尔分校（TAMUQ）等明确定义为海外分校的学校相比，纽约大学两个亚洲校区均取得了独立法人资格，学科专业布局、研究工作开展等学术建设更具广度和深度。首先，从校区之间的关系看，以 TUJ 和 TAMUQ 为代表的海外分校模式突出主校区和分校区的区分，纽约大学则取消了这种分别，统一称为三个主校区或三个门户校区；其次，在校区之间行政关系上，TUJ 和 TAMUQ 的负责人职务为院长

（Dean），不在美国母校领导层承担职能；而纽约大学门户校区的负责人职务为校长（Chancellor/President），并且进入纽约大学高级领导团队，在学校治理中承担相应的职责；再次，从学位资格上看，纽约大学的两个海外校区均有独立的学位授予体系和资格，学生既可以获得纽约大学的学位，也能获得阿布扎比纽约大学或上海纽约大学的学位，而 TUJ 和 TAMUQ 等海外分校则只能授予美国母校的学位，他们自身并没有独立的学位资格。

在概念上放弃"主校—分校"区别的同时，纽约大学也在办学实践中贯彻全球融合：首先，治理结构方面，两个门户校区均形成了独立完整的行政建制，采用美国最为主流的董事会/理事会领导下的校长负责制，成立由多元利益相关者组成的学校董事会/理事会，设立校长、教务长、院长/系主任/学术机构负责人、大学评议会、各类教工委员会、各类行政工作负责人的职务，由校长全面统筹学校工作的开展；其次，办学运行方面，两个门户校园均按照美国标准组建师资队伍，采用纽约大学的申请系统（Slate）和选拔原则开展招生工作，教学和科研工作按照有机循环的理念推动人员和信息往来；再次，质量保障方面，将门户校区作为额外校址纳入美国高等教育认证制度，这些治校举措都体现了融合治理以及美国高等教育模式的核心要素在阿布扎比和上海两地的落地发展。概括起来，海外校区一方面是所在国的独立法人机构，具有相对独立性，一方面又是纽约大学不可分割的一部分，在全球融合治理的实践中，纽约大学较为灵活地统筹了海外校区"相对独立"和"有机组成部分"的辩证关系。

> 曾经出现三个校区的招生工作人员先后到同一所高中宣讲，给这些中学带来了困惑：三个校区是什么关系？有什么区别？发现存在的问题后，学校立刻将入校招生宣讲做统一安排，成立由三个校区共同组成的宣讲团和招生工作组，任何一个宣讲团队都能代表三个校区，避免重复入校宣讲事件的发生，也帮助外界厘清了对我们跨境办学的认识。（NY-ST1-19）

> 现在每个校区的招生工作是独立运行的，都有自己的工作组，但是会有其他两个校区的人员加入，以保证核心招生原则的一致性，以及校区之间能够互相推荐最适合的优秀学生。例如，某位学生申请了上海，但招生工作组通过考核发现他可能在某些方面与纽约或阿布扎比的独特性更加匹配，就会将这名学生推荐到另外两个校区。

此外，虽然各地情况略有差异，上海是中国高考和美国招生两套制度同时运行，纽约和阿布扎比则是纯美国的招生制度，但选拔学生的核心原则和学术标准都是一致的。（NY-ST2-19）

（二）全球融合：教师共享治理

纽约大学的学校治理中，一个代表美国高等教育模式的重要特征是教工参与治校，即"共享治理"（Shared Governance）。纽约大学董事会议定的共享治理原则包括委任代表、信息透明、决策咨询、合理辩解、沟通对话等。[30] 针对全球教育体系这项大学层面的重要行动计划，纽约大学组建了由三个校区教工构成的全球教育体系教工委员会（Faculty Committee on Global Net University，FCGNU），成为推进全球教育体系融合治理的重要路径。FCGNU 的工作职能主要包括：评估全球教育体系尤其是两个门户校区的工作情况，组织跨校区的教工论坛等交流活动，向学校领导提供决策咨询建议。

FCGNU 委员会设两名主席，一般从纽约、阿布扎比/上海各选派一名，主席任期并没有明确规定；FCGNU 委员是三个校区的教职员工，任期多为一年。委员会从 2013 年春季学期开始履责，平均每学期在纽约校区召开 4-5 次会议，商讨全球教育体系的重点治理内容。根据 FCGNU 对外公布的会议议程、会议纪要等工作文档，笔者以学期为单位分析了 2013 年至今历次会议的主要议题，如表 5.8 所示。笔者剔除了工作计划、工作总结、委员会人事变动等常规信息，从中可以窥见纽约大学全球教育体系融合治理的关键内容。

表 5.8 中的会议主题表明，全球教育体系委员会的议事议程中，既有促进全球教育体系融合发展的常设议题，例如教工和学生的流动、多校区联合聘用、学术自由等；也有一些突发性的议题，例如阿布扎比劳工事件、教工旅行受限、签证政策、叙利亚难民、以色列地缘政治危机等。从学校对一些议题的长期关注和回应来看，委员会在纽约大学全球教育体系的融合治理和建设发展中发挥了十分重要的作用。委员会成立初期仅定位为咨询委员会（Advisory Committee），2014-15 学年方才在劳工事件等突发挑战的应对过程中更为现名，可以推测，"咨询"二字的删除意味着更加实质性的治校参与。根据"疫情"之前几次会议的主题，委员会的制度化建设、委员会组织的全球教工论坛等成为重要事项，表明 FCGNU 的存在和工作职责将具有更强的制度稳定性。最近

---

30 New York University. Faculty Handbook: A private University in the Public Service [M]. New York: New York University, 2018: 10-11.

的议题表明，一些常规活动受到了"疫情"的制约，学校将疫情应对放在了重要位置。

表 5.8　纽约大学 2013-2020 年全球教育体系教工委员会议主要议题

学　期	主　题
2021 年春季	全球教育体系疫情应对、全球体系教师流动性、提升教师参与
2020 年秋季	审议年度报告、上海纽约大学委员会选举
2020 年春季	全球教育体系疫情应对、校领导不考虑继续拓展全球教育体系
2019 年秋季	全球教育体系财务状况、海外公共安全、地缘政治风险、委员会制度建设、多校区联合招聘、合同制教师、全球教工论坛
2019 年春季	纽约部分院系与以色列终止合作相关事项、多校区联合招聘、合同制教师、全球教工论坛、下届委员会领导、学术自由
2018 年秋季	多校区联合招聘、合同制教师、学术自由和全球融入、全球体系人员流动性、阿布扎比校领导招聘
2018 年春季	多校区联合招聘、全球体系人员流动性
2017 年秋季	阿布扎比签证政策、学术自由、教师海外教学支持项目、选举新任主席
2017 年春季	多校区联合招聘和终身教职审定
2016 年秋季	阿布扎比研究生项目、叙利亚难民计划、多校区联合招聘
2016 年春季	全球教育体系教授头衔、中国 NGO 法案、阿布扎比劳工事件、叙利亚学生和学者支持计划、全球教育体系硕士和证书课程项目
2015 年秋季	全球教育体系财务状况、纽约大学教师手册在海外的执行、阿布扎比教工论坛、上海教工论坛
2015 年春季	阿布扎比劳工事件、教工在阿联酋旅行受限问题、门户校区教工论坛
2014 年秋季	全球教育体系招生、成立相关分委会、劳动价值
2014 年春季	全球教育体系研究生项目、教工流动、多校区联合聘用
2013 年秋季	院系参与和投入、全球教育体系的原则和冲突、学术自由、课程开发
2013 年春季	委员会的历史、责任、重点工作内容

（来源：笔者根据纽约大学官方网站提供的数据整理和汇总。New York University. Faculty Committee on NYU's Global Network Meeting Agendas & Minutes [DB/OL]. (2019-11-14) [2019-12-20]. https://www.nyu.edu/about/university-initiatives/faculty-advisory-committee-on-nyus-global-network/meeting-schedules-and-summaries.html.）

三、以本科生为主体的通识教育

　　我合作过的几所中国高校都是研究型大学，在合作过程中我注意到，当学校为了巩固研究型大学的定位而努力时，本科教育似乎变得不再那么重要，学校管理者和教授更加重视科研工作和研究生培养。在美国，小型的文理学院和综合性大学里的文理学院仍然是高等教育体系的核心内容。美国的高等教育系统过于复杂多元，很难说是不是存在一种"美国模式"，但重视以本科生为主体的通识教育始终是一项突出的特征。（HE-FC1-19）

（一）通识教育理念

通识教育（Liberal Arts and Sciences Education）在美国高等教育体系中具有重要而独特的地位，以通识教育为主业的小型精英文理学院和作为一流研究型大学核心部分的文理学院已经成为美国精英大学体系与认知秩序构建的象征性符号。[31]21 世纪以来，随着全球教育体系的建设，纽约大学拓展了自身通识教育体系的边界和内涵。目前纽约大学的文理学院由三部分组成：本科文理学院（College of Arts & Science）、文理研究生院（Graduate School of Arts & Science）、文理科学学位项目（Liberal Studies）。纽约大学认为，通识教育一方面意味着对先贤的传承，即对从古至今伟大经典作品的阅研；另一方面，充满变革的新世纪也在重新定义通识教育，学科破界、全球视野、质疑经典、塑造未来是时代对通识教育提出的新要求。纽约大学全球教育体系将世界微缩进一个小规模的校园和班级，师生密切互动、个性学习与辅导、课内课外互补，培养推动时代变革的全球领袖，[32]为新时代下通识教育的变革创造了条件。

作为美国本土一所顶尖的私立研究型大学，依托全球教育体系的元素和优势，纽约大学首先在纽约校区增设了以"全球"文理研究为主题的本科学位项目；其次，在阿布扎比和上海打造全球教育体系战略高地的过程中，也将作为教学工作核心环节和以本科生为主要培养对象的"通识教育"带到了两地，这在两所学校的建设概况、使命愿景、育人理念、建设历史等官方陈述中，以及学术领域和专业布局中已经得到了清晰地体现。

（二）通识教育实践

在前文分析两所海外大学办学运行的部分，笔者聚焦阿布扎比和上海的

31　崔乃文，作为符号象征的通识教育与国家精英大学体系的建构——欧美与中国的案例比较研究[J]，江苏高教，2020（01）：16-23。

32　New York University. Liberal Studies Mission Global Great Works in the Context of the Contemporary World [EB/OL]. (2019-09-01) [2019-09-01]. https://liberalstudies.nyu.edu/about/our-mission.html.

本科学位项目，分析了学校学术领域构成的主要情况。在此，笔者主要从课程结构的角度分析两所海外校区的教学模式，以呈现通识教育和本科生培养在学校工作中的核心地位。目前，两所学校均开设本科、研究生两个层次的学位课程，本科课程包含两个模块，研究生学位课程主要以纽约校区为依托，笔者将课程结构的整体情况概括如表 5.9。

表 5.9 阿布扎比纽约大学和上海纽约大学的课程结构

层 次	课程模块	阿布扎比		上 海
本科	模块一核心课程	研讨课	素养课	社会文化基础、数学、科学、算法思维、写作、语言
		人类面临的共同挑战	艺术设计与科技、文化探索与分析、数据与挖掘、思想与社会结构	
	模块二专业+辅修	① NYUAD 专业课和辅修课 ② 全球教育体系辅修专业 ③ 纽约大学跨校辅修专业 ④ 门户校园辅修专业		① NYUSH 专业课和辅修课 ② 全球教育体系辅修专业 ③ 纽约大学跨校辅修专业 ④ 门户校园辅修专业
研究生	联合培养	① NYUAD 硕士项目 2 个 ② NYU 博士项目 10 个		① NYU 硕士项目 5 个 ② NYU 博士项目 8 个

（来源：笔者根据两所学校官方网站提供的数据整理和汇总。NYU Abu Dhabi. Academic Divisions [EB/OL], (2019-08-26) [2019-08-26], https://nyuad.nyu.edu/en/academics.html; NYU Abu Dhabi. Graduate [EB/OL], (2019-08-26) [2019-08-26], https://nyuad.nyu.edu/en/academics/graduate.html；上海纽约大学，专业与辅修专业 [EB/OL], (2019-08-26) [2019-08-26]. https://shanghai.nyu.edu/cn/academics/majors；上海纽约大学，研究生与研究项目[EB/OL], (2019-08-26) [2019-08-26], https://shanghai.nyu.edu/cn/academics/graduate.）

在以上述课程体系为支撑的教学模式下，通识教育的理念和措施在两个门户校区均得到有效实施：首先，本科部分的课程架构直接反映了对"通识教育＋专业教育"这一美国模式的移植，两校的核心课程即为通识教育的部分，阿布扎比纽约大学依托人文、工学、自然科学、社会科学 4 个学部，上海纽约大学依托文理学部和通识教育的 7 个模块，按照重基础、跨学科、面向 21 世纪、全球视野等原则设计了本科通识教育的课程，作为学生到高年级进行专业选择的基础。

其次，研究生课程的部分，两个海外校区目前主要依托纽约校区进行研究生联合培养，学生毕业后授予纽约大学的研究生学位。目前三校区协同执行的跨校区研究生联合培养项目仅在博士研究生层面，[33]由纽约校区的文理研究生院和坦登工学院负责。[34]虽然当前更多在本科教育层次讨论通识教育，本研究中阿布扎比和上海两所海外校园的建设定位也以本科生为主，但通识教育并不仅仅意味着为本科生专业选择和个人成长夯实广博的基础，纽约大学将博士研究生学位誉为通识教育的顶峰（Pinnacle），其文理研究生院也是美国最早的博士学位授予机构之一，授予的学位主要为人文学科、社会科学、理学的相关专业。坦登工学院在全球教育体系博士联合培养项目中的参与，弥补了文理学院在工学相关领域的欠缺，有效推动纽约大学通识教育模式在海外校区的延展以及在研究生教育层次的迁移。

---

33 三校区间硕士研究生联合培养尚未表现出协同的制度性特征：经阿联酋教育部学术认证委员会（UAE Ministry of Education's Commission for Academic Accreditation）批准，阿布扎比拟从 2020 年秋季学期起独立开设硕士项目，专业为有 2 个：经济学、艺术与传媒。上海则是与纽约校区部分院系合作举办学位项目，合作方有商学院、艺术学院、社工学院、文化教育学院，专业有 5 个：数据分析和商业计算、计量金融、互动媒体艺术、全球社会工作、英语教育。

34 阿布扎比的博士专业 10 个：生物学、化学、计算机科学、物理学、交通运输规划与工程、化学工程、木土工程、电子工程、机械工程、心理学；上海的博士专业 8 个：生物学、化学、计算机科学、物理学、交通运输规划与工程、数据科学、数学、神经科学。

第六章　纽约大学教育模式在亚洲的调适

在世界社会理论的话语范畴中，教育在全球范围内的标准化进程快速发展，世界模型对民族国家教育体系的影响日益提升，一个民族国家与世界社会融合的程度越高，该国的教育体系就越加趋同于世界模型。而归根结底，世界模型的主要塑造者就是可供复制的强国教育政策，这种由强国向其他国家扩散的趋势已然不可逆转。[1]在全球教育体系的发展模式下，纽约大学借由两所海外实体大学，将自己所代表的美国高等教育模式以正式组织的制度形式在阿联酋阿布扎比和中国上海两个亚洲地区进行了移植。在此之前，虽然美国高等教育模式在亚洲的扩散和影响由来久矣，但由于缺乏正式组织形式的制度依托，美国高等教育理念在亚洲往往陷入"南橘北枳"的处境。[2]随着全球范围内以美国大学为主导的海外办学的发展，以纽约大学两所门户校园为代表的海外实体大学弥补了美国高等教育模式先期移植过程中所缺失的关键制度依托，因而极大夯实了模式移植的组织基础。

以纽约大学为例，这充分体现在纽约大学高等教育理念、通识教育模式在阿布扎比和上海两个门户校园的落地生根，也体现在全球教育体系对学术标准、核心原则、融合治理的统筹执行。以通识教育为例，事实上，在美国的影响下，我国高等教育领域倡导通识教育改革已有多年，许多研究型大学对此报

1　Meyer J., Ramirez F. The world Institutionalism of Education[M]// Schriewer J. (eds.). Discourse Formation in Comparative Education. Frankfurt, Germany: Peter Lang Publisher, 2000: 111-132.

2　高益民，美国高等教育模式在东亚的移植及其变种[J]，比较教育研究，2005(11): 34-39。

以极高的热情，但在专业教育和通识教育的根本逻辑冲突之下，改革的象征意义往往大于实际意义，研究型大学里的文理学院通常难以获得大学组织的制度环境支持，而最终被同化为精英专业学院。[3]仅这一点而言，上海纽约大学的通识教育模式与纽约高度衔接，又能够区别于其他中国大学的制度惯性，一定程度上发挥了中国高等教育改革"试验田"的建设期许。

此外，世界社会理论还强调，在模式移植的过程中，制度要素的扩散误传和接纳创新、制度信念和逻辑的冲突、不同社会结构的差异化适应方式、被动方的利益唤醒，[4]使得世界模型形式上的相似性和实质上的多样性相伴相生。一味强调强国教育模式依托的经济政治优越性是不合时宜的，受影响的国家也具备符合其风格和背景的独特价值。[5]因此，当涉及跨国教育制度移植时，"水土不服"已经成为一个无法摒除的必然特性，但在新的历史时期和制度条件下，值得注意的是，"水土不服"并不一定导致"南橘北枳"。虽然纽约大学的全球教育体系极大夯实了美国高等教育模式移植的制度基础，但其海外办学仍然表现出全球标准化和地方差异化，与"南橘北枳"的传统问题不同，[6]地方差异化给学校带来一定挑战的同时，在学校的多重调适策略下，也表现出推动变革的积极效应。

从世界社会理论的主张出发，笔者将纽约大学所代表的美国高等教育模式在亚洲国家的移植和调适及其具体内容总结为下表：

表 6.1　世界社会理论视角下纽约大学在亚洲的移植和调适

纽约大学在亚洲办学	世界社会理论主张 ⮌	阿布扎比	上海
移植	强国模式可供复制	教育理念；教工治理；通识教育	
	制度要素的接纳创新	全球融合治理、摒弃海外分校；学术建制创	

3　崔乃文,制度移植的困境与超越——中国研究型大学通识教育改革的路径选择[J],高等教育研究，2019，40(07)：82-90。

4　[美]理查德·斯格特，阎凤桥译，比较制度分析的若干要素[J]，北京大学教育评论，2007(01)：2-14+188。

5　Meyer J., Ramirez F. The world Institutionalism of Education[M]// Schriewer J. (eds.). Discourse Formation in Comparative Education. Frankfurt, Germany: Peter Lang Publisher, 2000: 111-132.

6　覃云云，橘生淮北则为枳？——跨境合作大学的制度两难[J]，清华大学教育研究，2020，41(01)：119-125。

调适		新；通识教育创新	
	所在国家的风格背景和独特价值	法律和政策；宗教文化；阿拉伯文化	法律和政策；中国文化
	制度信念和逻辑的冲突	性别平等冲突；劳动价值冲突；旅行限制冲突	网络管制冲突
	不同社会结构的差异化适应；被动方利益唤醒	国际多元的师生构成；招聘权转向当地	中国学生占51%；招聘权转向当地

（来源：笔者自制。）

　　传统上，进入异域环境时，高等教育机构的跨文化调适通常需要进行"自我修正——适应环境"的单维调整，因此，海外分校的制度趋同一方面是与母校保持一致，另一方面是与所在地高等教育的同质化，[7]高等教育机构与制度环境的关系表现为静态调整、单向适应、被动融入。然而，海外办学机构能从组织策略和制度结构的双向作用和互补关系中获益，对于办学成功至关重要。[8]因此，有学者将海外办学机构获得合法性的组织策略概括为：顺从（Compliance）、操纵（Manipulation）、创造（Creation），[9]即从单向的"顺从"延伸为双向的"操纵"和"创造"。从上表呈现的内容可见，纽约大学的跨文化调适理念和模式也在进行"双向"的演变，突破了单向顺从的局限。纽约大学所代表的高等教育模式并不是一味地修正自我，而是通过多元策略与新的制度环境形成了动态调整、双向互动、主动融入的关系模式，一定程度上推动了异域制度环境的变革，为学校发展带来了积极影响。

　　通过对纽约大学全球教育体系的研究，笔者将已有的知识框架"顺从—操纵—创造"调整为"适应（Adaptation）—改变（Modification）—利用（Utilization）"。首先，教育作为一种以知识和文化为基础的制度，知识文化的演进过程从来都不是激进的，教育机构的演进逻辑也不是激进的。与程度寓意强烈的"顺从—操纵—创造"相比，毋宁说程度柔和的"适应—改变—利用"更加符合教育机构的特性。其次，笔者对比了原有框架的内涵，结合阿布扎比和上海两地的调适策略，认为"适应—改变—利用"更为符合纽约大学

7　Shams F, Huisman J. The role of institutional dual embeddedness in the strategic local adaptation of international branch campuses: Evidence from Malaysia and Singapore[J]. Studies in Higher Education, 2016, 41(6): 955-970.

8　Stanfield D. International Branch Campuses: Motivation, Strategy, and Structure[D]. Boston, the United States of America: Boston College. 2014: 25.

9　Zhang L., Kinser K. Independent Chinese-Foreign Collaborative Universities and Their Quest for Legitimacy[J]. Chinese Education & Society, 2016, 49(4-5): 324-342.

的实际。

　　基于此，本研究将纽约大学跨文化调适的多重内容（表 6.1）概况为三方面策略：适应环境、改变环境、利用环境（表 6.2）。继而构建了纽约大学在亚洲进行本土化调适的策略模型（图 6.1）。

表 6.2　纽约大学在亚洲调适策略的生成

阿布扎比的调适内容	上海的调适内容	●策略
全球融合治理、摈弃海外分校；学术建制创新；通识教育创新		利用环境
法律和政策；宗教文化；阿拉伯文化	法律和政策；中国文化	适应环境
国际多元的师生构成；招聘权转向当地	中国学生占 51%；招聘权转向当地	
性别平等冲突；劳动价值冲突；旅行限制冲突	网络管制冲突	改变环境

（来源：笔者自制。）

图 6.1　纽约大学的跨文化调适策略模型

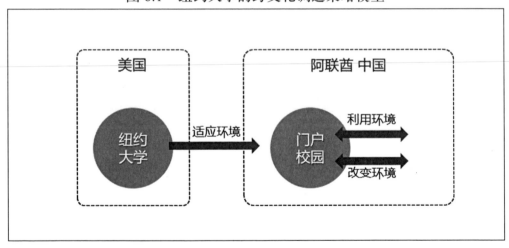

（来源：笔者自行绘制。）

　　如表 6.1 和表 6.2 所示，在不同国家的背景下，三重调适策略在两个校区均有不同的表征，但整体上，共同特征在于：首先，"适应环境"是高等教育机构跨文化调试的传统模式，表现为办学机构对美国高等教育模式的自我修整和对异域制度环境的适应；其次，"改变环境"是指，美国高等教育模式在移植的过程中，高等教育理念的落地一定程度上改变了当地的高等教育形态，弥补了大学在异域环境中单向适应的传统关系模式；第三，"利用环境"则是在高等教育机构的桥梁作用下，多重制度环境的互动推动了高等教育的变革，创生出若干新要素。这些新要素可能是美国高等教育改革的指向，但由于美国的环境局限和强大的制度惯性，未能在美国本土取得预期成效，因而这些新要素先期不存在于美国、也不存在于异域环境中，反而借由新环境的优势达成了改革目的，实现了海外发展对美国本土的良性反哺。海外办学项目良好的发展状况又进一步推动了高等教育海外办学外部环境的优化。笔者以三重策略为框架，进一步论述具体的调适内容及其产生的影响。

第一节　适应环境

适应环境主要包括两个方面，一是遵守办学所在地的法律法规，这是办学项目取得合法性，能够顺利落成的基本前提；二是在办学所在地制度环境和文化特征的框架下，对输出方的既定办学模式做出必要的调整，这是高等教育机构在进入异域环境时不得不做出的自我修正，是各高校向海外发展时普遍采取的策略。因为这种普遍性，对办学模式的必要调整也成为跨文化调适的传统路径和浅层的组织策略，主要表现在办学运行过程中对招生、师资、教学方式等的直接调整。经过调整，他国高等教育机构到境内举办的大学必然与本土高等教育机构出现一定程度的趋同。早期的新制度主义学者总结了组织趋同的三重作用力：强制的（Coercive）、模仿的（Mimetic）、规范的（Normative），[10]在这个视角下，美国大学在海外办学中遵守地方法律法规即为"强制"因素对学校的影响，而在制度环境和文化特征下进行调整则是"模仿"和"规范"作用力的推动。纽约大学举办阿布扎比和上海两所实体大学时均在法律顺从和浅层组织策略两个方面进行了跨文化调适。

一、法律和政策顺从

（一）办学合法性

笔者在前文分析纽约大学在亚洲办学制度化的过程中，对其所处的三个国家针对高等教育海外办学的法律和政策体系进行了分析。概而言之，纽约大学通

---

10 DiMaggio P., Powell W. The Iron Cage Revisited: Institutional Isomorphism and Collective Rationality in Organizational Fields[J]. Social Science Electronic Publishing, 1983, 48(2): 147-160.

过向纽约州教育主管部门申请海外办学资格、将海外校区纳入美国高等教育认证，使两个海外校区在美国的法律和政策框架下获得了等同于纽约大学的合法性。在此基础上，纽约大学按照阿联酋和中国的高等教育专门法律和政策申请办学资格、进行办学质量评估，分别使两个海外校区成为所在国的合法办学机构。

办学所在国的政策主体和相关法律包括：阿联酋的高等教育部及其下属机构学术认证委员会，《高等教育机构办学许可和学位项目认证标准》（下文简称《认证标准》）；中华人民共和国教育部，《中华人民共和国中外合作办学条例》（下文简称《办学条例》）、《教育部办公厅关于开展中外合作办学评估工作的通知》及其它配套文件等。

（二）法律底线与文化特性

阿联酋政府的《认证标准》规定，办学机构"必须遵守阿联酋及办学所在酋长国的所有法律要求"；[11]中国政府的《办学条例》规定中外合作办学"必须遵守中国法律，贯彻中国的教育方针，符合中国的公共道德，不得损害中国的国家主权、安全和社会公共利益。"[12]应该说，除了向当地政府报告办学运行的详细内容，对本国法律的遵守成为所在国共同的基本要求。

在这条法律底线的基础上，两个国家又表现出许多独有特色，其中最具代表性的是中国的办学资格和阿联酋的宗教问题。本研究在前文章节已经陈述，中国政府禁止外国教育机构在中国境内独立举办学校，因此，纽约大学和华东师范大学采取中外合作办学的形式创办了上海纽约大学。在这一背景下，为了达成扎根中国土壤按照美国模式举办高等教育的定位，上海纽约大学在治理架构和领导构成方面做了中美兼顾的制度安排，学校实行理事会领导下的校长负责制，由纽约大学和上海市的相关代表组成理事会，由中方人员担任校长、美方人员担任常务副校长。

> 上海纽约大学的学校理事会（Board of Directors）由 8 人组成，
> 4 位来自美国，4 位来自上海。美国方面有纽约大学的校长、教务长，
> 以及上纽大常务副校长、教务长；上海方面有中方校长，还有上海
> 市教委、浦东新区政府、华东师范大学的代表。 （SH-LD1-19）

---

11 Commission for Academic Accreditation. Standards for Institutional Licensure and Program Accreditation[S]. Dubai, the United Arab Emirates: UAE Ministry of Education, 2019: 67.

12 中华人民共和国国务院，中华人民共和国中外合作办学条例[Z]，2003-09-01。

此外，中国政府严禁任何外国宗教机构和人员在境内办学。虽然阿联酋的政策体系中没有宗教限制的规定，但是作为一个以伊斯兰教为国教的国家，阿联酋承认穆罕默德的权威。[13]尊重伊斯兰教和相关民俗禁忌，对纽约大学在阿布扎比办学而言，既是文化问题，更是法律问题。在代表美国高等教育模式的通识教育中，宗教和文化一直是重要的课程组成部分，如何在教学中平衡好学术探讨和宗教禁忌的潜在冲突成为顺从当地法律的一个重要维度。

> 在阿布扎比纽约大学的课堂上，我们可以像对待佛教、基督教一样，对伊斯兰教进行学术探讨。但是非穆斯林教师不能表现出俯视或者优越感，这对于穆斯林学生是极大的冒犯，学生对此的容忍度很低。所以我们会结合地方的政治体制、学生的文化背景和心理感受，对公开讨论的议题进行审核。虽然这种审核在纽约校园不可能发生，但美国大学近年来也更加关照学生的心理感受，老师会对学生说"下面要讨论何种话题，如果会让你感到不舒服，请告诉我，然后你可以选择离开"，这种现象与我们的"话题审核"本质上是类似的。有一种说法，大学的责任不是为学生创造一个安全的世界，而是为世界培养安全的学生。（AD-LD/FC1-19）

二、浅层组织策略

在办学运行过程中，纽约大学进行调适的浅层组织策略体现在招生制度、学制设计和课程实施、师资构成等方面。

（一）招生政策统筹执行

招生方面，在全球融合治理的框架下，阿布扎比纽约大学和上海纽约大学均采用和纽约大学相同标准、相同流程的招生政策。不同的调适策略在于，阿布扎比的招生政策表现出与美国完全接轨且高度国际化的特征，上海的招生政策则是在国际化和中国化之间努力寻求平衡。

阿布扎比纽约大学在招生方面并没有特别凸显阿联酋的政策环境和地方需求，而是在国际化的建设定位下，从建校伊始就形成了生源高度国际化的特征。根据纽约大学公布的数据，三个校区本科生的来源国数量分别约为纽约160、阿布扎比120、上海70，[14]综合考量建校历史、本土学生占比两项因素，

13 黄振，列国志　阿里阿伯联合酋长国[M]，北京：社会科学文献出版社，2015：9。
14 New York University. NYU Facts, NYU Abu Dhabi, NYU Shanghai [EB/OL]. (2019-

因为阿布扎比校园的学生群体中不存在真正的"大多数",所以可以说其学生群体国际化程度实际上高于纽约和上海两地。

上海纽约大学作为中国教育部批准的具有学位授予资格的独立法人机构,招生政策与美国同步的同时,又做出了中国学生占比51%、国际学生占比49%的规定,体现本土需求,并在招考制度上兼顾了中国的高考和美国的申请制。对于中国学生而言,入读上海纽约大学的必要条件是参加高考且高考分数达到生源地一本线或自主招生控制分数线;[15]在"试验田"的建设定位下,中国政府批准上海纽约大学探索建设招生综合评价体系,包括校园日活动、高中学业水平考试成绩、综合素质评价等,高考作为重要参考而非唯一的招录指标,与中国本土高校相比,体现了较强的改革力度。

(二)教学与课程因地制宜

校历是高等教育机构运行的基本制度规范,是教学工作安排的参照,也直观反映着一个国家的法律制度和文化传统,不同国家的大学校历往往存在较大差异。在纽约大学的全球教育体系中,阿布扎比和上海采用与纽约大学同步的校历,同时结合本地实际做了调整。其中的异同,也成为观察纽约大学在亚洲办学过程中进行文化调适的一个直观素材。

以2019-2020学年的校历为例,三个校区的工作安排大致与美国同步,又有诸多传统文化、宗教文化、政治文化等地方要素的体现。如下表所示,上海校区按照中华人民共和国国务院的要求,在校历中融入了中秋节、国庆节、清明节、劳动节等文化节日的假期,同时,取消了美国执行的秋假、春假等假期安排。阿布扎比校区执行伊斯兰教的斋月,由于宗教的原因,不实施感恩节等美国的假期安排。

表6.3　三校区2019-2020学年秋季学期校历对比

重要节点	纽　约	阿布扎比	上　海
新生报到日	8月25日	8月14日	8月25日
秋季学期开始	9月3日	8月26日	9月2日

09-10) [2019-09-10]. https://www.nyu.edu/admissions/undergraduate-admissions/nyu-facts.html.

15 上海纽约大学, 2020年本科招生简章(中国大陆学生)[EB/OL], (2019-09-10) [2019-09-10], https://shanghai.nyu.edu/cn/zsb/fangan/mainland.

中国中秋假期	/	/	9 月 13 日
学校秋假	10 月 14 日	10 月 18-21 日	/
中国国庆假期	/	/	9 月 30 日-10 月 4 日
美国感恩假期	11 月 27-29 日	/	11 月 28-29 日
阿联酋国庆假期	/	12 月 1-3 日	/
期末考试周	12 月 16-20 日	12 月 15-19 日	12 月 16-20 日
春季学期开始	1 月 27 日	1 月 28 日	2 月 3 日
学校春假	3 月 16-22 日	3 月 20-28 日	/
中国清明假期	/	/	4 月 4 日
阿联酋斋月开始	/	4 月 23 日	/
中国劳动假期	/	/	5 月 1 日
期末考试周	5 月 13-19 日	5 月 16-21 日	5 月 18-22 日

（备注：带底色的为体现阿布扎比和上海文化传统的校历内容。来源：笔者根据学校官网发布的信息整理。纽约：New York University[EB/OL], (2019-09-10) [2019-09-10], https://www.nyu.edu/new-york/calendar.html；阿布扎比：NYU Abu Dhabi. Academic Calendar 2019-2020 [EB/OL], (2019-09-10) [2019-09-10]. https://nyuad.nyu.edu/en/academics/undergraduate/academic-calendar.html；上海：NYU Shanghai, 2019-2020 Academic Calendar[EB/OL], (2019-09-10) [2019-09-10], https://shanghai.nyu.edu/academics/calendar.）

　　在课程实施的层面，阿布扎比和上海两所校园并没有照搬似的引进纽约大学通识教育模式，而是设计了更符合时代特征、更具探索性和变革意义的通识教育模式，[16]具体举措就是在课程设计和学生培养环节分别加入阿联酋和中国两个国家的文化元素。在阿布扎比纽约大学的通识教育课程体系中，本科专业设有阿拉伯语、阿拉伯音乐、阿拉伯区域研究，为了体现阿布扎比和上海两个门户校区的独特意义，增进门户校区的学术往来，阿布扎比还开设了中文专业。上海纽约大学通过三个措施在课程体系中厚植中国文化：首先，在核心课程《全球视野下的社会》（Global Perspective on Societies）增加中国古代和现代哲学家、思想家的文章；其次，在通识教育课程中设立中国社会和中国文化两个模块，对中国进行全方位的介绍；此外，设立中文教育部，中文列为国际学生的必修课程，中文学分和中级语言水平成为毕业要求。[17]

---

16 中国教育在线，40 年四十人　探索、改革、创新　走向世界的中国高等教育　中国教育在线总编辑陈志文专访上海纽约大学校长俞立中[EB/OL]，(2019-09-10) [2019-09-10]，https://www.eol.cn/e_html/2018/40/yulz/。

17 孟蕾，养成完全人格　培育硕学闳才——专访上海纽约大学校长俞立中[J]，留学，

　　为服务阿拉伯语言文化、中国语言文化相关课程的教学工作，两所学校因地制宜，在本土招聘了一批教师，从学校教师名录看，阿布扎比校园承担阿拉伯语教学的老师一共 7 位，承担中国语言教学的老师一共 1 位，上海校园承担中国语言教学的老师一共 22 位。30 名教师中大多为母语者，主要毕业于阿拉伯国家及中国的本土高校。

（三）师资招聘权转向当地

　　师资构成始终是学校发展的关键问题，纽约大学在异国招聘政策的调整首先体现在前文所述的，两个门户校园因地制宜招聘本地教师，承担阿拉伯语和中文的教学工作，为通识教育加入本土化的元素提供人力资源基础。从更深层次的制度调适的角度，办学至今，纽约大学的海外教师招聘制度一直在改革发展中，经过了从纽约大学全面把关到尊重地方实际、适度赋予地方自主权的变迁。

　　纽约大学人事制度的演变过程实际上映射了海外分校研究领域"子母关系"这一重要议题。子母关系是一个敏感而复杂的问题，已有研究表明，海外分校要实现健康良序的发展，母校必须赋予分校一定的自主权。[18]虽然纽约大学用全球教育体系、有机循环系统等创新定位取代了海外分校这一传统模式，也取得了突破传统海外分校瓶颈的办学成效，但在运行过程中仍然面临多校区之间关系协调的难题，门户校园终身制教师招聘的自主权是一个集中体现。

　　自两个海外门户校园建立以来，协同推进多校区之间终身制/终身轨教工聘任、晋升与终身制考核的工作（Coordinated Hiring, Promotion and Tenure Review，下文简称"联合聘任"）就成为一个关键议题。2013 年学校成立全球教育体系教工委员会（Faculty Committee on the Global Network University，下文简称"教工委"）后，联合聘任成为教工委议事议程上最重要的内容之一（参见表 5.8）。建校初期，出于对两个门户校园学术水平和教学质量担负的责任，纽约大学提出了联合聘任的工作构想，按照全球融合治理的架构和教工共享治理的原则，学校委托教工委在实践中不断商议、完善工作制度。随着两个门户校园研究生学位项目的开设，联合聘任得到了进一步巩固。

　　　纽约大学积极参与到我们的聘任工作中，一是由于他们有更多教员，尤其是高职级教员。我们是新建的学校，教师体系还在建设

　　2018(16)：31-37。
18 Clifford M., Kinser K. How Much Autonomy do International Branch Campuses Really Have[J].2016(87):7-9.

中，纽约大学这部分经验丰富的教师能够帮助我们开展选拔、聘任、考核工作。另一方面，产生联聘关系后，我们就拥有了纽约大学教员的身份，这对于指导博士生是非常重要的，因为我们的博士生是以纽约大学的名义招生、授予纽约大学的学位、进行跨校区联合培养，如果不产生联聘关系，博士生在在阿布扎比或上海培养期间，门户校园的教工就不能对其进行指导。　（AD-LD/FC1-19）

简言之，"联合聘任"就是纽约大学对阿布扎比和上海两地终身制教学科研人员的聘任和晋升具有终审权，按照彼此兼顾（Both/And）的用人理念，两地的教师必须与纽约大学产生联聘关系（Affiliation）。门户校区教师招聘的计划拟定、人才招聘、聘期考核等工作需要跨校区人员共同参与，聘用和考核决定经门户校区学科负责人和教务长批准后，还需经过纽约大学对应学院院长和教务长的批准。最初，联合聘任是一项强制要求，随着门户校区规模逐渐扩大，该制度已经逐渐滞后于实践，引发了很多争议。

2016 至 2017 年，受纽约大学教务长委派，教工委对联合聘任制度进行了专项调研。调研指出了该制度存在诸多弊端：首先，阿布扎比和上海校区没有院系的建制，因而很难明确究竟与纽约校区的哪个学院建立联聘关系；其次，联合聘任工作加重了纽约校区教员的工作量，因此他们的实际参与度并不高；再次，纽约单方面拥有决策权，校区之间权力不对称，引发了门户校区教员的不满，也违背了全球教育体系的办学理念，既三个校区关系平等，不存在主校—分校的隶属关系；此外，按照纽约的标准，许多人事事务只有终身教员才能参与决策，而门户校区终身教员数量有限，很多合同制教师实际上在学校工作中发挥了重要作用、了解学校情况，应该享有人事决策权，但纽约校区的该条规定剥夺了这部分教师的决策权，并不符合两个门户校区的实际。[19]基于上述原因，教工委向学校建议，随着两个门户校区教师数量和机构复杂性的发展，应该逐步将行政力量主导的人事工作转变为学术力量主导，维护终身教职人事事务的自治自决，取消纽约校区的人事评价权。出于招收培养研究生和申请美国政府科研基金的需求，学校仍然鼓励联聘关系，但应该将将联聘关系由强

---

19 Faculty Committee on The Global Network. Progress Report on Coordinated Hiring and Tenure Review across The Global Network [R]. New York, The United States of America: New York University, 2017.

制改为自愿，学校也应该进一步明确联聘双方的对应关系。[20]

倡导门户校区更多人事自主权之余，教工委向纽约大学提出两项原则，一是在不增加过多行政负担的前提下增进校区之间的教工流动和互联，二是支持和保护年轻教师，让了解其工作情况的单位对其进行人事评价。这些建议逐步得到纽约大学的采纳，两个门户校区的人事自主权进一步扩大，全球教育体系教工论坛等促进教师互联的举措也逐步发展为制度化的组织活动。

第二节　改变环境

不同文化间存在差异，但无优劣高低之别，纽约大学在海外办学中一直坚持尊重地方文化和制度环境的立场。尽管如此，美国大学所依托的西方文化和阿联酋、中国所处的文化系统难免在规制、规范和认知层面存在冲突；所在国的一些文化传统和制度环境也会不可避免地对美国高等教育机构的发展产生阻碍，纽约大学也在两个门户校区的发展中面临着相应的挑战。在不可避免的文化阻碍面前，纽约大学采取的策略是坚守学校的核心学术价值，推动了所在地部分文化传统的调整和变革，为学校发展营造了有利的制度环境。

这里的文化调整和变革具有合法性，并不是一种文化对另一种文化的入侵，在高等教育成为民族国家一项正式制度的今天，全球化和国际化使得一些核心原则成为高等教育的"共同价值"，受到许多国家的广泛认同。然而一些国家特殊的宗教传统和文化背景与当今高等教育的"共同价值"仍然存在冲突，在纽约大学的全球教育体系中，这种冲突和学校推动当地环境变革的调适集中反映在男女性别平等和高校社会责任对阿布扎比纽约大学的影响。

一、促进性别平等

（一）人事制度男女平等

以强大的石油经济实力为支撑，伴随着不断加快的国际化进程和快速提升的国际影响力，提高女性地位、促进性别平等成为阿联酋的一项重要工作，政府为此做出了巨大努力。宏观层面，阿联酋宪法保障男女享有同等的公民权

---

20 Faculty Committee on The Global Network. Report and Recommendation on: NYUAD / NYUSH Coordinated Hiring & Review of Tenure-Stream Faculty at NYUAD and NYUSH [R]. New York, The United States of America: New York University, 2018.

利，包括获得头衔、受教育机会、从事专业工作、继承财产、就业、卫生和家庭福利等。在相关策略的推动下，阿联酋在促进性别平等方面取得了成效，女性在政治、商业领域担任高级别领导的比例显著提高；教育领域，女性识字率为 95.8%，77% 的女性在中学毕业后继续接受高等教育，全国大学毕业生中70% 为女性。[21]根据世界经济论坛（World Economic Forum）于 2018 年发布的《全球性别差异报告》（Global Gender Gap Report），阿联酋已经成为中东地区性别平等水平最高的国家。[22]然而，在全球范围内，由于特殊的宗教和文化原因，中东地区阿拉伯国家的性别不平等仍然是一个难除的痼疾，[23]阿联酋在这一方面取得的成绩也具有相对性，虽然相对阿拉伯世界已经有较高的发展水平，但相较其它地区，性别平等仍然是一个有待改善的问题，其对教育也产生着很大的影响。

世界银行（World Bank）研究了各国法律对女性就业和创业限制性条款的数量，[24]以此作为表征男女性别差异的一个经济指标。研究发现，性别差异程度最高的地区从高到低分别是：中东和北非、撒哈拉以南的非洲、东亚和太平洋地区、南亚。其中，中东和北非有 18 个国家设置了至少 10 条存在男女差别的法律条款。全球范围内，针对女性的限制性法律条款数量居于前 10 的国家均位于中东地区，从高到低分别是：沙特阿拉伯、约旦、伊朗、阿富汗、也门、苏丹、伊朗、巴林、阿联酋。[25]可见，虽然阿联酋在宪法上赋予男女同等的权利，但具体到经济等行业领域，性别差异仍然普遍存在。

在纽约大学建立实体校园的三个国家中，世界经济论坛的全球性别差异指数（Global Gender Gap Index）分别约为：美国 0.71、中国 0.68、阿联酋 0.63；[26]世界银行的差异性法律条款数量分别为：美国 0、中国 0、阿联酋 19。因此，

---

21 Embassy of the UAE, Washington DC. Women in the UAE[EB/OL]. (2019-09-15) [2019-09-15] https://www.uae-embassy.org/about-uae/women-uae.

22 World Economic Forum. The Global Gender Gap Report 2018[R]. Cologny / Geneva, Switzerland: World Economic Forum, 2018: 8.

23 张锡模，圣战与文明——伊斯兰与西方的永恒冲突[M]，北京：三联书店，2016: 6。

24 这些针对女性的限制性内容可能包括：申请护照、国外旅行、选择居住地、购置房产、继承房产等。

25 World Bank Group. Women Business and the Law 2016: Getting to Equal[R]. Washington, DC, The United States of America: International Bank for Reconstruction and Development / The World Bank, 2015: 3-4.

26 数值越高表明性别差异越小，全球平均水平约为 0.69，最高和最低区间约为[也门 0.5-冰岛 0.86]。

纽约大学在阿布扎比的办学要比在上海面临更多性别差异方面的挑战，师资队伍建设就是其一。男女平等是阿布扎比纽约大学招聘和薪酬的基本原则，但在招聘非阿拉伯国家的女性教员时，学校通常需要做出额外的努力，化解人们的担忧。

> 当我们在聘用一些优秀的女性教学科研人员时，我们必须说服她们，在阿布扎比纽约大学，她们会享受和男性教员一样的公平待遇。在阿联酋，女性拥有和男性一样的宪法权利。（AD-LD/FC2-19）

（二）实施男女同校教育

性别问题对纽约大学进入阿布扎比的另一个主要影响体现为招生和教学组织中的男女同校教育（Coeducation）。

> 合作洽谈伊始，纽约大学就向阿布扎比政府明确了美国高等教育的两项核心价值：一是学术自由；二是男女同校教育。阿布扎比政府同意了纽约大学的两点要求。应该说明，在阿布扎比的公立高等教育体系中，男女同校教育仍然不普遍，近年来仅有部分学校开始实施。（AD-LD/FC1-19）

在新教宗教改革运动的推动之下，男女性别隔离最早于16世纪在欧洲开始松动，女性获得阅读和学习《圣经》的权利，拉开了女性接受教育的序幕。随着欧洲和美国先后成为世界的主导力量，教育平等的理念逐渐向世界各地传播开来。从根源上，男女同校本身就是性别平等的象征，此外，当今职业领域基本消除的性别隔离为男女同校教育提供了现实支撑，心理学研究的进展也会男女同校教育夯实了理论基础。美国各级学校从18世纪开始招收不同性别的学生，19世纪末，实施男女同校教育的美国高等教育机构已经超过70%。[27]"二战"以来，男女同校的教育模式得到世界各国的普遍采纳，在美国，随着1983年哥伦比亚学院（Columbia College）开始招收女性学生，男女同校升华为高等教育的一项重要价值。

在阿联酋全方位促进性别平等的今天，单一性别的高等教育机构仍然占据主流，男女同校教育仍然是一个敏感话题。阿联酋政府已在较早的20世

---

27 Encyclopaedia Britannica. Coeducation [DB/OL]. (2019-09-15) [2019-09-15]. https://www.britannica.com/topic/coeducation.

纪后期放开了高等教育男女同校的限制，但受到相对保守的宗教理念、基础教育阶段缺乏男女同校经验、特定专业课程设置、着装习惯和禁忌等因素的影响，更多家长和学生仍然倾向于选择学生性别单一的高等教育机构。[28]二十一世纪以来，阿联酋政府将加速国际化、引进欧美大学作为促进本国高等教育发展的重要策略，随着纽约大学等西方大学前来开设校区，以及本国办学力量参照西方高等教育理念开办大学，阿联酋高等教育男女隔离的现象有了较大的进展：首先，西方大学在阿联酋建设的校区，以及参照西方理念建设的本土大学均实施男女同校教育；其次，一些单一性别学校也开始尝试招收异性学生，例如迪拜男子学院（Dubai Men's College）近年来开始招收女生；此外，还有一些大学采用多元化的策略，例如沙迦大学（University of Sharjah），在其医学院和艺术设计学院等机构实施男女同校教育，其他院系则坚持单一性别。

　　高等教育领域的渐进变化促进了教育体系的整体改革，长期以来，阿联酋公立中小学实施严格的性别隔离。2018 年秋季学期起，阿联酋教育部（Ministry of Education）开始在公立学校一年级（5-6 岁学童）实施男女同校同班，从本届学生开始逐年后延，一直执行到四年级（8-9 岁学童）。[29]负责公立中小学教育的官员表示：这对于阿联酋是一件新鲜事物，是阿联酋教育的一次重大改革，出发点是促进学生的社交行为和能力。改革目前得到了家长的广泛支持，但政府仍然要根据执行情况决定后续的改革措施。[30]虽然仍然处于改革探索期，但公立基础教育男女隔离的松动无疑是当地教育制度环境与国际进一步接轨的重要信号。

　　本研究认为，男女同校教育并非唯一科学的制度，阿联酋实行男女隔离教育有其深刻的文化因素，符合国家实际和民众心理，也存在一定程度的合理性。但从现代教育更普遍的科学观点和美国高等教育模式移植的角度出发，男女同校有其必要性和科学性，也是符合纽约大学教育理念和办学需求的制度。目前仍然无法预计男女同校教育是否会在阿联酋成为一项普遍制度，但高等

28 Naidoo, A., & Moussly, A. Co-education vs segregation Will co-education become more prevalent in the UAE soon? [N]. Gulf News, 2009-02-28.

29 阿联酋的初、中等教育学制为 5-4-3 制。

30 Sebugwaawo, I. Co-education in UAE helps to develop healthy gender ties [N]. Khaleej Times, 2018-09-22.

教育的日趋多样化和基础教育的试点必将拉动阿联酋教育制度环境的整体变革，这一变革有助于提升阿联酋的性别平等水平，也更有利于西方大学在阿联酋的办学发展。办学运行过程中，以阿布扎比纽约大学为代表的相关机构，通过男女平等的师资招聘政策和待遇体系、男女同校的招生政策和教育模式，为撬动地方教育制度环境的变革发挥了重要作用。

二、扩展社会责任

（一）社会责任的移植与扩展

由于公共资源占有、资金筹集方式等因素的影响，美国大学一直将积极承担社会责任视为学校的重要使命和价值。[31]作为私立大学的佼佼者，纽约大学的学校使命陈述表明了学校对社会公共责任责无旁贷的坚定立场，学校合规和风险管理工作制度（Compliance and Risk Management）成为学校履行社会责任的基本路径。阿布扎比和上海两个门户校区对纽约大学社会责任的主要理念和框架进行了移植。其中最具鲜明本土化特征的是阿布扎比纽约大学将劳动合规监管、供应商行为准则、合同制职员权利福利列为社会责任的主要内容。[32]梳理校史发现，将劳动价值置于学校社会责任的核心地位源于 2014 年至 2016 年阿布扎比纽约大学经历的一场劳工待遇风波。

传统上，劳工的劳动待遇并非大学的职责，但劳工待遇风波的爆发及其进入学校责任议程的过程生动反映了高校海外办学隐藏的诸多未知挑战。纽约大学应对该事件的综合策略体现了大学在异域文化中治理机制的运行，为深化理解大学社会责任定位、学校内外公共关系协调、教师群体参与学校治理等海外办学的重要问题提供了有益的视角。

在推动石油经济转型发展的过程中，移民劳动力成为阿联酋发展史上重要而独特的部分。其重要性在于，移民劳动力支撑了阿联酋国家建设和经济发展的神话。英国海湾研究中心（Gulf Research Center）的数据显示，2010 年，阿联酋的人口结构中移民人口超过 88.5%，在阿布扎比和迪拜两个核心酋长国，外籍劳动力已超 90%。[33]其独特性在于，宗教文化差异以及对阿拉伯身份认同的强调，

31 王晓阳，张京顺，美国大学的社会责任与学术自由理念[J]，清华大学教育研究，2000(4)：115-121。

32 NYU Abu Dhabi. Social Responsibility [EB/OL]. (2019-00-20) [2019-09-20]. https://nyuad.nyu.edu/en/about/social-responsibility/overview.html.

33 Gulf Research Center. Demography, Migration, and the Labour Market in the UAE[R].

使得阿联酋实质上形成了排外和严重分化的移民体制，移民首先难以获得阿联酋的公民身份，群体内部又存在严重的不平等，白人专业客籍劳动力（如教授等）和南亚蓝领客籍劳动力（如建筑工人等）的收入差距可能高达百倍，[34]后者又处于极度边缘化的社会地位，因此常常引发西方国家的关注和批评。

2014年，《纽约时报》（The New York Times）在一篇题为《纽约大学阿布扎比校址工人工作条件恶劣》（Workers at N.Y.U.'s Abu Dhabi Site Faced Harsh Conditions）的文章中报道了移民劳工遭受的若干不公正劳动待遇，劳动工人发动罢工以示抗议后，遭到警方和劳务公司的强力镇压，数百名工人被关押审讯、吊销签证、驱逐出境。文章迅速将纽约大学推进了舆论漩涡。[35]此后，学校投入近两年时间及大量人力物力应对舆论危机，对大学社会责任理念在阿布扎比的移植落地和学校工作机制的建设健全产生了重要影响。

（二）社会责任扩展的推动力

纽约大学对海湾地区的劳工待遇问题有着清晰的预知，因而在与阿布扎比达成合作意向伊始，便发布了显著高于当地平均水平的《劳动价值声明》（Statement of Labor Values），承诺使阿布扎比校园的参建工人享受更好的劳动报酬和公正的劳动待遇，并发布了薪、食、宿、行的详细标准，[36]又将《声明》列为学校合规和风险管理工作的内容。因此，当媒体将问题带入公众视野，就迫使学校不得不对合规工作执行情况、承诺兑现情况、社会责任履行情况做出回应。

事件发生后，纽约大学教师表现出强烈的学校使命感和责任感，他们积极面对问题，与学校领导开展对话、对媒体报道做出回应，承诺敦促学校开展全面调查，根据调查结果补偿受害劳工、完善学校合规与风控工作制度。[37]阿布

London, the United Kingdom: 2018: 3, 10.

34 伊万·塞勒尼，里亚兹·哈桑，弗拉迪斯拉夫·马克西莫夫，朱颖哲，魏来，借非国民之力建设国家：海湾君主国的排外性移民体制——关于已经返回和即将去往阿拉伯联合酋长国的巴基斯坦移民的案例研究[J]，清华社会学评论，2018(01)：4-150。

35 Kaminer A., O'Driscoll S. Workers at N.Y.U.'s Abu Dhabi Site Faced Harsh Conditions[N]. The New York Times, 2014-05-18.

36 Nardello & Co. Report of the Independent Investigator into Allegations of Labor and Compliance Issues During the Construction of the NYU Abu Dhabi Campus on Saadiyat Island, United Arab Emirates [R]. New York US: 2015: 69, 23-24.

37 NYUAD FCSC. Update: Labor Situation/Saadiyat and NYUAD [DB/OL]. (2014-05-27) [2019-09-06]. https://www.nyu.edu/content/dam/nyu/provost/documents/Committees/NYUADFCSCLaborCompliance.pdf.

扎比的教师曾在不同的场合表示："劳工待遇是学校长期关注的社会问题，《纽约时报》的报道让我们感到失望和背叛。"[38] "我们虽然不直接负责合规监管，但劳工事件关乎我们工作的正当性，损害了学校的劳动价值。"[39]这些回应表明，教师群体既把劳工事件视为学术议题，更把它视为广泛的道德伦理和社会责任，这也成为学校责任边界扩展的内驱动力。

在学校与当地政府积极交涉、委托第三方机构对劳工事件开展调查之际，2015 年《纽约时报》又刊一文《纽约大学教授被阿联酋限制入境》（N.Y.U. Professor Is Barred by United Arab Emirates），文章指出，因为对劳工事件持续公开发表批评意见，纽约大学社会学系教授安德鲁·罗斯（Andrew Ross）在赴阿联酋开展研究时被当地海关限制入境。罗斯认为入境限制违背了纽约大学和阿布扎比的合作协议，因为协议明确规定保护纽约大学全体人员的学术自由。[40]由此，劳工事件从牵涉人权保障的单维问题升级为妨害大学学术自由的多维问题，因而也成为大学责任的必有之义。

（三）责任扩展带动机制改革

经过长达一年的第三方独立调查，调查结论澄清了劳工事件的原委，帮助纽约大学化解了事件引发的舆论风波。调查表明，纽约大学的《劳动价值声明》未能履行到位，其主要责任在于当地的建筑公司，在纽约大学和阿布扎比政府不知情的情况下，建筑公司擅自对部分价值额度较低的工程进行分包，在分包工程中私自制定了针对《劳动价值声明》的豁免条款，导致相关劳工的权利受到侵害。虽然事情原委已经厘清，但事件折射出学校所倡导的劳动价值，并未能得到很好地保障，纽约大学作为办学主体，对此负有不可推卸的责任。

调查结果公布后，在校外，纽约大学敦促阿布扎比政府按照合作协议，改进《劳动价值声明》履行情况的监管工作机制，排查、补偿受侵害劳工；在校内，推动学校改进合规和风控工作机制：突出了劳动价值在学校社会责任中的核心地位、成立新的劳动价值相关教工组织、提升合同制职员（以后勤职员为

---

38 Klimke M. Labor Report to the Faculty Committee on the Global Network [DB/OL]. (2014-11-04) [2019-09-06]. https://www.nyu.edu/content/dam/nyu/provost/documents/Committees/NYUAD_Labor_Committee20Report.

39 Correspondence from Chronicle readers. NYU Abu Dhabi Faculty: "Our Partners Are Trying to Do Their Best" [N]. The Chronicle of Higher Education. 2014-05-28.

40 Stephanie S. N.Y.U. Professor Is Barred by United Arab Emirates [N]. The New York Times, 2015-03-16.

主)的福利待遇。针对入境限制问题，学校要求教务长办公室提升工作透明度，发布全球教育体系师生人员流动情况的年度报告，将年度报告确立为一项固定制度。年报制度产生了额外的效益，对全球教育体系教师联聘、教师学术合作、学生交流往来起到了推动作用。

劳工事件的直接效应在于：学校积极补偿劳工待遇、化解舆论风波的同时，事件推动纽约大学进一步改革校内组织制度和工作机制，明确了学校在异域文化环境中社会责任的维度和边界。事件的长远效应在于：它让纽约大学认识到，尽管对海湾地区的劳工状况有相对完备的预判和预防措施，学校仍然低估了实际执行中环境的复杂性和问题的挑战性。它促使纽约大学再次审思办学所在地独特的制度环境，并进一步优化与阿布扎比政府的合作模式，以保障学校的价值和愿景能够落地落实。

事件的延伸效应在于，它在一定程度上推动了阿联酋移民劳工待遇和境况的改善。纽约大学委托的第三方独立调查公司指出，在阿联酋备受争议的移民劳动力大环境下，纽约大学和阿布扎比政府做出了前所未有的努力，校园建设项目中，有 65-70% 的移民劳工获得了远高于阿联酋平均水平的劳动待遇，罢工之所以发生，是因为部分工人即将离开纽约大学的校区建设工地，他们希望在其他工程项目中享受同等的待遇标准。[41] 从中可以窥见，纽约大学落地阿布扎比对改进阿联酋的劳工环境产生了直接推动作用。阿布扎比政府认同纽约大学的社会责任理念，积极协调解决问题，说明政府认识到劳动环境现状对于融入国际社会的阻碍，与西方大学互动中的突发事件为政府将改革意愿转化为改革实践提供了切入口，而进一步优化完善的劳动力市场无疑是纽约大学需要的制度环境。

第三节　利用环境

美国大学通常以"被引进"的方式进入异域环境，当地政府将美国大学视为高等教育先进模式和理念的代表，给予充足的政策和资金支持。因而，与当地的高等教育机构相比，美国大学主导的办学机构往往具有较大的办学自主权。纽约大学亦是如此，与所在地形成了一种高度依赖地方政府资源、地方

---

41 Sexton J. Standing for Reason: The University in a Dogmatic Age[M]. New Haven the United States of America: Yale University Press, 2019: 111.

制度环境对学校影响弱的办学合法性模式,[42]这在阿布扎比和上海两所门户校园的筹建方式、学校定位和办学实践中得到了印证。

依托利好的政策支持和宽裕的制度空间,纽约大学取得了诸多在美国本土难以实现的改革成果,这些成果巩固了海外办学的合法性,使两所门户校园进入可持续发展的良好状态,也对纽约大学在美国本土的发展带来了反哺效应,整体上实现了合作共赢的预期。通过对利好政策的合理利用,纽约大学全球教育体系进一步促进了不同文化系统的交流往来和互知互认,一定程度上助推了全球教育体系创始校长约翰·萨克斯顿提出的,借由高等教育探索人类"共同价值"的宏观愿景。

一、创新校内的学术建制

(一)不设院系的新型大学

纵观纽约大学的发展历程,加大招生、强化基建等脱胎于纽约城市精神、以"快"和"大"为鲜明特点的发展策略,成为学校引以为豪的品格和特质,有效推动其成为今天美国规模最大的私立大学之一。[43]从学校发展规划和历程来看,纽约大学在阿布扎比和上海放弃了"大和快"的发展思路,转而向"小和精"发力。同时计入本科生和研究生,阿布扎比和上海两校的饱和在读人数规划分别为 3000 人、4000 人,年均招生人数维持在 500 左右,与身为"庞然大物"的纽约大学形成了鲜明的对比。门户校区小规模的发展定位和尚未成形的组织机制为学校创造了变革的机会,依托地方政府充分的保障条件和宽松的政策环境,纽约大学结合丰富的办学经验,审时度势,在阿布扎比和上海两校采取了有别于传统大学的创新学术建制,使两所学校成为没有学院和系科(College, School, Department)的新型大学。[44]

打破传统学术建制后,阿布扎比纽约大学按照人文学科、工学、自然科学、

42　He L., Wilkins S. Achieving Legitimacy in Cross-Border Higher Education: Institutional Influences on Chinese International Branch Campuses in South East Asia[J]. Journal of Studies in International Education, 2017: 1-19.

43　New York University. NYU at a Glance [EB/OL]. (2019-08-25) [2019-08-25]. https://www.nyu.edu/about/news-publications/nyu-at-a-glance.html.

44　纽约大学仍然保留院系的学术建制,本章前文曾提到,纽约大学最开始要求门户校区终身制教员必须与本部的对应院系开展"联合聘任"。实施一段时间后,门户校区提出"两校建制不同,一些情况下对应关系难以明确",这一问题的根源正是在此。

社会科学四个学术领域组建学部（Division）。教学方面，四个学术领域紧扣通识教育的原则开展教学工作；研究方面，学校推动四个领域下相关学科的协同研究。上海纽约大学由于目前的建校规模更小，并没有形成与阿布扎比类似的学术领域划分，而是设置一个文理学部，统合与阿布扎比具有一定对应关系的四个学术领域，另外设置了商学、工程与计算机科学两个学部，但学部在上海纽约大学是更为虚体的概念，保留相关概念主要是为了更好地服务通识教育的跨学科教学工作和学科交叉协同研究。

与我国一些高水平大学近年来实施的学部制改革相比，两种学部具有本质差异。首先，虽然我国大学和纽约大学门户校园均采用"学部"这一术语，[45]但二者对应的英文概念不同，我国大学多采用"Faculty"而非"Division"。从英文词汇的本义上看，Faculty 是高等教育领域与组织机构划分相关的一个惯用术语，具有悠久的历史，尤其在高等教育模式偏向英国的国家，《牛津高阶英文词典》（Oxford Advanced Learner's Dictionaries）给的相关释义是"高等教育院校的一个系科（department）或若干相关系科组成的单位"。而关于 Division，《牛津英文词典》给出的相关释义是"一个组织内部规模大且重要的组成单位或组成部分"，[46]相较而言，Division 词义的内涵更加灵活和广泛，用于描述高等教育机构的下设学术组织还是相对较新的用法。

其次，从组织建设上，我国高水平大学在完成学部制改革后，学部下仍普遍保留学院、研究院、系科，各个专业的教学科研工作仍然以传统的学术建制机构为载体。在纽约大学阿布扎比和上海门户校园中，学部的下级学术建制是相关专业的学位项目（Academic Program）。例如，阿布扎比纽约大学社会科学学部开设经济学、政治科学、社会研究与公共政策 3 个专业的本科学位项目，但不再设有经济学院（系）、政治学院（系），社会科学学部下不同学科背景的老师共同为三个专业授课，协同开展研究，学科边界和专业边界进一步被打破，从制度上为跨学科教学研究创造了环境。

（二）创新建制的学术优势

纽约大学在向阿布扎比和上海两地移植以本科生为主体的美国通识教育

---

45 本研究参照上海纽约大学的官方翻译，将阿布扎比和上海两所门户校园的 Division 译为"学部"。

46 本研究使用的词汇工具是《牛津高阶英文词典》在线版，https://www.oxfordlearners dictionaries.com/。

模式时，明确了通识教育要更具时代性、探索性和变革意义。"紧贴时代、探索变革"对人才培养和科学研究提出了新的要求。

人才培养方面，传统通识教育的主旨在于打破人们职业分界观念的局限性，通过学习审思古往今来的经典著作、伟大思想、重要理论，为专业学习培养健全的心智基础，使学生掌握一门或多门学科基础知识的同时，具有更全面的学术思维模式。在人类社会高度全球化、高等教育深度国际化的今天，贴合时代脉搏、具有变革意义的通识教育必须增加国际视野、跨文化沟通理解的要素。纽约大学全球教育体系的构建，为阿联酋和中国所代表的两种文化进入学校通识教育体系提供了实质性的组织路径。在这个基础上，利用全球教育体系的优势搭建紧贴时代、探索变革的科学研究工作成为纽约大学的另一个重要考量。

科学研究方面，当前时代，人类社会已经成为维度多元的复杂综合体，社会基本形态不再是静止、单维、界限清晰的地理分界和行业分工。人类生产生活涉及的知识跨度越来越大，社会劳动愈加倾向于综合化的知识应用，[47]面临的共同问题成为多领域交叉的复杂难题，社会发展空前需要跨界合作、问题解决空前需要跨界策略。推动人类发展和社会问题解决是高等教育机构科学研究工作的重要使命，因此，打破传统的学科边界，推动跨学科合作创新已经成为高等教育领域最重要的趋势之一。

然而，在纽约大学，推动跨学科合作存在诸多壁垒和阻碍。纽约大学的建校历史已近两个世纪，学院建制具有悠久的历史和强大的制度惯性，教学科研人员和学生更加习惯以学院为单位的学术生活。遵从学术自由等原则，学院往往拥有较高的自主权，加之如坦登工学院等院系，是办学后期通过院校合并加入的机构，其自主权就更大。因而，虽然跨学科合作已经成为重要理念，但要在不同院系之间推动实质性地跨学科合作并非易事。当然在这个问题上纽约大学并非个案，在诸多历史悠久的高校都存在这一难以突破的瓶颈。

> 在建制完善的大学，很多东西都已形成定制，院长职责是什么？课程该是什么样？都有一套固定的规则，要推动变革和转型非常困难。作为院系负责人，[48]你可以在教师的配合下适当改变课程，但若

---

47 李均，屈西西，国内高水平大学学部制改革的现状与建议——基于23所"985工程"大学的考察[J]，江苏高教，2020(02)：9-14。

48 受访者曾在美国一所著名公立研究型大学任教19年，期间担任系主任3年。该大学2019-2020在US News和ARMU排名中位列世界前5，在THE排名中位于世界前15，在QS排名中位于世界前30。

想促成没有先例的事情，要付出太多倍的努力。以我的专业为例，从学术的角度，我认为大一就应该引入实践学习，但在美国，学生实践通常被安排到即将毕业时，要做出调整非常困难。在阿布扎比，做出改变更加容易，我们的课程从大一就安排实践，取得了很好的效果。（AD-LD/FC1-19）

阿布扎比纽约大学的规模很小，四个学部领导开会的频率达到每周两次。这在美国的大学校园是不太可能的。美国大学的院系是一个个巨大的参数（Parameter），建制悠久、彼此孤立，很难开展合作。我们有自己独特的组织科学，学部间和学部内的合作每天都在发生，不同学科共享问题、合作研究都非常容易实现。（AD-LD/FC2-19）

虽然我们有各个学术领域的负责人（Dean），但是，因为上海纽约大学的规模很小，我们没有再专门划分各个专业的学院，更多是以学位项目为单位。因为没有机构的划分，各种合作和跨界很活跃，这样也更加符合通识教育的理念。（SH-LD1-19）

例如，在阿布扎比纽约大学的核心模块课程中，"艺术设计与科技"相关课程涉及数学、艺术学、工学的专业知识，便由四个学部相关学科背景的老师共同研发和讲授。但在纽约大学，涉及跨学科教学的课程由文理学院统筹，有一批从事通识教育教学的专职教员。如果脱离文理学院的统筹，由库朗数学研究所、坦登工学院、帝势艺术学院三个机构自发设计和开设面向全校的本科通识课程，仍然是一件难以操作的事情。因此，就纽约大学的案例而言，两所门户校园的创新学术建制打破了院系之间的壁垒和院系内部的陈规，为跨学科教学研究创造了良好的环境，而这正是纽约大学在美国本土难以推动的改革需求。

二、营造有利的舆论氛围

利用环境创新学术建制是纽约大学的"利己"行为，利用环境营造有利的舆论氛围则是纽约大学对海外办学的"利他"贡献。

长期以来，由于不同国家存在的文化差异和互相认识的欠缺，高等教育海外办学面临着诸多质疑和偏见。海外办学的主要方向是欧美为主的西方大学进入亚洲为主的东方国家，经常见诸《纽约时报》（New York Times）、《高等教育纪事报》（The Chronicle of Higher Education）等媒体的相关文章充分反映了西方世界诸多根深蒂固的负面价值立场。他们认为，引进西方大学数量最多的阿联酋、中国、新加坡等亚洲国家多为专制政府领导的威权政体，[49]不具备西方高等教育发展的民主土壤。继而，将矛头指回向外输出的纽约大学等学校，批评者认为这些学校的办学动机充满了经济算计，甚至沦为政府的政治和外交手段，[50]严重侵害了教育机构和学术研究的纯粹性。

纽约大学全球教育体系创始校长约翰·萨克斯顿将外界对全球教育体系的批判归结为四个方面：构建知识帝国主义、复刻教育精英主义、降低学术标准、妥协核心原则，[51]代表了绝大多数西方顶尖大学海外办学机构面临的舆论压力。然而，这些观点本质上仍然体现着文化偏见，回顾两所门户校园数年的发展轨迹，许多批判已经不堪反驳：就知识帝国主义而言，帝国主义意味着殖民压迫、主导臣服，这不仅不符合阿布扎比和上海两地的办学实际，从根本上与现代教育蕴含的赋权、公民培养、扩大机会等内涵存在逻辑悖论；就精英主义而言，虽然阿布扎比明确提出了精英化的办学定位，但其要旨是培养精英人才，而非服务精英阶层。阿布扎比和上海校园开放周的招生面试中，20%的受邀学生是第一次登上飞机或走出国门，公平透明的选拔程序、有力的奖学保障、多元的阶层背景等显然与服务精英阶层背向而行；[52]就降低学术标准而言，学校的招生记录和就业报告、师生比、录取率、报录比等都是客观的证伪数据。

妥协核心原则是四方面批判中最具复杂性的一点，矛盾的焦点在于学术自由。尤其是当劳工事件、入境限制、话题审核、互联网管制等出现在公众视野，无疑又固化了批判者的认知，甚至带动更多本校教职工加入反对者的行列。在萨克斯顿看来，大学对管辖法律进行必要的服从，本不属于"学术自由"的范畴，但长期以来，在全球范围内，遵守法律都被异化对学术自由的侵犯。[53]诚然，虽然高等教育是现代社会的一项重要制度，具有拓展知识边界、

49 Name Withheld. Is NYU a Guest in Abu Dhabi, or a Sanitizer? [N]. The Chronicle of Higher Education. 2012-08-15.

50 Archer, J. NYU in Abu Dhabi: The Future Is Upon Us[N]. The Chronicle of Higher Education. 2012-06-27.

51 Sexton J. Global Network University Reflection [EB/OL]. (2010-12-21) [2019-08-30]. https://www.nyu.edu/about/leadership-university-administration/office-of-the-president-emeritus/communications/global-network-university-reflection.html.

52 Sexton J. Standing for Reason: The University in a Dogmatic Age[M]. New Haven the United States of America: Yale University Press, 2019: 100.

53 Sexton J. Standing for Reason: The University in a Dogmatic Age[M]. New Haven the

推动文明进步、优化社会结构等先导性职能。大学也的确在历史进程中数次推动法律的变革，但大学从来都不是法外之地，不能将走出法律边界、走到法律前面视为常态和特权。无论西方还是东方，各国高等教育机构的组织运行都相应的法律界限；虽然方式和形式各异，但政府对高校的约束监管普遍存在。政治文明和政校关系并不存在唯一正确的标准模式。就劳工人权、入境限制、话题审核、网络管制等具体事件而言，批判者们显然选择性地忽视了纽约大学促进当地制度环境变革的努力，也选择性地忽视了美国政府的一些相应决策和行为。

　　20 世纪 90 年代末期，我从美国返回欧洲。欧洲发起"博洛尼亚进程"（Bologna Process），高等教育迎来最美好的十年。在"我的国家"，[54]高校充满竞争力和活力，创新创业气氛浓厚，预算增加、人才回流、排名提升。然而，2008 年金融危机后形势急转直下。2012 年，保守主义重新主导我的国家，此后平均主义、反全球化、反精英主义盛行，我只能选择离开。阿布扎比和上海当前的情况与"博洛尼亚进程"初期的我国非常相似，政府投资充裕，充满创新的机会。作为一位在美国、欧洲、亚洲工作多年的西方人，我可以说，所谓专制政府、学术自由之类的指控更多是一种政治宣传。像我国和美国这样的西方老牌民主国家，政府经济困难，更多资金流向社会安全和养老，面向青年一代的教育科研投入大幅削减。近年来亚洲大学的世界排名大幅提升，既回击了无端指控，更让西方充满危机感。　（AD-LD/FC2-19）

　　代表东西方两种文化立场差异的批判具有深刻的历史原因和政治原因，上述受访者的观点或许能够提供一些有益的启发。

　　纽约大学全球教育体系绝非完璧无瑕，不过，从见诸西方媒体的公开报道看，批评的声音有逐步减弱的趋势。笔者检索了美国相关媒体的数据库，[55]2008-2019 年间，共有 45 篇报道，作者以高等教育专栏作家、大学领导和师

　　United States of America: Yale University Press, 2019: 106.

54 受访者在美国一所著名私立研究型大学获得终身教职，先后在多所欧洲和亚洲大学工作。受访者提到了自己的国籍，但在阿布扎比纽约大学的学术领导中，该国籍具有唯一性，故而用"我的国家"代替。

55 笔者获取的相关报道来源主要有：《高等教育纪事报》（The Chronicle of Higher Education）、《高等教育内参》（Inside Higher Ed）；纽约大学新闻博客（NYU Local）、

生、高等教育专家为主，也有部分非教育记者的文章。通过对 45 篇文章年度和数量变化、内容主题、价值立场的分析，发现价值立场正面、中立、负面的报道分别 7 篇、11 篇、27 篇。从时间线索看，价值中立的报道集中在 2008-2014 年，即门户校园筹建期和建设初期；负面的报道集中在 2014-2018 年，主题集中在劳工待遇风波及其引发的劳动价值和学术自由争议，共 18 篇，且半数来自《纽约时报》，该刊对纽约大学全球教育体系的 9 篇报道均为负面，无一例外；价值正面的报道仍占少数，但从 2014 年开始出现上升趋势，主题包括对促进跨文化沟通和高等教育课程改革的认可，以及对萨克斯顿高等教育理念的认同。

或许正如萨克斯顿在劳工风波中的对外表态一样，"远景宏伟、举措创新的新生事物通常面临复杂的环境和质疑，作为学术研究机构，珍视批评、汲取经验是正确的态度"。[56]在门户校区教工的层面，以学术研究为契机，他们坚持沟通对话、坚持邀请国外学术同行到阿布扎比和上海合作交流，取得了良好的成效。真正扎根两地开展工作的西方学者，以及到两地进行过学术访问和学术合作的西方学者，绝大多数对门户校园的工作和价值表示认可。在不断对话、沟通、合作中营造的有利文化环境，成为纽约大学海外门户校园保持良好发展状态的重要外部保障。

纽约大学独立学生报《华盛顿广场新闻》（Washington Square News）；《纽约时报》（New York Times）、《纽约杂志》（New York Magazine）、《纽约客》（The New Yorker）；《国家杂志》（The Nation）、《大西洋月刊》（The Atlantic）；商业和人权资源中心（Business & Human Rights Resource Center）。

56 Sexton J. Email to NYU Community on Thoughts on the Report from Nardello & Co. on Construction Labor on Saadiyat Island [DB/OL]. (2015-04-16) [2019-03-06]. https://www.nyu.edu/about/leadership-university-administration/office-of-the-president/communications/email-to-nyu-community-on-thoughts-on-the-report-from-nardello-and-co-on-construction-labor-on-saadiyat-island.html.

第七章 研究结论与启示

　　对照本研究关注的四个问题——推动美国大学进入亚洲国家的历史条件和重要行动者；美国大学在亚洲国家办学的制度化；美国大学教育模式在亚洲国家的移植；美国大学教育模式在亚洲国家的调适，本章结合美国大学的图景和对纽约大学案例研究的发现，对四个问题进行回顾和总结，讨论案例研究发现的代表性，梳理具有规律性的特征。在此基础上，从国家战略、学校策略、学术研究三个层面，对我国等后发型输出国家的高等教育海外办学提出启示。

第一节 研究结论

一、教育专业人员和政府官员成为新的历史条件下推动美国大学在亚洲国家办学的主要行动者

　　笔者从世界社会理论"行动者"的主张入手，研究发现，在全球化深入发展、教育逐渐成为一种正式制度的历史条件下，美国和亚洲国家的教育专业人员和高级别政府官员成为推动美国大学进入亚洲国家办学的主要行动者。

　　在不同的历史时期，美国基督教新教传教士、具有国际视野和教育情怀的个体曾经作为行动者推动美国大学走向海外，他们的工作为美国高等海外办学奠定了制度基础，也为一国高等教育模式在其他国家发展进行了诸多可行性实验。但个人推动下的海外办学具有一定偶然性，也不具备正式的制度意义。"二战"结束后，教育专业人员和政府官员取代了个人因素显著的行动者，成为海外办学的主要推动力，这一趋势在"冷战"末期进一步强化，并延续至今。

纽约大学成立于海外办学的宗教传播时期，"二战"后加入了海外办学的行列，新世纪以来迅速成为海外办学的引领者，其海外办学的历程深刻根植于美国高等教育的发展史和海外办学的时代背景当中。新旧世纪之交的学校领导、阿联酋阿布扎比和中国上海的政府官员、高校专业人员成为推动纽约大学进入相关亚洲国家的关键行动者。

对关键行动者的分析蕴含了办学动机这个重要问题，不可否认，20 世纪末期，在新自由主义等思潮的影响下，以及在世界贸易组织的直接推动下，海外办学的经济属性具备了合法性基础，扩大经济利益成为美国大学海外办学的主要动因。但是，在当前的历史条件下，西方大学的经济定位更多被高等教育国际化的宏观愿景所取代。[1]虽然仍然能从亚洲国家获得可观的经济回报，但透过对纽约大学等顶尖高校的分析，国际化的办学愿景及其实现，成为超脱于狭隘经济利益的办学动机。在纽约大学、耶鲁大学、杜克大学等学校的领衔下，美国高等教育海外办学更加回归教育属性，聚焦高等教育机构的教育使命和学术定位，强调合作双方的价值契合、强调多校区的统筹融合。这些顶尖大学共享的特征，很可能预示着未来美国高等教育海外办学的主要发展方向。

二、美国大学在亚洲国的办学现状以及亚洲国家的政策环境共同推动海外办学的制度化构建

笔者受启发于世界社会理论"教育在全球范围内制度化"的主张及其对"制度化"的言说，认为海外办学在当前的历史时期已经成为一项正式意义凸显的制度，并进一步分析这一制度化的形成和表征。研究发现，制度化主要包括两个维度：首先，在亚洲国家的办学数量和分布具有制度稳定性和规律性；其次，亚洲国家针对引进美国大学也形成了制度化的政策环境。从数量和分布来看，亚洲成为美国大学最集中的海外聚落，办学数量最多、机构类型丰富，这种稳定性将长期持续；在亚洲区域内，相关国家形成了枢纽式、合作式、松散式三种政策环境，美国大学集中在政策环境利好、政策稳定性强的枢纽式和合作式国家办学，主要位于东亚（中国、韩国等）、东南亚（新加坡、马来西亚等）、西亚（阿联酋、卡塔尔等）三个区域，目的国选择和办学特征都表现出显著的规律性，这种现状也将长期持续。

---

1 Cynthia Miller-Idriss, Elizabeth Hanauer, Transnational higher education: offshore campuses in the Middle East[J], Comparative Education, 2011, 47(2): 181-207.

高等教育专业从业成员和政府官员成为关键行动者，对海外办学的制度化发挥了重要推动作用。从纽约大学的案例来看，首先，其在枢纽式（阿联酋）和合作式（中国）两种海外政策环境下办学，在美国、阿联酋、中国三个国家均取得了办学合法性（制度化的"强制机制"）；其次，纽约大学在美国高等教育机构分类中的定位以及在世界大学排名中的位置，均具有代表性，代表着在亚洲国家办学的美国大学的主流类型——高水平、综合性、研究型大学，吻合亚洲国家的偏好（制度化的"文化—认知机制"）；此外，其海外办学现状具有显著的稳定性和持续性，海外机构的学术建设路径与美国保持一致（制度化的"规范机制"）。机构的代表性和前沿性、以及与亚洲国家制度环境较深的嵌入程度夯实了纽约大学在亚洲办学的制度化，也赋予了对其进行案例研究的独特价值。

三、教育理念、治理模式、通识教育成为美国高等教育模式向亚洲国家移植的核心要素

笔者从世界社会理论"强国模式可供复制"的主张入手，以纽约大学全球教育体系中两所海外实体大学为案例，研究发现，纽约大学输出的美国高等教育模式有三方面核心内涵：一是高等教育理念，二是高等教育治理模式，三是以本科生教育为主体的通识教育。担任领导职务的美方人员和在美国获得博士学位的教职员工成为模式移植最重要的隐性知识载体。笔者将纽约大学的案例发现与耶鲁大学、杜克大学等学校的办学实践进行了对照，发现纽约大学具有一定代表性，代表着美国顶尖研究型大学引领的海外办学的创新策略和发展趋势。

（一）纽约大学的案例结论

1. 内涵多元的高等教育理念

研究认为，纽约大学的高等教育理念包括四个方面：学术核心、都市定位、国际多元、变革创新。第一，学术核心即以学术作为立校的根本，国际多元和变革创新是在全球化时代，高等教育机构作出的回应，这些理念既是纽约大学的高等教育理念，也是美国大学共通共享的高等教育理念。美国高等教育通过人才培养支撑国家发展、通过学术研究引领国家发展模式的转型升级，坚持学术自由、学术卓越等基本原则，亚洲国家引进美国大学的目标也正是在此。第二，就纽约大学而言，国际多元是新旧世纪之交确定的学校发展战略，学校组

织、学校师生、学术内容的国际化和多元化已经成为纽约大学的显著特征。第三，创新变革体现为学校在不同历史阶段敢于打破常规，搅动学者对大学保持忠诚的既定学术生态、改革大学立足单个国家的组织形态等创新。最后，都市定位是纽约大学两百年来与纽约市保持同步发展韵律过程中树立的独特学校哲学，纽约大学信奉大都会始终是学校发展的基本条件，在海外办学过程中也始终以大都会作为根据地。这些理念要素在阿布扎比和上海均得到了贯彻。

2. 全球融合的高等教育治理

在全球教育体系的筹划和建设过程中，纽约大学以融合治理为原则，从理念和实践上打破了"海外分校"存在"主校区—分校区"区别的传统模式。理念上，提出门户校园的概念，随着全球教育体系的形成，学校不再是美国纽约华盛顿广场公园的纽约大学，而是全球的纽约大学，学校存在的地理单位从美国上升为全球。纽约大学、阿布扎比纽约大学、上海纽约大学之间不存在"主与分"的关系，而是共同构成一个有机循环系统。纽约大学教师治校的共享治理模式延伸到全球教育体系中，成为融合治理的关键制度。

实践上，阿布扎比和上海两所门户校区都是所在国的独立法人单位，有健全的组织建制和学科布局，有独立的师资体系和全日制学生群体，有独立的学士学位授予资格。与海外分校这一术语蕴含的从属、下位、隶属、附庸等词义形成了区别，也与天普大学日本、德州农工卡塔尔等明确定位的海外分校形成了诸多实质性的制度差异。

3. 通识教育为核心的教学模式

阿布扎比和上海两所亚洲门户校园，在学校使命、建设定位等制度文本中均明确了对美国以本科生为主体的通识教育模式进行本土化的接纳。就纽约大学的案例而言，通识教育的核心体现在人才培养和学术研究上。人才培养目标是通古会今、国际视野、时代特征、博学专精的毕业生；学术研究目标是促进跨学科的交叉研究和创新。为了服务通识教育，两所海外大学创新了学术单位建制，打破既有的院系壁垒，为跨学科人才培养和学术研究创造了重要的组织基础。

（二）案例结论的代表性

笔者结合纽约大学的案例，对照耶鲁大学、杜克大学等学校在亚洲的办学实践，发现不同学校在移植高等教育理念、融通跨校区治理、移植通识教育模式三个方面达成一致，反映了纽约大学的案例研究具有代表性。前文所述，学术核心、国际多元、变革创新等既是纽约大学的理念，也是美国高等教育共通共享的理念。笔者认为，对于海外办学而言，纽约大学和其他西方大学共享的全球融合治理，即对"海外分校"这一传统模式的扬弃，是最具创新意义的部分，因而在本部分重点分析西方大学对海外分校概念扬弃的内涵和实质。

从当前研究来看，海外分校仍然是学界最为普遍和通用的概念，但从 2013 年开始，全球范围内逐渐有海外分校将自我定位调整为国际大学，相关研究者分析了背后的动因，认为国际大学的定位体现对多方利益的回应，有助于海外机构获得合法性，因为海外分校往往忽视了输入方的利益。[2]这一转向实质上揭示了海外分校的定位更像一种"单边行为"，难以有效回应双方的诉求。随后，C-BERT 和 OBHE 的研究者在 2014 年提出，亚洲国家对"教育主权"（Educational Sovereignty）保持高度敏感，促使了相关机构放弃海外分校的概念。因为在中国、印度等国家看来，分校意味着只需要接受来源国的监管，所以概念变迁背后实则是教育管制权的博弈。[3]该研究进一步印证了海外办学从"单边行为"向"双边关系"转向、输入方利益保障等核心问题。曾有学者将中国政府对在华独立办学资格的限制理解为中国对《贸易服务总协定》的有限履约，[4]但 2010 年以来，高等教育海外办学的"双边合作"已经成为一个普遍趋势，而这也正是取消"分校"定位对所在国利益回应的体现。

2017 年，C-BERT 和 OBHE 对全球范围内发展成熟的海外分校（即建校超过十年）进行研究，相关机构涉及的输出国家有美国、英国、法国、澳大利亚，输入国家有法国、瑞士、比利时、奥地利、中国、新加坡、马来西亚、越南、阿联酋。[5]无论是西方国家之间的办学，还是西方大学到亚洲国家的办学，对海外分校概念的扬弃已经表现出普遍性，与纽约大学一样，这些机构认为多校区之间不存在"主校—分校"的区别，海外校区对母体大学也不是从属和附庸的关系。基于此，回到本研究对海外办学机构分类的考虑，笔者认为，长

2　Farrugia C., Lane J. Legitimacy in Cross-Border Higher Education: Identifying Stakeholders of International Branch Campuses[J]. Journal of Studies in International Education, 2013, 17(4): 414-432.

3　Kinser K., Lane J. The Rise of "Educational Sovereignty"[N]. the Chronicle of Higher Education, 2014-02-20.

4　Hu M, Willis L D. Towards a common transnational education framework: Peculiarities in China matter[J]. Higher Education Policy, 2017, 30(2): 245-261.

5　Garrett R., Kinser K., Lane J., et al. Success Factors of Mature IBCs, 2017[R]. London, the United Kingdom: Observatory on Borderless Higher Education, 2017: 18-19.

期以来对海外分校这一术语的泛用和混用应该得到修正，有必要构建更能回应实际的概念体系和分类体系。

四、突破对环境的单向顺从，采取与所在国制度环境双向互动的本土化调适策略

笔者从世界社会理论"所在国家独特价值；制度要素接纳创新和误传；制度信念和逻辑冲突；差异化适应；被动方利益唤醒"等主张入手，将纽约大学在阿布扎比和上海两地对自身高等教育模式的调适内容归纳为对环境的"适应—改变—利用"三重双向策略。"适应环境"体现为对当地法律政策的顺从，以及结合地方特征进行的师资、招生、教学课程等浅层的调适；"改变环境"集中表现在对阿布扎比性别平等和劳动待遇方面存在问题的修正，继而优化了海外办学机构发展的制度环境；"利用环境"表现为对当地利好政策和新机构可塑性的利用，达成了在美国本土难以实现的高等教育改革目的，并冲击了阻碍海外办学的文化偏见。通过对比其他学校的实践，本研究发现纽约大学的三重互动策略具有一定代表性，但由于国与国、校与校之间存在差别，互动策略下的具体调适方式也存在一定差异。

（一）案例的结论

1. 适应环境

纽约大学从法律和政策的维度，在美国、阿联酋、中国三个国家共同取得了两所海外大学的合法办学资格，相关的政策主体包括，美国：纽约州教育厅、中部高等教育委员会；阿联酋：高等教育部、学术认证委员会；中国：教育部、浦东区政府等。相关的政策包括各个国家的教育相关法律，以及专门针对高等教育及海外办学的美国《中部高等教育委员会认证标准》、阿联酋《高等教育机构办学许可和学位项目认证标准》、中国《中外合作办学条例》等。纽约大学在办学主体、宗教文化等方面遵循了上述法律和政策的要求。办学过程中，中国学生不低于51%、教师招聘权逐渐回归阿布扎比和上海、教学和课程安排因地制宜均体现出对已有模式的修正以适应当地环境。

2. 改变环境

纽约大学的海外办学过程面临着多重跨文化挑战，阿布扎比和上海的一些文化特质在当地的制度环境中具有合理性，但对纽约大学的办学带来了一定阻碍。矛盾集中体现为阿联酋性别平等和劳动待遇长期存在的争议对阿布

扎比纽约大学建设的影响，劳动待遇方面的问题还给学校带来了一场长达数年、影响深远的舆论危机事件。纽约大学通过制定男女同工同酬的人事制度、实施男女同校教育、回应劳动争议、优化校内组织架构和工作机制等调适策略，对阿联酋的制度环境产生了冲击，由此引发的局部环境改变得到当地政府的赞同，也优化了学校在阿布扎比的办学空间。

3. 利用环境

纽约大学在阿布扎比和上海利用当地环境推动高等教育改革的核心体现是，打破了高等教育机构设置院系的传统路径。院系作为高等教育机构的内部组织形态，为不同知识领域学科和专业的发展提供了重要的组织依托。然而，在跨学科教学和研究成为高等教育发展趋异的当下，就纽约大学的案例而言，院系悠久的历史和强大的制度惯性成为了壁垒。利用阿布扎比和上海的政策和资金支持，纽约大学从"大"转向"小"，从"散"转向"合"，确立了不同于美国本土的建设定位和发展思路，建设小规模的实体大学、取消院系的传统建制，突破了于美国本土难以突破的瓶颈。通过不断提升质量、促进交流往来，纽约大学全球教育体系带动了不同文化的互知互认，增进了人们对高等教育海外办学的理解，一定程度上冲击了不同文化立场施于海外办学的偏见，优化了宏观环境。

（二）案例的代表性

高等教育海外办学机构需要与本国制度环境和所在国制度环境产生双重嵌入（Dual Embeddedness）关系已经成为普遍共识，在嵌入所在国制度环境的过程中，逐渐有更多的研究和案例表明，办学机构采取双向互动策略，适应异域环境的同时也对异域环境产生影响，弥补了所在国高等教育的弱势环节。[6]本研究进一步指出，所在国弱势环节可能存在于高等教育本身，也可以外延至高等教育所处的宏观环境，纽约大学的案例表明，对环境的"改变"和"利用"能够为学校发展营造良好的条件。

2015 年以来，对纽约大学、利物浦大学、诺丁汉大学在中国获得办学合法性的比较研究，[7]以及对厦门大学、苏州大学、云南财经大学在东南亚获得

---

6 Guimón J, Narula R. When Developing Countries Meet Transnational Universities: Searching for Complementarity and Dealing with Dual Embeddedness[J]. Journal of Studies in International Education, 2019, DOI: 10.1177/1028315319835536.

7 Zhang L., Kinser K. Independent Chinese-Foreign Collaborative Universities and Their Quest for Legitimacy[J]. Chinese Education & Society, 2016, 49(4-5): 324-342.

办学合法性的比较研究，[8]均表明，在对两套文化系统进行双重嵌入时，海外办学机构的主体性进一步增强，能够对所在国制度环境产生影响，也能从中夯实办学的合法性基础。因而，无论是亚洲国家之间的办学，还是西方大学到亚洲国家的办学，本研究从纽约大学得出的结论具有一定代表性。但在不同的国家背景和学校背景下，与环境的"适应—改变—利用"三重互动策略下的内容、表现、内涵都不尽相同，应进行具体的分析。

三重互动策略下的具体内容方面，纽约大学案例具有广泛代表性的在于：首先，对所在国法律和政策环境的顺从，这是任何学校进入任何国家的必要前提；其次，通过自身的办学努力增进文化交流和互认，优化高等教育海外办学的整体环境，随着更多国家、更多学校参与进来，不断提升办学质量、产生良好的办学效应，有助于破除海外办学普遍面临的文化偏见，这是一个从实然到应然、从形而下到形而上、从器物到制度的上升过程。

五、小结与讨论

随着教育专业人员和政府官员成为关键行动者，高等教育海外办学已经发展为一种具有正式制度意义的跨国教育活动，因此，国与国的关系、高等教水平成为一国大学得以走向海外的两个重要条件。美国大学进入亚洲国家办学的历程清晰地体现着国际关系格局和本国高等教育实力扮演的重要作用。由于这种与生俱来的"跨国性"，美国大学的海外办学也在不同时期成为国际关系的一种映射和组成部分：19 世纪至 20 世纪初，海外办学的原型——海外教会大学成为宗教传播和殖民入侵的组成部分；二战后"冷战"时期的海外办学成为美苏争霸的组成部分；"冷战"末期至新世纪初期，新自由主义成为流行思潮，海外办学也表现出明显的经济理性取向。新世纪以来，高等教育国际化的深入发展、2008 年全球经济危机、亚洲国家与美国大学的办学磨合等背景推动海外办学向教育性和学术性回归，海外办学的正式制度意义进一步得到巩固。

当前，美国大学主导输出、亚洲国家主导输入的趋势将长期持续。纽约大学等顶尖高校在办学模式、组织形态、学术研究、人才培养等方面积极创新，在美国模式输出和本土化调整方面形成了特定的策略模型，也在很大程度上

8　He L., Wilkins S. Achieving Legitimacy in Cross-Border Higher Education: Institutional Influences on Chinese International Branch Campuses in South East Asia[J]. Journal of Studies in International Education, 2017: 1-19.

促进了海外办学的提质和优化。其中对传统概念"海外分校"的扬弃、对办学舆论氛围的优化，都将继续推动海外办学的模式更新和持续发展。然而，作为一个学术共同体的高等教育海外办学仍然面临着许多新旧交织的考验：

在西方大学长期压倒性的垄断优势下，中国等亚洲国家也在尝试向外输出，而后发国家是否具备了相应的输出能力？后发国家积极输出对本国高等教育系统和全球教育高等生态将产生何种影响？这些问题都有待理性的观察和审思。从美国汲取的经验表明，本国高等教育能力始终是"走出去"最大的内生动力，亚洲国家当前普遍处于高等教育能力建设的上升期，本国国内还存在较大的不平衡，如果坚持"通过海外办学应对东西方国家高等教育权力在全球场域内不对等"的立场，恐将难以实现预期成效。

此外，海外办学涉及不同的文化系统和制度环境，高等教育机构在异国办学的过程中普遍面临着文化差异导致的偏见甚至敌视，美国大学主导的办学机构（学位型）如此，我国主导的孔子学院（非学位型）亦然。美国大学到亚洲办学受到的批判主要见于两方面，一是批评美国大学在欠发达国家谋取不正当的利益，例如经济利益、劳动价值剥削等；二是批评欠发达国家不具备支撑西方高等教育发展的自由民主土壤。本质上，批评声音的存在也是国际关系的一种折射，对纽约大学的案例分析充分说明，文化偏见无疑对海外办学带来了诸多曲解和负面影响。然而，如果国际关系格局不产生实质性转变，这种文化偏见及其对海外办学的伤害就将长期存在。近年来，西方国家出现的"逆全球化"趋势无疑又给这个问题增加了更多的不确定性。

第二节　研究启示

对照我国当前从"引进来"向"走出去"的转型需求，笔者结合本研究的发现和结论，在国家战略、学校策略、学术研究三个层面对我国等后发输出型国家归纳相应的启发。

一、国家战略层面

（一）深化认识高等教育海外办学的风险

海外办学已经成为高等教育全球版图的重要组成部分，推动了国际间高等教育的交流往来以及共同话语的构建。当前，高等教育海外办学进入相对稳定的状态，短期内，西方大学主导输出、亚洲国家主导输入的基本格局不会改变。在相对稳定的状态下，规律性的制度特征、共通性的办学经验逐渐形成，为更多尝试输出的机构提供了可以遵循的路径。与此同时，海外办学与生俱来的跨文化特性，决定了它始终是一项高风险的行为，海外办学机构的存续发展仍然是输出方普遍面临的难题。

高等教育机构的建立完善并非短暂的"十年树木"之功，但是，已有研究普遍降低了海外办学机构的成熟"阈值"。例如，有研究将 1990 年前建立，即建校史超过三十年的机构定义为"完善良好"（Well-established），将 1990-2000 年间建立，即建校史在二十至三十年间的机构定义为"完善"（Established）; [9]而长期躬耕这一研究领域的 OBHE 和 C-BERT 更是进一步降低标准，将成熟（Mature）型机构的发展史缩短至十年。对于新建大学而言，要发展为一所完善良好的高等教育机构，十年乃至三十年或许都过于短暂，从中足以窥见海外办学面临诸多不确定性，极易在关停的边缘徘徊。

有研究指出，20 世纪 90 年代中期以来建立的海外分校中，10%已经关停，这之中有近一半的机构来自美国，异国环境因素、高等教育行业因素、办学机构内部因素环环紧扣，从宏观的法律政策到微观的学校制度、从抽象的学校声誉到具象的资金来源、从人为的校舍校产到自然的气候类型，无一不在加剧海外办学的复杂性和风险性。[10]事实上，在阿拉伯国家办学的美国大学不乏高等教育界的排头兵，也得到了所在国的优厚支持，但最终未能挽回短时间关停的败局。因而，无论是美国的经验还是国际的普遍规律均说明，高等教育海外办学始终是一项高风险的活动，我国等尝试输出的国家从政府战略的高度推动高校走出去时，务必保持高度的风险意识，对复杂多维的办学风险保持清晰认知、进行理性研判。

（二）着力塑造本国的高等教育品牌

研究发现，促进美国大学向海外发展的根本保障从始至终都是本国的高等教育能力，这一点在 20 世纪末期全球范围内海外办学的快速发展中反应得

9　Clifford, M. Assessing the Feasibility of International Branch Campuses: Factors Universities Consider when Establishing Campuses Abroad[D]. Santa Monica, CA: Pardee RAND Graduate School, 2015: 4-5.

10　Wilkins S. Establishing international branch campuses: a framework for assessing opportunities and risks[J]. Journal of Higher Education Policy and Management, 2016, 38(2): 167-182.

最为突出。当"冷战"时期政治阵营的藩篱逐渐被打破，美国大学海外布点的重心得以从欧洲转移到亚洲，最根本的原因在于亚洲国家对美国高等教育的普遍认同。当前，无论从哪个方面进行国际比较，从基本科学指标数据库（Essential Science Indicators，简称ESI）的科研产出和引用情况到世界大学排名系统的排名结果，从高等教育系统的规模和多元性到全球学者学生的流向，美国高等教育仍然具有压倒性的优势。瑞士象征着手表质量，美国就是高等教育质量的代名词。[11]高等教育国际化的必然趋势下，美国高等教育在全球范围内产生广泛而深刻的影响，促使其成为国际间制定学术规则体系的最大公约数。

从国家战略层面推动本国高校走出去时，应该充分认识到高等教育品牌和高等教育能力对于美国成为最大输出国的根本推动作用。因而，着力提升本国高等教育能力、塑造本国高等教育品牌应该成为促进海外办学的必由之路。作为后发型输出国家，我们可以站在前人的基础上，通过海外办学推动本国高等教育发展，国际经验也说明了海外机构能够对输出国高教系统产生反哺效应，但不能颠倒二者的关系，"以内促外"是唯一正确的路径，"以外促内"是达到特定阶段时的锦上添花，提升本国能力应该始终走在前面。

改革开放以来，我国始终将教育置于优先发展的重要战略地位，高等教育不断翻开历史的新篇章。然而，我国离真正建成高等教育强国还有一段距离，尤其是置身国际坐标上，要冲击美英的垄断性优势仍然是一项艰巨的任务。海外办学风险大、成本高，如果不能以类似于纽约大学"受其他国家邀请、得到当地资金支持"的方式进入海外，无疑会稀释自身高等教育的资源和能力。因而，高校应该充分利用"世界一流大学和一流学科建设"等政策契机，练好内功，合力树立高等教育的中国品牌，为海外发展夯实基础。

（三）建立合理的规约体系

美国高等教育海外办学的历史和现状同样从负面的角度给予后发型输出国家诸多启发，集中在政府角色和办学属性的方面。二战以后至上世纪末，随着大学取代宗教力量成为最重要的主体，海外办学的正规性和制度性愈发显著。在以美国大学为主体的海外办学活动中，由于缺乏政府的必要统筹，商业属性曾一度压制了教育属性，使得相关学校得不到所在国政府的认可。美国大学在日本的集体失败便是例证之一，最终经过双方国家在政府层面进行对话，

11 Long K A. Battle of the Brand: Independent "American" Universities Abroad[J]. International Higher Education, 2018 (95): 4-5.

才帮助个别机构得到了合法身份。可见，办学属性的错位既不利于学校发展，又搅动了国家层面的外交关系。

诚然，教育具有多重象征意义、体现着特定的意识形态，亚洲国家侧重引进的教育枢纽具有文化外交的意图，[12]西方国家侧重输出的海外办学也具有新殖民主义的内涵。[13]但是，对于尚处于自身能力建设的后发型输出国家，应该充分认识到办学属性错位对美国大学海外办学的负面影响。事实上，美国的高等教育管理体制决定了美国政府只能对其进行有限的干预，对我国而言，坚持"人类命运共同体"的价值观和方法论，政府有必要延伸我国教育管理的制度优势，以《高等学校境外办学指南》（试行）为起点，不断完善指导我国高校走出去的规约体系，将海外办学具有的外交价值聚焦于教育和文化的层面，与政治外交、经济外交和军事外交去耦，确保我国高等教育海外办学始终坚持教育属性、走在正确方向，避免对国家外交关系的节外生枝。

二、学校策略层面

（一）审慎选择区位

虽然当前美国大学海外办学的足迹已经遍布全球，但其经验表明，开拓者们始终将办学区位选在具有良好外交关系和深厚合作基础的国家。"冷战"时期，海外办学以西欧国家为主阵地；"冷战"结束后，当一部分东欧和西亚国家转向资本主义阵营，美国大学也随之而来；20世纪80年代在亚洲的办学初探，以战略同盟国家日本为主要目标；随着改革开放的全面深化，中国后来居上成为美国大学最重要的合作伙伴。

美国大学在西亚地区阿拉伯国家的发展有一定特殊性。事实上，"冷战"期间，在美苏的干预下，阿拉伯国家也分成两个阵营。站在苏联一方的被西方世界称为"极端国家"，今天的战争冲突国家——叙利亚、伊拉克、利比亚等皆在其列；站在美国一方的被西方世界称为"温和国家"，[14]包括今天办学数量最多的沙特阿拉伯、阿联酋、卡塔尔等。美国政府对这些国家不同的外交政

---

12 Lee J T. Soft power and cultural diplomacy: Emerging education hubs in Asia[J]. Comparative Education, 2015, 51(3): 353-374.

13 Siltaoja, M., Juusola, K., & Kivijärvi, M. "World-class" fantasies: A neocolonial analysis of international branch campuses [J]. Organization, 2019, 26(1), 75-97.

14 [英]尤金·罗根著，廉超群、李海鹏译，征服与革命中的阿拉伯人[M]，杭州：浙江人民出版社，2019：11-12。

策，也导致了美国大学在这些地区不同的海外办学面貌。无论是正面还是反面，外交关系和合作基础都是美国大学重要的区位选择考量。

在当今的格局下，发展中国家（后发型输出国家）在尝试成为海外办学的提供者时，应当选择更具体的细分市场，寻找错位补缺的增长点，避免与发达国家（主导输出的西方国家）的顶尖大学形成直接竞争。[15]对于我国而言，寻找海外办学新的增长点，同样需要重点考虑有利区位。当前，国家层面的外交关系布局为高校提供的有益参考包括："丝绸之路经济带"和"21世纪海上丝绸之路"沿线国家、"金砖"战略伙伴国家等。随着"一带一路"从倡议变成现实，国家交往合作的实质性深化必然带动相关地区人才培养、文化交流的双向需求。高校层面的战略联盟给寻找海外办学伙伴提供的有益参考包括：清华大学发起成立的"亚洲大学联盟"成员学校等。上述部分国家和学校已经有我国大学海外办学的身影，以点带面、促进发展不失为一条可行的策略。

（二）坚持学术定位

结合美国和国际的普遍经验，对于输出方而言，通识教育等美国高等教育理念在东亚的传播实际上由来久矣，但缺乏正式的制度路径和组织依托，最终往往"南橘北枳"；从输入方的角度，中东等石油富国在2008年全球经济危机之后，对西方大学的态度发生转向，对学术研究的水平和质量提出了更高要求。此后，以纽约大学等顶尖大学引领的海外办学也以学位授予、学术研究作为在海外立足的根本。

我国在十六年的"孔子学院"海外办学实践中聚焦于文化性，取得了丰厚的成果。但由于缺乏学位做支撑，尚未形成内聚型的办学成效，经费主要依赖我国政府，继而引发了一些西方国家的质疑，甚至单方面叫停。[16]因而，在继续坚持富有中国特色的孔子学院海外办学实践时，长远地看，突出学术定位，建设更多学位授予型的实体机构，应该成为我国坚持的方向。学位型机构的一个核心要义是能否吸引学生，这首先有助于客观评估我国海外办学的能

---

15 Chee C M, Butt M M, Wilkins S, et al. Country of origin and country of service delivery effects in transnational higher education: a comparison of international branch campuses from developed and developing nations[J]. Journal of Marketing for Higher Education, 2016, 26(1): 86-102.

16 张曼，中外合作办学模式下孔子学院可持续发展研究——基于"协同框架"组织模型[D]，北京：北京师范大学，2016：2。

力；其次，当聚合一批固定生源，将极大提升高等教育机构的形象，[17]还有助于丰富经费结构。文化定位的孔子学院和学术定位的海外办学机构形成合力，能够有效推动高等教育海外办学中国模式的构建。

输出国大学的态度和支持力度是影响海外办学机构学术性的重要参数，当前的研究表明，本国和海外机构的教职人员常常陷入消极的关系模式，[18]对海外办学机构的发展带来很大考验。对此，纽约大学采用"学术隶属"和"学术伙伴"的策略，鼓励18个学院深入参与阿布扎比和上海校园的学术建设；成立"全球教育体系教工委员会"，将教工治校的共享治理理念延展到全球教育体系架构中；通过"联合聘任"使海外校区与纽约大学形成人事关系，服务研究生教育和美国科研基金申请；发起"全球教育体系博士研究生联合培养项目"，搭建跨校区博士生导师的学术合作纽带。在全球融合治理的理念下，纽约大学将全球校区视为一个整体，调动资源深度支持海外校区的学术建设，为后发型输出国家提供了诸多中观和微观层面的积极启发。

（三）优势学科先行

如果将美国大学海外办学比喻为一个类似"金字塔"的整体，从机构层次类型来说，美国大学二级学院举办的海外机构正是位于"塔尖"的部分。这类机构的主要代表包括：康奈尔大学威尔医学院在卡塔尔多哈开设的分院、芝加哥大学布思商学院位于中国香港的院区。启示主要有三：首先，上述高校都是世界知名的高水平美国大学，海外办学机构能够授予与美国平行的学位，对于所在国和就读学生都是具有吸引力的要素；其次，上述二级学院都是国际同行中的佼佼者，在各个世界学科排名中均位列前十，拥有扎实的办学能力和丰富的办学资源；第三，他们的区位选择一方面联通了自身优势和当地需求，另一方面集中在经济高度发达的地区，双方对等的经济水平形成了"强强联手"的办学效应，代表高等教育海外办学的一种理想类型。

纽约大学的全球教育体系固然是一幅"宏伟蓝图"，但笔者认为，其经验启示中对我国可操作性的部分在于招生、师资构成、课程设置、与地方政府合

---

17 Wilkins S., Huisman J. Factors affecting university image formation among prospective higher education students: The case of international branch campuses[J]. Studies in Higher Education, 2015, 40(7): 1256-1272.

18 Healey, N. The challenges of managing transnational education partnerships: The views of "home-based" managers vs "in-country" managers[J]. International Journal of Educational Management 2018, 32(2): 241-256.

作互动等具体措施，要建成类似其"一校三园多中心"的全球架构，对于绝大多数学校而言都是千里迢迢的雄关漫道。因此，可行的路径应该是小规模的集约化办学，采取康奈尔大学、芝加哥大学等学校的类似举措，以二级学院为办学主体，充分发挥学科优势。此外，对我国大部分高校而言，"学科优势"在国际坐标上仍然是一个相对概念，优势可能是比较优势而非绝对优势，因此有必要将区位选择和学科优势进行并置，认真研判学科优势是否契合目标地的需求。

目前，我国大连海事大学、北京语言大学等学校先后在斯里兰卡、泰国、日本，利用航海工程、中国语言文学等学科优势对接当地需求，合理控制办学规模，办学实践均已超过十年。在国家政策的导向下，未来还有更多学校可以采取类似路径寻求新的增长点。

三、学术研究层面

（一）实践和研究互相促进

随着实践的发展，高等教育海外办学也日益成为一个重要的专业化研究领域。从办学实践现状和学术知识图景来看，美国为主要代表的西方大学不仅主导了输出，在全球范围内广泛建立海外前哨，他们同时主导了研究领域学术概念的生成、学术话语的构建以及学术规则的建立。应该说，办学实践推动了学术理论的发展，学术理论的发展又进一步助推了相关国家的办学实践。作为一个正式制度意义越发显著的理性实践场域，高等教育海外办学离不开学术研究的系统检视和理论支撑。二十一世纪以来，英国和美国先后发起成立专门的研究机构 OBHE 和 C-BERT，统合了美国、英国、澳大利亚、加拿大等与海外办学相关的大学和研究人员，他们主导生成的概念和理论确立了该领域的知识框架，在学术产出和影响力方面表现出极大的优势。

对于我国等后发型输出国家而言，从中汲取的经验包含两个方面：一是要坚持办学实践和学术研究的并行不悖。学术研究要系统跟进国内外的实践特征和趋势，研判问题挑战、挖掘经验策略，为政策理性和实践理性发挥应有的责任；[19]二是要着力构建符合本国实践模式的理论体系。我国高等教育海外办学的一个强大动因是国家层面鼓励从"引进来"向"走出去"的转向，"引

---

19 闵维方，文东茅，学术的力量：教育研究与政策制定[M]，北京：北京大学出版社，
　　2010：247。

进到输出"表面上是方向转变，实则是我国高等教育国际化能力建设方法论的根本转向，对我国高等教育领域提出了更高的要求。方法论的转向需要办学实践和学术研究互相促进，发出中国声音、创造中国影响、提升中国形象，海外办学是直接策略之一，离不开本国实践模式的生成和理论体系的构建。

（二）未来的研究重点

1. 对国际经验的研究

从当前学术发表的现状看，我国学界对发达国家主导输出的海外办学给予了高度关注，宏观层面的理论性成果已经较为丰富，厘清了海外办学的国家动因、办学现状等基本面貌。但宏观层面之下微观研究、理论探讨之外的实证研究仍然存在较大的增长空间。国际学者的综述表明，除了治理和政策、机构管理、质量保障等问题，学生择校和学生流动、教学实施、[20]师资建设、机构动因、分类体系、英语作为通用语、多校区间的平行对等[21]是国际同行的重点研究内容，我国学者发表的成果在这些方面仍然存在欠缺，需要更多的实证研究深入问题场域，不断丰富以中文为载体的知识体系。

本研究基于文本分析梳理了美国大学海外办学的历史条件、关键行动者的作用、办学特征和规律；采用访谈的方法，对案例机构的模式移植和调适进行了实证研究，分析了纽约大学在亚洲国家的教学开展、师资招聘、生源构成、与政府的互动策略、多校区的冲突融合等问题。今后研究中，从不同的理论视角出发，还需要进一步完善的内容可能包括：办学经费的构成及比例、办学营收的分配和流向、教师的工作体验、学生的就读体验等，上述内容的完善将极大丰富案例研究的知识维度。

2. 对本国实践的研究

我国当前还存在较大欠缺的方面在于立足本土实践的研究。相关数据表明，截止 2018 年 7 月，我国各类高等教育海外办学机构和项目已经 128 个，涉及 21 个省级行政区域的 84 所高校，[22]包括北京大学、厦门大学、苏州大

---

20 Kosmützky A, Putty R. Transcending borders and traversing boundaries: A systematic review of the literature on transnational, offshore, cross-border, and borderless higher education[J]. Journal of Studies in International Education, 2016, 20(1): 8-33.

21 Escriva-Beltran M, Muñoz-de-Prat J, Villó C. Insights into international branch campuses: Mapping trends through a systematic review[J]. Journal of Business Research, 2019: 1-9.

22 姜泓冰，高校境外办学研讨会举行[N]，人民日报，2018-07-04(012)。

学、北京语言大学等。笔者认为，在英语国家主导且充满风险的海外办学中，作为后发型输出国家，这个规模已经不小。然而，我国学界尚未对此给予应有的关注，对相关机构和项目进行系统梳理的基础性工作仍然欠缺，更无需说深入办学运行过程检视微观问题的实证研究。

长久以来，我国学界高度关注侧重"引进来"的中外合作办学，办学实践、学术概念、研究成果都产生了一定国际影响，许多西方学者将"中外合作办学"与其他亚洲国家的"教育枢纽"并置，认为这是象征中国模式的一条国际化策略。在越发关注如何"走出去"的当下，更不应该只着眼于国际经验而忽视了本土已有的办学基础。从学术研究的角度，以我国高校已经开办的海外机构和项目为研究对象，回顾历史、分析现状、总结成效、探讨不足、深入田野、聚焦问题，无论是宏观还是微观、理论还是实证，都还有许多可以填补的空白。在兹言兹，立足我国实践的研究也是学界为中国高校"走出去"贡献力量的应有使命。

第三节　研究反思

一、创新点

（一）界定了美国高等教育模式向外输出的核心要素

从世界社会理论的角度，美国高等教育是全球范围内广受欢迎的一种"制度原型"，海外办学机构作为美国高等教育模式输出的组织依托，其在亚洲国家快速发展充分反映了美国大学广受欢迎这一客观事实。然而，当前国内外的高等教育海外办学相关研究主要聚焦于宏观理论问题（现状、动因等）的梳理以及对微观实践问题的剖析（师生意愿、质量管理等），对美国高等教育模式受欢迎的内核、美国高等教育模式向外输出的要素等本体论问题分析得较少。

笔者聚焦纽约大学，并与其他在亚洲办学的美国顶尖高校进行对比分析，概括了美国高等教育模式向亚洲国家移植的三个要素，即具有共同意义的高等教育理念、强调融合创新的高等教育治理、本科生为主体的通识教育，界定了海外办学作为一种教育模式输出活动所蕴含的基本要素，进一步丰富了该研究领域的本体论知识。并在此基础上讨论了输出和输入过程中的融合接纳与张力冲突。

（二）丰富了海外办学组织趋同和趋异的内涵

本研究的主要理论贡献是，在世界社会的理论视角下，进一步丰富了高等教育海外办学机构组织趋同和趋异的内涵。在以制度同形和制度趋异为主要关注点的世界社会理论中，迪马乔和鲍威尔是两位具有重要贡献的学者，他们在 1983 年提出了组织趋同的三重作用力：[23]强制（Coercive）、模仿（Mimetic）、规范（Normative），对此后该视角下的组织研究产生了垄断性的影响。2010 年，詹斯·贝克特（Jens Beckert）发展了这一理论，认为趋同的作用力还包括竞争（Competition），[24]四重作用力在不同的时空条件下，既可能导致趋同，也能引发趋异。

就高等教育海外办学而言，趋同通常意味着（1）对输出国模式的移植继而产生的与输出国模式的同质化；本研究进一步指出趋同还包括（2）在输入国进行本土化调整后与所在国模式的同质化。趋异通常意味着结合输入国环境的本土化调整和适应，继而与输出国模式的趋异。通过对案例的深入分析，本研究进一步发现在组织趋异方面，本土化调整实际上非常复杂，超出了"单向适应"的范畴，海外办学机构在多重组织互动策略下，会新生诸多既不同于输出国又不同于输入国的高等教育模式和特征，这些新的特征可能会反哺输出国的高等教育发展，也有可能推动输入国制度环境的变革。

（三）厘清了相关大学扬弃海外分校概念和定位的原因

本研究另一理论贡献在于对"海外分校"这一核心概念的厘清。从 2013 年起，逐渐有海外办学机构提出自己的办学定位和模式并不是海外分校，但学界长期以来仍然广泛使用这一概念指代这类机构。虽然笔者同样以海外分校作为核心概念切入研究，但通过案例研究、总结共性规律，笔者梳理了相关机构扬弃"海外分校"这一概念的原因，并认同这种扬弃。随着海外办学更加强调双边价值的契合、海外办学机构的主体性进一步强化，"海外分支校园"的定义和内涵愈加难以有效回应实践。

实践总是走在学术理论构建的前面，在不断推陈出新的高等教育海外办学领域更是如此。为了更好地发挥学术研究的职能和使命，学界确实有必要构

---

23 DiMaggio P., & Powell W. The Iron Cage Revisited: Institutional Isomorphism and Collective Rationality in Organizational Fields[J]. Social Science Electronic Publishing, 1983, 48(2): 147-160.

24 Beckert, J. Institutional isomorphism revisited: convergence and divergence in institutional change[J]. Sociological Theory, 2010, 28(2): 150-166.

建更加贴合实践发展的概念和理论体系。在西方国家和英语语言长期支配海外办学学术话语的今天，对很多术语进行直译也不合时宜，例如校园、校区、校址在中文学术语境下含义不尽相同，但对应的英文概念均是"Campus"。因此，有效回应实践是一方面，另一方面，构建有效回应我国实践的学术话语和理论体系更加显得尤为必要。

（四）完善了海外办学机构的分类

对海外分校概念的扬弃实质上指向海外办学机构的分类问题，已有研究中的分类不尽完善。本研究提出从建设方式、机构层次、学科和专业布局三个维度对学位授予型的海外办学实体机构进行分类。

受到卡内基高等教育机构分类（CCIHE）的启发，笔者认为，当前分类普遍属于忽视了分类标准和维度的"粗放式"分类。例如，一个有代表性的分类是：海外分校（International Branch Campus）、特许/双联项目（Franchise/Twinning Programs）、结对协议（Articulation Agreements）、联合学位项目（Joint Degree Programs）、授权项目（Validation Programs）、其他（Others）。[25]这一分类显然存在诸多缺陷。首先，没有明确的边界，混合了实体性机构和非实体性机构；其次，分类的维度和标准不清晰，极大削弱了分类的适切性。高等教育海外办学的属性和特征纷繁复杂，大一统的分类难免有"顾此失彼"的疏漏，或者"无所不包"的虚无。因此，本研究认为，划定边界、明确维度是对海外办学进行有效分类的基本前提。

二、研究局限

本研究对以下两方面问题的研究还存在一定局限：美国高等教育机构进行海外办学的动机，以及美国政府在其中扮演的角色。

首先，本研究对办学动机的研究还停留在案例高校的层面，尚未能够讨论纽约大学的海外办学动机能否代表美国高等教育海外办学的普遍动机。就案例学校而言，也有可以进一步深挖的点。笔者从学校重商主义传统、高等教育国际化理念及其实现、高等教育的共同价值观等方面总结了纽约大学的内在动机，分析了阿联酋、中国等输入国家由于经济发展需求催生的对美国高等教

---

25 Henderson M, Barnett R, Barrett H. New developments in transnational education and the challenges for higher education professional staff[J]. Perspectives: Policy and Practice in Higher Education, 2017, 21(1): 11-19.

育的期待。不可否认，虽然本研究的结论是动机日趋多元化，但经济要素仍然是动机的一个重要维度，本研究采纳的理论框架也已经指明，"回报递增"是制度化（美国大学持续进入亚洲）的重要机制。然而本研究未能深入到办学双方的经济合作方式、营收分配等内容。一方面，从学校预算决算等信息公开看，阿布扎比、上海两所海外大学的信息公开情况并不如纽约大学充分；另一方面，在访谈过程中，笔者能够充分感受到经费是一个敏感的话题，笔者曾尝试探知所在国政府的资金投入数量和相关要求、奖学金的覆盖比例和额度、学校营收的走向及分配等问题，然而很难获取具体的信息。这将是笔者在今后研究中争取进一步解答的问题。

其次，政府角色方面。笔者聚焦美国大学为办学主体的海外办学机构，研究认为，按照州政府宏观管理、大学高度自治的模式，美国政府对美国大学海外办学的介入和干预有限，主要通过资格审批（州政府）和认证制度（联邦政府+专业委员会）履行职能。纽约大学一贯强调学校作为纯粹学术机构的属性、不是美国的外交机构，然而，2011 年前后，曾有报道指出美国政府引导阿布扎比纽约大学对阿联酋政府背景的军备研发公司提供学术服务，继而协助了双方国家政府的军事和财务往来，引发美国高等教育界的争议和质疑。虽然就可以获取的公开文献资料看，这只是个别案例，但其中也体现出，美国政府仍然能在必要的时候、必要的领域对享有充分办学自主权的美国大学进行干预。

笔者在研究中指出，海外教会大学拉开了美国高等教育海外办学的序幕，但在"二战"后，这类机构相继转型或关停，脱离了美国大学海外办学的范畴，也超出了本研究的视野。然而，这部分机构在二战后仍然有长足发展，成为其他国家建立、冠名美国的大学，广泛分布在世界各地。虽然办学主体不再是美国，但他们仍然与美国保持着复杂的联系，根据美国高等教育修正案第四章联邦教育资助政策（Federal Title IV Funds Policy）的有关规定，这类学校中能够获得联邦政府的教育经费、申报国家科学基金会（NSF）的项目。[26]美国政府通过国际开发署（U.S. Agency for International Development，USAID）对这些学校进行扶持。值得指出的是，新世纪以来美国发起或卷入战争的冲突地区，在战争结束后均建立了类似的机构。因此，这类大学为更全面认识美国政府的角色和意图提供了有价值的视角，笔者将在今后的研究中继续关注。

---

26 Long K A. Battle of the Brand: Independent "American" Universities Abroad[J]. International Higher Education, 2018 (95): 4-5.

附　　录

一、CITI 培训课程证书

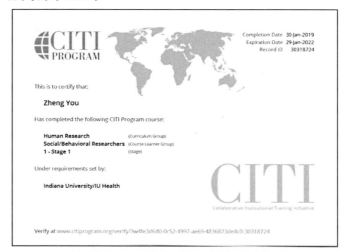

人类研究——社会/行为研究课程证书

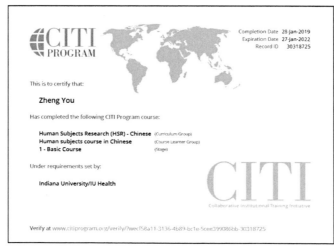

人体受试研究——人体受试课程证书

二、访谈提纲

（一）针对美国母校人员

* Dimension 1 – Basic information

Q1. Can you please tell me what your job title, duties and responsibilities were when you worked for the international branch campus (IBC) program?

Q2. Can you please describe the organizational structures, rules and processes at your university that guided development of the IBC program? (For example, involved unites, work teams, regulations, missions, accountability processes, etc.)

* 维度 1——基本信息

1. 请介绍一下您为贵校海外分校项目工作时的职务和职能。

2. 请介绍一下贵校为建设海外分校制定的组织结构、管理制度、议事程序等方面的情况。（例如：相关的校内组织有哪些、成立了什么样的工作组、问责机制等）。

* Dimension 2 – Preparation of branch campuses

Q3. What factors motivated your institution to build IBCs in Abu Dhabi and Shanghai?

Q4. Can you please tell me more about the decision-making procedures within your institution and what key decisions were made during the process?

Q5. Can you provide more details about the negotiation process with your host country counterpart? (For example, who were the delegates on both sides; what bargains and compromises had been made on both sides; to what extent was the final signed agreement different from your institution's decisions and expectations?)

* 维度 2——海外分校筹建

3. 哪些因素推动了贵校在阿布扎比和上海两地建设海外分校？

4. 请介绍一下贵校的校内决策程序以及初期的决策成果。

5. 请介绍一下贵校和地方政府合作洽谈的过程及细节。（例如：双方代表有哪些、双方做了哪些协商和妥协、最终达成的协议与贵校预期是否一致等。）

* Dimension 3 - Operation of branch campuses

Q6. What internal and external challenges have the branch campus encountered or is it now facing?

Q7. What help has the home institution offered or will be offering to deal with these challenges?

Q8. Could you please describe the collaboration model between the home and branch campuses? (For example, people exchange; academic collaborations; degree awards; profits and/or risk sharing, etc.)

* 维度 3——海外分校的办学运行

6. 海外分校曾经和当前面临的内外部挑战与困难有哪些?

7. 美方母体机构曾经或即将对分校提供哪些帮助以应对挑战?

8. 请介绍一下美国母校和海外分校之间的合作模式。(例如: 人员流动与往来、学术合作、学位授予、利益和风险分担等。)

* **Closing questions**

Q9. Is there anything else you about the development or operation of the Abu Dhabi / Shanghai campus you would like to share that has not yet been covered in this interview?

Q10. Are there copies of any pertinent documents that you can share with me?

* 总结性提问

9. 除了上述问题,关于海外分校的建设发展和办学运行,您是否还有其他补充?

10. 您能否提供一些与海外分校相关的工作文件复件?

(二)针对海外分校人员

* **Dimension 1 – Basic information**

Q1. Can you please tell me what your job title, duties and responsibilities were when working at the branch campus (now or before)?

Q2. Did you have university/college experience prior to your employment at the branch campus? (yes to Q2.1, otherwise to Q3)

Q2.1. Can you briefly describe your previous work? (yes to Q2.2, otherwise to Q3)

Q2.2. How does your current work with the branch campus compare to your previous experience?

Q3. What factors influenced your decision to work at a branch campus?

* 维度 1——基本信息

1. 请介绍一下您为贵校海外分校项目工作时的职务和职能。

2. 在该所海外分校工作以前，你是否有高等教育的从业经历？

   有 ▸ 2.1 能否简要介绍一下之前的工作？

     愿意介绍 ▸ 2.2 海外分校工作经历和之前工作经历的对比。

     不愿介绍 ▸ 3

   无 ▸ 3

3. 哪些因素促使您选择到一所海外分校工作？

* Dimension 2 – Home and branch collaborations

Q4. Can you please describe the interactions and collaborations that occur between the branch campus and home institution?

Q5. In particular, can you describe your own role in interactions or collaborations between the branch and home institutions? (probe for specific examples)

维度 2——母校分校合作

4. 母校和分校之间有哪些交流合作？

5. 请重点介绍一下，与您本人相关的母校分校合作项目，您在当中发挥了怎样的作用？

* Dimension 3 – Working experience

Q6. What elements of your work would you say embody the home institution characteristics?

Q7. What elements of your work would you say embody the host country characteristics, and are specific to the branch campus?

Q8. Could you please share any examples of incidents in your work that highlight differences between U.S. and local country norms, values or customs?

* 维度 3——工作经历

6. 在您的工作中，哪些要素体现了美国母校的特征？

7. 在您的工作中，哪些要素体现了办学所在国的特征，是海外分校独有而美国母校没有的？

8. 您能否分享一些案例，能够代表美国和办学所在国社会规范、价值观念、文化传统方面存在的差异？

* Closing questions

Q9. Is there anything else you about the development or operation of the Abu Dhabi / Shanghai campus you would like to share that has not yet been covered in this interview?

Q10. Are there copies of any pertinent documents that you can share with me?

* 总结性提问

9. 除了上述问题，关于海外分校的建设发展和办学运行，您是否还有其他补充？

10. 您能否提供一些与海外分校相关的工作文件复件？

三、知情同意书

（一）英文版

ASSENT TO PARTICIPATE IN RESEARCH

TITLE: U.S. University Branch Campus Development and Localization Adjustment in Asia: A New Institutionalism Perspective

(IU IRB Protocol # 1901238418)

What are the purposes, procedures of this research?

This study intends to identify the tensions, challenges, strategies, and experiences of the U.S. universities in the process of developing their Asian branch campuses.

The subjects will be asked several open-ended interview questions during an interview that will take between 1 and 1.5 hours to complete. The interview will be conducted once for each subject. The mode of interview, whether face-to-face or online (Zoom, Skype), will be jointly decided by the researcher and participant. The interview questions ask about organizational practices and working experience.

Why am I being asked to be in this research study?

You are being asked to participate in this research because you are currently or were previously employed as an administrator, faculty or staff within the U.S. home universities' relevant offices engaged in Asian branch campus development or in branch campus operations.

What are the reasonably foreseeable risks or discomforts to me?

The potential risks for you are minimal, however, some questions may lead to possible minor psychological discomfort (e.g. when it comes to personal working experience). The subjects are free to stop the interview and withdraw from the research at any time. Your answers will not adversely influence the relationship between you and your institution, firstly, no value-judgment questions related to the institutions' performance and quality will be asked; secondly, all the identifiable private information will be maintained as confidential with access only by the researcher.

Are there any benefits to me or to others that may reasonably be expected?

If you agree to participate in the research, there will be no direct benefits to you personally. However, the data collected from the interview will contribute to the research field of international branch campus studies, helping to inform better understanding of the tensions, challenges, strategies, and experiences of higher education practices in different cultural settings. In addition to the scholarly community, the research findings may be enlightening for universities planning to open international branch campus.

How would the confidentiality of records identifying me will be maintained?

The researcher has been trained to maintain privacy. The identifiable private information collected includes names, affiliations, official job titles, and contact information. All data and records will be stored in encrypted files on university-based servers. Trackable personal identity will be stored separately from the response data. Every subject will be assigned a unique code when transcribing, analyzing and presenting data. Your information collected as part of the research, even with identifiers are removed, will not be used or distributed for future research studies.

Is participation in this study voluntary?

Yes, your participation in this study is voluntary. Refusal to participate will involve no penalty or loss of benefits to which you are otherwise entitled, and you may discontinue participation at any time without penalty or loss of benefits to which you are otherwise entitled.

Will I get money or payment for being in this research study?

You will not get any money for being in this research study.

Who can I ask if I have any questions?

Zheng You, E-Mail *

Number *

Address *

My choice:

If I write my name on the line below, it means that I agree to be in this research study.

Subject's signature   Date

Subject's printed name

Signature of person obtaining assent   Date

Name of person obtaining assent

（二）中文版

研究参与同意书

研究课题：新制度主义视角下美国大学的亚洲发展和本土调适

（印第安纳大学 IRB 审查编号：1901238418）

这项研究的目的和程序是什么？

本研究的目的在于探索美国大学在亚洲建设海外分校过程中经历的挑战、采用的策略、以及积累的经验。

研究者将向访谈对象提出几个开放式的问题，访谈时长大约在 1-1.5 小时之间，原则上，每个受访者仅参与一次访谈。访谈的形式可能是当面访谈，也可能是在线访谈（Zoom、Skype 等工具），具体形式将有研究者和受访者共同决定。访谈的问题与受访者所在机构的组织实践和工作经历相关。

为什么我会被邀请参与这项研究？

因为您目前或者曾经在相关的美国大学担任管理者、学术人员、行政人员，并参与到这所学校在亚洲开办海外分校的相关工作中。

这项研究对我可能造成哪些风险或不适？

本研究对您的潜在风险很低，当然，一些关于个人工作经历的问题可能造成您轻微的心理不适。您有权在任何时候要求停止访谈或者彻底退出本研究。您的回答不会对您和工作单位的关系带来负面影响：首先，本研究不涉及关于您工作单位绩效表现和办学质量的价值判断问题；其次，所有可识别的受访者个人信息都将被严格保密，自始至终只有研究者本人能够看到这些信息。

这项研究对我个人或者其他人有哪些潜在的利益？

如果您同意参与研究，您个人并不会获得直接的利益。受访者提供的信息会对海外分校这一学术领域的研究产生贡献，尤其有利于促进对海外办学机构在不同文化环境下办学挑战、策略和经验的理解。除了对这一学术领域，本研究的发现可能对规划开办海外分校的大学带来一些启发。

如何对我的个人信息保密？

研究者接受过相关训练。本研究可能采集的个人信息主要包括您的姓名、工作单位、职务、联系方式等，所有的数据和信息都将被加密储存在以大学网络服务器为基础的加密文档中。储存时会将个人信息和回答内容分离。访谈转录、分析、数据呈现时每一位受访者都会被分配一个编码。您回答的内容，即使在删除个人信息后，也不会再用于本研究之外的研究中。

参与是自愿的吗？

您的参与是完全自愿的。拒绝参与不会给您带来任何惩罚或利益损失。您也有权在任何时候选择退出研究，退出参与也不会给您带来任何惩罚或利益损失。

参与研究能获得金钱报酬吗？

您参与研究并不会得到金钱报酬。

我有问题可以联系谁？

尤铮/Zheng You，电子邮箱 *

电话 *

地址 *

Number

我的选择：

如果我在下面的横线上签名，即意味着我同意参与这项研究。

被试签名　　　　　　　　　　　　日期

被试的印刷体姓名

获得同意者签名　　　　　　　　　日期

获得同意者的印刷体姓名

（三）受访者签署的同意书示例

Every subject will be assigned a unique code when transcribing, analyzing and presenting data. Your information collected as part of the research, even with identifiers are removed, will not be used or distributed for future research studies.

Is participation in this study voluntary?
Yes, your participation in this study is voluntary. Refusal to participate will involve no penalty or loss of benefits to which you are otherwise entitled, and you may discontinue participation at any time without penalty or loss of benefits to which you are otherwise entitled.

Will I get money or payment for being in this research study?
You will not get any money for being in this research study.

Who can I ask if I have any questions?
Zheng You, youzh@iu.edu, youzheng@mail.bnu.edu.cn
(+1) 812-391-7578, 430 S Dunn St. Apt. #116, Bloomington, IN, US 47401　*or*
(186)13264163563, 19 Xinjiekouwai St. Student 6 Apt Bldg. #419, Beijing, China 100875

My choice:

If I write my name on the line below, it means that I agree to be in this research study.

_____　　　　　_____
Subject's signature　　　　　　　　　　Date

_____
Subject's printed name

Youzheng 尤铮　　　　　　　　　2019-07-04
Signature of person obtaining assent　　　Date

尤铮 Zheng You
Name of person obtaining assent

2

参考文献

一、中文（拼序）

（一）普通图书

1.[美]伯顿·克拉克，王承绪等译，高等教育新论——多学科的研究[M]，杭州：浙江教育出版社，2001：45。

2.[美]程星，大学国际化的历程[M]，北京：商务印书馆，2014：140，145。

3.[美]盖伊·彼得斯，王向民等译，政治科学中的制度理论："新制度主义"（第三版）[M]，上海：上海人民出版社，2016：6-11，18-20。

4.[美]赫伯特·鲁宾，[美]艾琳·鲁宾，卢晖临等译，质性访谈方法：聆听与提问的艺术[M]，重庆：重庆大学出版社，2010：184-197。

5.[美]杰克·弗林克尔，[美]诺曼·瓦伦，蔡永红等译，教育研究的设计与评估（第四版）[M]，北京：华夏出版社，2004：466。

6.[美]理查德·斯科特，姚伟等译，制度与组织：思想观念与物质利益（第3版）[M]，北京：中国人民大学出版社，2010：56，129-148。

7.[美]罗伯特·瑞米尼著，朱玲译，美国简史：从殖民时代到21世纪[M]，杭州：浙江人民出版社，2019：61。

8.[美]梅瑞迪斯·高尔，[美]乔伊斯·高尔，[美]沃尔特·博格，徐文彬等译，教育研究方法（第六版）[M]，北京：北京大学出版社，2016：322-325，329-332，406-409。

9.[美]莎兰·麦瑞尔姆，于泽元译，质化方法在教育研究中的应用[M]，重庆：重庆大学出版社，2008：80-84。

10. [美]约翰·布鲁贝克，王承绪等译，高等教育哲学（第 3 版）[M]，杭州：浙江教育出版社，2001：13-15。

11. [英]尤金·罗根著，廉超群，李海鹏译，征服与革命中的阿拉伯人[M]，杭州：浙江人民出版，2019：11-12。

12. 陈学飞，美国高等教育发展史[M]，成都：四川大学出版社，1989：142-143。

13. 邓辉，世界文化地理[M]，北京：北京大学出版社，2010：36-42。

14. 郝艳萍，美国联邦政府干预高等教育机制的确立[M]，杭州：浙江教育出版社，2015：225-264。

15. 黄振，列国志 阿里阿伯联合酋长国[M]，北京：社会科学文献出版社，2015：9。

16. 林金辉，中外合作办学教育学[M]，厦门：厦门大学出版社，2011：67-73。

17. 马张华，信息组织[M]，北京：清华大学出版社，2001：74。

18. 闵维方，文东茅，学术的力量：教育研究与政策制定[M]，北京：北京大学出版社，2010：247。

19. 王凌皓主编，中国教育史纲要（第二版）[M]，北京：人民教育出版社，2013：361。

20. 杨启光，教育国际化进程与发展模式[M]，北京：社会科学文献出版社，2011：226，236-237。

21. 张锡模，圣战与文明——伊斯兰与西方的永恒冲突[M]，北京：三联书店，2016：6。

22. 张祥龙，现象学导论七讲：从原著阐发原意（修订新版）[M]，北京：中国人民大学出版社，2011：3-6。

23. 赵厚勰，陈竞蓉主编，中国教育史教程（第二版）[M]，武汉：华中科技大学出版社，2018：158-159。

（二）学位论文

1. 高鹏，美国高等教育国际化的历程研究[D]，长春：吉林大学，2015：113，125-126。

2. 孙明辉，韩国仁川经济自由区发展及其与天津滨海新区比较研究[D]，长春：吉林大学，2016：9-10。

3. 王剑波，跨国高等教育理论与中国的实践[D]，上海：华东师范大学，2004：101，118-126，140。

4. 叶李娜，基于 CI 战略的大学形象塑造研究[D]，金华：浙江师范大学，2007：29-30。

5. 银丽丽，高等教育中外合作办学历史研究[D]，厦门：厦门大学，2014：14-56。

6. 张进清，跨境高等教育研究[D]，重庆：西南大学，2012：138-145。

7. 张曼，中外合作办学模式下孔子学院可持续发展研究——基于"协同框架"组织模型[D]，北京：北京师范大学，2016：2。

8. 赵丽，跨国办学的理论与实践研究[D]，上海：华东师范大学，2005：72。

（三）专著中析出的文献

1. [美]小艾姆斯·麦克金奈斯，州政府和高等教育[M]//[美]菲利普·阿特巴赫 等主编，施晓光等译，21 世纪的美国高等教育：社会、政治、经济的挑战（第 2 版），青岛：中国海洋大学出版社，2007：151-171。

2. 张恩迪，谢秉衡，圆梦浦东的上海纽约大学[M]//政协上海市委员会文史资料委员会，中共上海市委党史研究室，政协上海市浦东新区委员会编著，口述上海·上海改革开放系列：浦东开发开放（下册），上海：上海教育出版社，2014：5-10。

（四）期刊中析出的文献

1. [美]胡寿平，梅红，21 世纪美国高等教育面临的挑战[J]，新疆师范大学学报（哲学社会科学版），2015，36(02)：124-132+2。

2. [美]柯伟林，谢喆平译，中国世纪？——高等教育的挑战[J]，清华大学教育研究，2014，35(03)：1-8。

3. [美]理查德·斯格特，阎凤桥译，比较制度分析的若干要素[J]，北京大学教育评论，2007(01)：2-14+188。

4. [美]罗杰·L·盖格，刘红燕译，美国高等教育的十个时代[J]，北京大学教育评论，2006(02)：126-145+192。

5. [美]曾满超，王美欣，蔺乐，美国、英国、澳大利亚的高等教育国际化[J]，北京大学教育评论，2009，7(02)：75-102+190。

6. [美]伊万·塞勒尼，[澳]里亚兹·哈桑，[美]弗拉迪斯拉夫·马克西莫夫，朱颖哲，魏来，借非国民之力建设国家：海湾君主国的排外性移民体制——关于已经返回和即将去往阿拉伯联合酋长国的巴基斯坦移民的案例研究[J]，清华社会学评论，2018(01)：4-150。

7. 曾荣光，教育政策行动：解释与分析框架[J]，北京大学教育评论，2014(12)：68-89。

8. 陈·巴特尔，郭立强，"一带一路"建设背景下我国高等教育国际化的转型与升级[J]，国家教育行政学院学报，2018(03)：9-15。

9. 崔乃文，制度移植的困境与超越——中国研究型大学通识教育改革的路径选择[J]，高等教育研究，2019，40(07)：82-90。

10. 崔乃文，作为符号象征的通识教育与国家精英大学体系的建构——欧美与中国的案例比较研究[J]，江苏高教，2020 (01)：16-23。

11. 杜燕锋，美国高校海外分校：历程、现状与趋势[J]，外国教育研究，2016，43(04)：105-118。

12. 樊鹏飞，外国大学"海外分校"模式[J]，教育，2014，(20)：26。

13. 符金州，世界一流大学海外办学中的品牌管理研究——以美国纽约大学为例[J]，世界教育信息，2016，29(17)：59-62。

14. 高益民，美国高等教育模式在东亚的移植及其变种[J]，比较教育研究，2005(11)：34-39。

15. 郭建如，社会学组织分析中的新老制度主义与教育研究[J]，北京大学教育评论，2008(03)：136-151+192。

16. 郭洁，高校创设海外分校的意义及前景——以厦门大学马来西亚分校为例[J]，教育评论，2017，(03)：39-44。

17. 郭洁，厦门大学马来西亚分校办学之SWOT分析[J]，西南交通大学学报（社会科学版），2015，16(06)：59-65。

18. 郭强，"一带一路"视阈下的高等教育中外合作办学思考[J]，高校教育管理，2017，11(06)：83-88。

19. 胡斯嘉，双一流建设背景下我国高校中外合作办学现状及发展举措研究[J]，教育现代化，2018，5(10): 131-133。

20. 霍然，近30年东盟国家的高等教育国际化：以菲、马、新三国为例[J]，江苏高教，2018(12): 42-47。

21. 江波，美国高等教育质量认证概述——国际高等教育质量保障模式研究（一）[J]，世界教育信息，2012(8): 58-60。

22. 李均，屈西西，国内高水平大学学部制改革的现状与建议——基于23所"985工程"大学的考察[J]，江苏高教，2020(02): 9-14。

23. 林金辉，刘梦今，论中外合作办学的质量建设[J]，教育研究，2013，34(10): 72-78。

24. 林金辉，中外合作办学的规模、质量、效益及其相互关系[J]，教育研究，2016，37(07): 39-43。

25. 孟蕾，养成完全人格 培育硕学阅才——专访上海纽约大学校长俞立中[J]，留学，2018(16): 31-37。

26. 覃云云，橘生淮北则为枳？——跨境合作大学的制度两难[J]．清华大学教育研究，020，1(01):119-125。

27. 石鸥，中国教会大学——东吴大学[J]，书屋，2009(01): 1。

28. 石鸥，中国教会大学——沪江大学[J]，书屋，2009(05): 1。

29. 石鸥，中国教会大学——金陵大学[J]，书屋，2009(04): 1。

30. 石鸥，中国教会大学——金陵女大学[J]，书屋，2009(06): 1。

31. 石鸥，中国教会大学——圣约翰大学[J]，书屋，2009(03): 1。

32. 石鸥，中国教会大学——之江大学[J]，书屋，2009(08): 1。

33. 苏洋，赵文华，世界一流大学发展海外分校的特征与启示[J]，教育发展研究，2013，33(23): 33-38。

34. 孙端，加拿大专家：开设分校不应是加拿大大学国际化的主要途径[J]，世界教育信息，2012，25(19): 79。

35. 涂皓，海外分校样板解读[J]，教育，2014，(20): 21-23。

36. 王璞，美国大学海外分校全球扩张历史和战略研究[J]，比较教育研究，

2017，39(01)：17-23。

37. 王晓阳，张京顺，美国大学的社会责任与学术自由理念[J]，清华大学教育研究，2000(4)：115-121。

38. 王英杰，大学排行——问题与对策[J]，比较教育研究，2008(10)：1-5。

39. 吴蔚芬，外国大学日本分校的研究与启示[J]，比较教育研究，2005，(10)：86-90。

40. 武毅英，朱淑华，美国高等教育由大变强的特征及启示[J]，现代教育管理，2011(03)：109-113。

41. 夏泉，蒋超，三任华人校长与岭南大学的"中国化"转型[J]，高等教育研究，2015，36(04)：82-88。

42. 薛卫洋，境外大学海外分校发展的特点分析及经验借鉴[J]，高校教育管理，2016，10(04)：85-90。

43. 鄢晓，我国高校境外办学的动因分析和对策建议[J]，高校教育管理，2016，10(03)：66-70。

44. 阎凤桥，世界社会理论：新制度理论在世界现象研究中的应用[J]，中国高等教育评论，2017，7(01)：3-16。

45. 叶林，美国大学在日分校的历史、现状和将来[J]，清华大学教育研究，2005，(01)：27-33+57。

46. 殷晶晶，我国创建世界一流大学路径探究——基于世界大学排名分析[J]，江苏高教，2017(05)：25-28。

47. 尤铮，王世赟，高校海外分校建设现状、挑战与经验探析[J]，江苏高教，2019(11)：25-31。

48. 尤铮，美国高等教育学科评估的体系及标准研究——基于对两所大学教育学院的调研[J]，世界教育信息，2018，31(19)：40-47。

49. 喻恺，[英]胡伯特·埃特尔，瞿晓蔓，"一带一路"战略下我国高等教育国际输出的机遇与挑战[J]，清华大学教育研究，2018，39(01)：68-74。

50. 张晶，唐庆辉，刘建忠，公茂玉，叶凯臻，大国在南美洲的地缘影响分析[J]，世界地理研究，2019，28 (03)：11-22。

51. 张龙平，调适、规划与重建：抗战时期的中华基督教教育会[J]，抗日战争研究，2010(03)：90-105。

52. 张湘洛，英国大学海外办学实践及启示[J]，高等教育研究，2008，(05)：99-103。

53. 赵俊芳，胡函，安泽会，韩国高等教育卓越计划研究[J]，高教研究与实践，2013，32(04)：15-19+28。

54. 赵丽，澳大利亚发展海外分校的实践与经验[J]，全球教育展望，2014，43(08)：74-82。

55. 周光礼，蔡三发，徐贤春，王顶明，世界一流大学的建设与评价：国际经验与中国探索[J]，中国高教研究，2019(09)：22-28+34。

（五）报纸中析出的文献

1. 韩晓蓉，石剑峰，"中美混血"上海纽约大学奠基　重点培养金融人才[N]，东方早报，2011-03-29(A10)。

2. 姜泓冰，高校境外办学研讨会举行[N]，人民日报，2018-07-04(012)。

3. 林金辉，中外合作办学的政策趋势[N]，人民政协报，2017-01-04(010)。

4. 盛玉雷，喜看中国教育"走出去"[N]，人民日报，2018-03-30(01)。

5. 唐景莉，中国大学第一所海外分校将建[N]，中国教育报，2013-12-02(001)。

6. 唐昀，美国大学全球撒网开分校　海外办学显现财富身影[N]，经济参考报，2008-03-03(009)。

7. 新华社深圳，习近平同俄罗斯总统普京分别向深圳北理莫斯科大学开学典礼致贺辞[N]，人民日报，2017-09-14(001)。

8. 杨桂青编译，美国高校不惜财力"海外扩张"[N]，中国教育报，2006-04-07(006)。

（六）政策文献

1. 中华人民共和国国务院，中华人民共和国中外合作办学条例[Z]，2003-09-01。

（七）电子资源

1. 教育部，教育部批准终止部分中外合作办学机构和项目[EB/OL]，(2017-07-

04) [2018-07-08]，http://www.moe.gov.cn/jyb_xwfb/gzdt_gzdt/s5987/201807/
t20180704_341980.html。

2. 教育部，全国高等学校名单[EB/OL]，(2017-06-14) [2018-07-08]，
   http://www.moe.edu.cn/srcsite/A03/moe_634/201706/t20170614_306900.
   html。

3. 教育部教育涉外监管信息网，境外办学的现状如何？[EB/OL]，(2014-04-
   24) [2018-07-08]，http://www.jsj.edu.cn/n2/12068/12070/388.shtml.

4. 教育部中外合作办学监管工作信息平台，经审批的中外合作办学机构和
   项目名单[EB/OL]，(2018-07-05) [2018-07-08]，www.crs.jsj.edu.cn/aproval/
   getbyarea/1。

5. 上海纽约大学，2020 年本科招生简章（中国大陆学生）[EB/OL]，(2019-
   09-10) [2019-09-10]，https://shanghai.nyu.edu/cn/zsb/fangan/mainland.

6. 上海纽约大学，关于我们　上海纽约大学概况[EB/OL]，(2019-08-30)
   [2019-08-30]，https://shanghai.nyu.edu/cn/about/history.

7. 上海纽约大学，建校历程　大事记[EB/OL]，(2019-08-30) [2019-08-30]，
   https://shanghai.nyu.edu/cn/about/history。

8. 上海纽约大学，教师目录[EB/OL]，(2019-08-30) [2019-08-30]，https://shang
   hai.nyu.edu/cn/academics/faculty-directory。

9. 上海纽约大学，研究生与研究项目[EB/OL]，(2019-08-26) [2019-08-26]，
   https://shanghai.nyu.edu/cn/academics/graduate。

10. 上海纽约大学，专业与辅修专业[EB/OL]，(2019-08-26) [2019-08-26]，https://
    shanghai.nyu.edu/cn/academics/majors。

11. 新华网，陈宝生：中国已成为世界第三、亚洲最大的留学目的地国[EB/OL]，
    (2017-10-22) [2018-08-22]，http://www.xinhuanet.com/politics/19cpcnc/2017-
    10/22/c_129724590.html。

12. 中国教育在线，40 年四十人　探索、改革、创新　走向世界的中国高等教
    育　中国教育在线总编辑陈志文专访上海纽约大学校长俞立中[EB/OL]，
    (2019-09-10) [2019-09-10]，https://www.eol.cn/e_html/2018/40/yulz/。

13. 中华人民共和国外交部，阿拉伯联合酋长国国家概况[EB/OL]，(2019-08-

01) [2019-08-07]，https://www.fmprc.gov.cn/web/gjhdq_676201/gj_676203/yz_676205/1206_676234/1206x0_676236/。

二、外文（音序）

（一）普通图书

1. Cohen M.，Kisker B. The Shaping of American Higher Education: Emergence and Growth of the Contemporary System (Second Edition) [M]. Jossey-Bass Publishers, 2010: 438-450.

2. Davidson M. Abu Dhabi: Oil and Beyond[M]. London: Hurst & Company, 2009: 153.

3. Green M., Eckel P., Calderon L., et al. Venturing Abroad: Delivering U.S. Degrees Through Overseas Branch Campuses and Programs[M]. Washington DC, The United States of America: American Council on Education, 2007: 147-148.

4. Jackson T. The Encyclopedia of New York City[M], New Haven: Yale University Press, 1995: 848-849.

5. Sexton J. Standing for Reason: The University in a Dogmatic Age[M]. New Haven the United States of America: Yale University Press, 2019: 3-4, 20, 63, 73-74, 87, 100, 102-105, 106, 111.

6. Thelin J R. A History of American Higher Education (Second Edition) [M]. Baltimore, the United States of America: Johns Hopkins University Press, 2011: 41-42, 260-261, 319.

7. Yang D. T. American Universities in China: Lessons from Japan [M]. Lanham, the United Sates of America: Lexington Books, 2018: 11-16.

8. Ziguras C., Mcburnie G. Governing Cross Border Higher Education[M]. New York, the United States of America: Routledge, 2014: 141-143, 152-156.

（二）报告

1. Davies T., Wong W. UNESCO-APQN Toolkit: Regulating the Quality of Cross-Border Education[R]. Bangkok, Thailand: UNESCO Bangkok, 2006: 7.

2. Eaton J. An Overview of U.S. Accreditation[R]. Washington DC, the United States of America: Council for Higher Education Accreditation, 2015: 2, 4-5.

3. EI-Khawas E. Accreditation in the USA: Origins, Developments and Future Prospects [R]. Paris, France: UNESCO-International Institute for Educational Planning, 2001: 14.

4. Faculty Committee on The Global Network. Progress Report on Coordinated Hiring and Tenure Review across The Global Network [R]. New York, The United States of America: New York University, 2017.

5. Faculty Committee on The Global Network. Report and Recommendation on: NYUAD / NYUSH Coordinated Hiring & Review of Tenure-Stream Faculty at NYUAD and NYUSH [R]. New York, The United States of America: New York University, 2018.

6. Garrett R., Kinser K., Lane J., et al. Success Factors of Mature IBCs, 2017[R]. London, the United Kingdom: Observatory on Borderless Higher Education, 2017: 18-19, 71.

7. Green M., Kinser K., Eckel P. On the Ground Overseas: US Degree Programs and Branch Campuses Abroad[R]. Washington DC, The United States of America: American Council on Education, 2008: 15.

8. Gulf Research Center. Demography, Migration, and the Labour Market in the UAE[R]. London, the United Kingdom: 2018: 3, 10.

9. Helms R. Transnational Education in China: Key Challenges, Critical Issues, and Strategies for Success[R]. (2008-05) [2017-09-12]. www.obhe.ac.uk/docu ments/download?id=397.

10. Klimke M. Labor Report to the Faculty Committee on the Global Network [R]. (2014-11-04) [2019-09-06]. https://www.nyu.edu/content/dam/nyu/provost/do cuments/Committees/NYUAD_Labor_Committee20Report.

11. Knight J. Borderless, Offshore, Transnational and Cross-border Education: Definition and Data Dilemmas[R]. London, the United Kingdom: The Observatory on Borderless Higher Education, 2005: 13-15.

12. Lawton W., Katsomitros, A. International Branch Campuses: Data and Developments [R]. London, the United Kingdom: The Observatory on Borderless Higher Education, 2012: 3.

13. Nardello & Co. Report of the Independent Investigator into Allegations of Labor and Compliance Issues During the Construction of the NYU Abu Dhabi Campus on Saadiyat Island, United Arab Emirates [R]. New York US: 2015: 69, 23-24.

14. NYU Abu Dhabi. UAE Highlights Report 2018-2019[R]. Abu Dhabi, the United Arab Emirates: NYU Abu Dhabi, 2019: 5.

15. NYUAD FCSC. Update: Labor Situation/Saadiyat and NYUAD [R]. (2014-05-27) [2019-09-06]. https://www.nyu.edu/content/dam/nyu/provost/documents/Committees/NYUADFCSCLaborCompliance.pdf.

16. Stéphan Vincent-Lancrin. Building Capacity Through Cross-Border Tertiary Education[R]. Paris, France: OCED, 2008: 1-43.

17. United Nations. World Economic Situation and Prospects Report 2019 [R]. New York, the United States: United Nations publication, 2019: 169-174.

18. World Bank Group. Women Business and the Law 2016: Getting to Equal[R]. Washington, DC, The United States of America: International Bank for Reconstruction and Development / The World Bank, 2015: 3-4.

19. World Economic Forum. The Global Gender Gap Report 2018[R]. Cologny/Geneva, Switzerland: World Economic Forum, 2018: 8.

（三）学位论文

1. Borgos J. An Examination of Interconnectedness between U.S. International Branch Campuses and Their Host Countries[D]. Albany, the United States of America: University at Albany, State University of New York. 2013: 80, 84-85.

2. Clifford, M. Assessing the Feasibility of International Branch Campuses: Factors Universities Consider when Establishing Campuses Abroad[D]. Santa Monica, CA: Pardee RAND Graduate School, 2015: 4-5.

3. Dumbre J. Curriculum Implementation at International Branch Campuses of United States Higher Educational Institutions in The Gulf Region: A narrative study[D]. Beaumont, the United States of America: Lamar University. 2013: 111-112.

4. Jauregui M. Cross-cultural Training of Expatriate Faculty Teaching in International Branch Campuses[D]. Los Angeles, the United States of America: University of Southern California. 2013: 7.

5. Laigo R. Recruiting Faculty Abroad: Examining Factors that Induced American Faculty to Work at Branch Campuses in Qatar's Education City[D]. Los Angeles, the United States of America: University of Southern California. 2013: 87-89.

6. Stanfield D. International Branch Campuses: Motivation, Strategy, and Structure[D]. Boston, the United States of America: Boston College. 2014: 25, 99-111, 240-244.

（四）标准文献

1. Commission for Academic Accreditation. Standards for Institutional Licensure and Program Accreditation[S]. Dubai, the United Arab Emirates: UAE Ministry of Education, 2019: 67.

2. Middle States Commission on Higher Education. Standards for Accreditation and Requirements of Affiliation (thirteenth version)[S]. Philadelphia, United States: MSCHE, 2015: 4-15.

3. Middle States Commission on Higher Education. Substantive Change Visits to Branch Campuses and Additional Locations[S]. Philadelphia, United States: MSCHE, 2007: 1-2.

（五）专著中析出的文献

1. Davies J. University Strategies for Internationalisation in Different Institutional and Cultural Settings: A Conceptual Framework[M]//Blok P. (eds) Policy and Policy Implementation in Internationalisation of Higher Education. Amsterdam, Dutch: European Association for International Education, 1995: 3-18.

2. Fred F. Harcleroad, Judith S. Eaton. The Hidden Hand: External Constituencies and their Impact[M]// Philip G. Altbach, Robert Oliver Berdahl, Patricia J. Gumport, (eds.). American Higher Education in the Twenty-first Century: Social, Political, and Economic challenges. Johns Hopkins University Press, 2005: 263.

3. Hopbach A. the OECD/UNESCO Guidelines for Quality Provision in Cross-Border Higher Education: Its Relevance for Quality Assurance in the Past and the Future[M]// Rosa M., Sarrico C., Tavares O., et al (eds.). Cross Border Higher Education and Quality Assurance - Commerce, the Services Directive and Governing Higher Education. London, the United Kingdom: Palgrave Macmillan, 2016: 183-201.

4. Keller G, Higher Education Management: Challenges and Strategies[M]// Forest J., Altbach P. (eds.) International Handbook of Higher Education. New York, the United States of America: Springer, 2007: 229-242.

5. McCormick A., Borden V. Higher Education Institutions, Types and Classifications of[M]// Teixeira P., Shin J. (eds.) Encyclopedia of International Higher Education Systems and Institutions. Dordrecht: Springer, 2017: 1-9.

6. Meyer J. Reflections: Institutional Theory and World Society[M]// Krücken G., Drori G. (eds.) World Society: The Writings of John W. Meyer. Oxford, the United Kingdom: Oxford University Press, 2010: 36-63.

7. Meyer J., Ramirez F. The world Institutionalism of Education[M]//Schriewer J. (eds.). Discourse Formation in Comparative Education. Frankfurt, Germany: Peter Lang Publisher, 2000: 111-132.

8. New York University. Faculty Handbook: A private University in the Public Service[M]. New York: New York University, 2018: 1, 4, 10-11.

9. Schofer E., Meyer J. The University in Europe and the World: Twentieth Century Expansion[M]//Krücken G., Drori G. (eds.) World Society: The Writings of John W. Meyer. Oxford, the United Kingdom: Oxford University Press, 2010: 355-369.

10. Van Antwerpen J, Kirp D., Star Wars New York University[M]//Kirp D. (eds.)

Shakespeare, Einstein, and the Bottom Line. New Haven: Harvard University Press, 2003: 66-89.

11. Zucker, L. G. The Role for Institutionalism in Cultural Persistence[M]//Powell W., DiMaggio P. (eds.). The New Institutionalism in Organizational Analysis. Chicago, the United States of America: The University of Chicago Press, 1991: 83-107.

（六）期刊中析出的文献

1. Ahmad S., Buchanan F., Ahmad N. Examination of Students' Selection Criteria for International Education[J]. International Journal of Educational Management, 2016, 30(6): 1088-1103.

2. Altbach P G, De Wit H. Internationalization and global tension: Lessons from history[J]. Journal of studies in international education, 2015, 19(1): 4-10.

3. Altbach P. Twinning and Branch Campuses: The Professorial Obstacle[J]. International Higher Education, 2007, 48: 107-109.

4. Altbach P. Why Branch Campuses May Be Unsustainable[J]. 2015(58): 2-3.

5. Bays D., Wacker G. The Foreign Missionary Enterprise at Home: Explorations in North American Cultural History[J]. Catholic Historical Review, 2004, 90(6): S93.

6. Beckert J. Institutional isomorphism revisited: convergence and divergence in institutional change[J]. Sociological Theory, 2010, 28(2): 150-166.

7. Beecher B., Streitwieser B. A Risk Management Approach for the Internationalization of Higher Education[J]. Journal of the Knowledge Economy, 2017(6): 1-23.

8. Bellini N., Pasquinelli C., Ravai S., et al. The Local Embeddedness of Foreign Campuses: The Case of Tongji University in Florence[J]. Journal of Studies in International Education, 2016, 20(4): 371–385.

9. Borgos J. Addressing Sustainable International Branch Campus Development Through an Organizational Structure Lens: A Comparative Analysis of China, Qatar, and the United Arab Emirates[J]. Chinese Education & Society, 2016,

49(4-5): 271-287.

10. Boyle B., Mcdonnell A., Mitchell R., et al. Managing Knowledge in Internationalizing Universities through Foreign Assignments[J]. International Journal of Educational Management, 2012, 26(3): 303-312.

11. Cai L., Hall C. Motivations, Expectations, and Experiences of Expatriate Academic Staff on an International Branch Campus in China[J]. Journal of Studies in International Education, 2016, 20(3): 207-222.

12. Chee C M, Butt M M, Wilkins S, et al. Country of origin and country of service delivery effects in transnational higher education: a comparison of international branch campuses from developed and developing nations[J]. Journal of Marketing for Higher Education, 2016, 26(1): 86-102.

13. Clifford M., Kinser K. How Much Autonomy do International Branch Campuses Really Have [J]. 2016(87): 7-9.

14. Crist J. U.S. Universities and International Branch Campuses[J]. International Enrollment Management Spotlight Newsletter, 2017, 14(01): 1-7.

15. Cynthia Miller-Idriss, Elizabeth Hanauer, Transnational higher education: offshore campuses in the Middle East[J], Comparative Education, 2011, 47(2): 181-207.

16. Dessoff A. Branching Out[J]. International Educator, 2007, 16(02): 24-30.

17. DiMaggio P., Powell W. The Iron Cage Revisited: Institutional Isomorphism and Collective Rationality in Organizational Fields[J]. Social Science Electronic Publishing, 1983, 48(2): 147-160.

18. Edwards R., Crosling G., Lim C. Organizational Structures for International Universities: Implications for Campus Autonomy, Academic Freedom, Collegiality, and Conflict[J]. Journal of Studies in International Education, 2014, 18(2): 180-194.

19. Escriva-Beltran M, Muñoz-de-Prat J, Villó C. Insights into international branch campuses: Mapping trends through a systematic review[J]. Journal of Business Research, 2019: 1-9.

20. Europe Council. Code of Good Practice in the Provision of Transnational Education[J]. Centre for Policy on Ageing, 2002(93): 4.

21. Farrugia C., Lane J. Legitimacy in Cross-Border Higher Education: Identifying Stakeholders of International Branch Campuses[J]. Journal of Studies in International Education, 2013, 17(4): 414-432.

22. Farrugia C., Lane J. Legitimacy in Cross-Border Higher Education: Identifying Stakeholders of International Branch Campuses[J]. Journal of Studies in International Education, 2013, 17(4): 414-432.

23. Gillespie S. The Practice of International Education in The Context of Globalization: A critique. Journal of Studies in International Education[J]. 2002, 6(3): 262-267.

24. Gilroy M. Colleges Going Global by Establishing Campuses Abroad[J]. The Hispanic Outlook in Higher Education, 2009, 19(18): 24-25.

25. Girdzijauskaite E., Radzeviciene A. International Branch Campus: Framework and Strategy[J]. Procedia - Social and Behavioral Sciences, 2014, 110: 301-308.

26. Goldstein P. Contract Management or Self-Operation: A Decision-Making Guide for Higher Education[J]. Cause/effect, 1993, 16: 6-10.

27. Green M. Campuses Abroad: Next Frontier or Bubble? [J]. New England Journal of Higher Education, 2009(5): 28.

28. Guimón J, Narula R. When Developing Countries Meet Transnational Universities: Searching for Complementarity and Dealing with Dual Embeddedness[J]. Journal of Studies in International Education, 2019, DOI: 10.1177/1028315319835536.

29. He L., Wilkins S. Achieving Legitimacy in Cross-Border Higher Education: Institutional Influences on Chinese International Branch Campuses in South East Asia[J]. Journal of Studies in International Education, 2017: 1-19.

30. Healey N. The Challenges of Leading an International Branch Campus: The "Lived Experience" of In-Country Senior Managers[J]. Journal of Studies in International Education, 2016, 20(1): 61-78.

31. Healey N. Towards A Risk-Based Typology for Transnational Education[J]. Higher Education, 2015, 69(1):1-18.

32. Healey N. When is an International Branch Campus? [J]. International Higher Education, 2014(78): 22-23.

33. Healcy N., Michael L. Towards a New Framework for Analysing Transnational Education[J]. Higher Education Policy, 2015, 28(3): 369-391.

34. Healey, N. The challenges of managing transnational education partnerships: The views of "home-based" managers vs "in-country" managers[J]. International Journal of Educational Management 2018, 32(2): 241-256.

35. Henderson M, Barnett R, Barrett H. New developments in transnational education and the challenges for higher education professional staff[J]. Perspectives: Policy and Practice in Higher Education, 2017, 21(1): 11-19.

36. Hu M, Willis L D. Towards a common transnational education framework: Peculiarities in China matter[J]. Higher Education Policy, 2017, 30(2): 245-261.

37. Johnson M A. American University Branch Campuses Abroad: A Conceptual Model for Strategic Planning[J]. Educational Planning, 2017, 24(1): 23-29.

38. Kinser K, Lane J. International Branch Campuses: Evolution of a Phenomenon[J]. 2016(85): 3-5.

39. Kinser K., Lane J. The Problems with Cross-Border Quality Assurance[J]. International Higher Education, 2013(73): 18-19.

40. Knight J, Morshidi S. The Complexities and Challenges of Regional Education Hubs: Focus on Malaysia[J]. Higher Education, 2011, 62(5):593-606.

41. Knight J. International Universities: Misunderstandings and Emerging Models? [J]. Journal of Studies in International Education, 2015, 19(2): 107-121.

42. Kosmützky A, Putty R. Transcending borders and traversing boundaries: A systematic review of the literature on transnational, offshore, cross-border, and borderless higher education[J]. Journal of Studies in International Education, 2016, 20(1): 8-33.

43. Lane J E, Kinser K, Knox D. Regulating Cross-border Higher Education: A Case Study of the United States[J]. Higher Education Policy, 2013, 26(2): 147-172.

44. Lane J, Kinser K. Managing the Oversight of International Branch Campuses in Higher Education[J]. Journal of Higher Education Policy & Management, 2014, 24(24): 1-10.

45. Lane J. Global expansion of international branch campuses: Managerial and Leadership Challenges[J]. New Directions for Higher Education, 2011, 2011(155): 5-17.

46. Lane J., Kinser K. Five Models of International Branch Campus Facility Ownership[J]. International Higher Education, 2013, 70: 9-10.

47. Lane J., Kinser K. Reconsidering Privatization in Cross-Border Engagements: The Sometimes Public Nature of Private Activity[J]. Higher Education Policy, 2011, 24(2): 255-273.

48. Lane J., Kinser K. The Private Nature of Cross-Border Higher Education[J]. International Higher Education, 2008, 53: 11-13.

49. Lee J T. Soft power and cultural diplomacy: Emerging education hubs in Asia[J]. Comparative Education, 2015, 51(3): 353-374.

50. Lien D. Economic Analysis of Transnational Education[J]. Education Economics, 2008, 16(2): 149-166.

51. Lien D., Wang Y. The Effects of a Branch Campus[J]. Education Economics, 2012, 20(4): 386-401.

52. Long K A. Battle of the Brand: Independent "American" Universities Abroad[J]. International Higher Education, 2018(95): 4-5.

53. Mahani S, Molki A. Internationalization of Higher Education: A Reflection on Success and Failures among Foreign Universities in the United Arab Emirates[J]. Journal of International Education Research, 2011, 7(3): 1-8.

54. Mazzarol T., Soutar G., Seng M. The Third Wave: Future Trends in International Education[J]. International Journal of Educational Management, 2003, 17(3): 90-99.

55. McCormick A., Zhao C. M. Rethinking and Reframing the Carnegie Classification[J]. Change: The Magazine of Higher Learning, 2005, (37)5: 51-57.

56. McMurtrie B. Culture and Unrealistic Expectations Challenge American Campuses in Japan[J]. Chronicle of Higher Education, 2000, 46: A57-58.

57. Meyer J. Globalization: Sources, and Effects on National States and Societies[J]. International Society, 2000(15): 235-250.

58. Meyer J. World Society, Institutional Theories, and the Actor[J]. Annual Review of Sociology, 2010, 36(1): 1-20.

59. Miranda M. Branching out[J]. Diverse, 2014, 6: 14-15.

60. Nieli K. From Christian Gentleman to Bewildered Seeker: The Transformation of American Higher Education[J]. Academic Questions, 2007, 20(4): 311-331.

61. Oliver C. Book review of The New Institutionalism in Organization Analysis[J]. Industrial & Labor Relations Review, 1993, 46(4): 735-736.

62. Qin Y., Te A. Cross-Border Higher Education in China: How the Field of Research Has Developed[J]. Chinese Education & Society, 2016, 49(4-5): 303-323.

63. Salt J., Wood P. Staffing UK University Campuses Overseas: Lessons from MNE Practice[J]. Journal of Studies in International Education, 2014, 18(1): 84-97.

64. Schmidt P. AAUP Urges Faculty Role in Protecting Workers' Rights on Overseas Campuses[J]. Chronicle of Higher Education, 2009, 55: 1-2.

65. Schofer E., Meyer J. The Worldwide Expansion of Higher Education in the Twentieth Century[J]. American Sociological Review, 2005, 70(6): 898-920.

66. Shams F, Huisman J. The role of institutional dual embeddedness in the strategic local adaptation of international branch campuses: Evidence from Malaysia and Singapore[J]. Studies in Higher Education, 2016, 41(6): 955-970.

67. Shams F., Huisman J. Managing Offshore Branch Campuses: An Analytical Framework for Institutional Strategies[J]. Journal of Studies in International

Education, 2012, 16(2): 106-127.

68. Siltaoja, M., Juusola, K., & Kivijärvi, M. "World-class" fantasies: A neocolonial analysis of international branch campuses [J]. Organization, 2019, 26(1), 75-97.

69. Tierney W., Lanford, M. An Investigation of the Impact of International Branch Campuses on Organizational Culture[J]. Higher Education, 2015, 70(2): 283-298.

70. Verbik L. The International Branch Campus: Models and Trends[J]. International Higher Education, 2006(46): 14-15.

71. Wilkins S. Establishing international branch campuses: a framework for assessing opportunities and risks[J]. Journal of Higher Education Policy and Management, 2016, 38(2): 167-182.

72. Wilkins S., Balakrishnan M. Assessing Student Satisfaction in Transnational Higher Education[J]. International Journal of Educational Management, 2013, 27(2): 9.

73. Wilkins S., Balakrishnan M., Huisman J. Student Choice in Higher Education: Motivations for Choosing to Study at an International Branch Campus[J]. Journal of Studies in International Education, 2012, 16(5): 413-433.

74. Wilkins S., Huisman J. Factors affecting university image formation among prospective higher education students: The case of international branch campuses[J]. Studies in Higher Education, 2015, 40(7): 1256-1272.

75. Wilkins S., Huisman J. Student Evaluation of University Image Attractiveness and Its Impact on Student Attachment to International Branch Campuses[J]. Journal of Studies in International Education, 2013, 17(5): 607-623.

76. Wilkins S., Huisman J. Student Recruitment at International Branch Campuses: Can They Compete in the Global Market[J]. Journal of Studies in International Education, 2011, 15(3): 299-316.

77. Wilkins S., Huisman J. The International Branch Campus as Transnational Strategy in Higher Education[J]. Higher Education, 2012, 64(5): 627-645.

78. Yokoyama K. Quality Assurance and the Changing Meaning of Autonomy and Accountability between Home and Overseas Campuses of the Universities in New York State[J]. Journal of Studies in International Education, 2011, 15(3): 261-278.

79. Zhang L., Kinser K. Independent Chinese-Foreign Collaborative Universitics and Their Quest for Legitimacy[J]. Chinese Education & Society, 2016, 49(4-5): 324-342.

（七）报纸中析出的文献

1. Archer J. NYU in Abu Dhabi: The Future Is Upon Us[N]. The Chronicle of Higher Education, 2012-06-27.

2. Correspondence from Chronicle readers. NYU Abu Dhabi Faculty: Our Partners Are Trying to Do Their Best[N]. The Chronicle of Higher Education, 2014-05-28.

3. Kaminer A., O'Driscoll S. Workers at N.Y.U.'s Abu Dhabi Site Faced Harsh Conditions[N]. The New York Times, 2014-05-18.

4. Kinser K., Lane J. The Rise of "Educational Sovereignty"[N]. the Chronicle of Higher Education, 2014-02-20.

5. Naidoo, A., Moussly, A. Co-education vs segregation Will co-education become more prevalent in the UAE soon? [N]. Gulf News, 2009-02-28.

6. Name Withheld. Is NYU a Guest in Abu Dhabi, or a Sanitizer? [N]. The Chronicle of Higher Education, 2012-08-15.

7. Ross A. Not Just Another Profit-Seeking Venture[N]. The Chronicle of Higher Education, 2011-12-04.

8. Sebugwaawo, I. Co-education in UAE helps to develop healthy gender ties[N]. Khaleej Times, 2018-09-22.

9. Stephanie S. N.Y.U. Professor Is Barred by United Arab Emirates[N]. The New York Times, 2015-03-16.

（八）政策文献

1. New York State Education Department. Application for Provisional

Authorization to Open a New York State College or University[Z]. 2019-03-25.

2. New York State Education Department. Application for Provisional Authorization to Open a New York State College or University[Z]. 2019-03-25.

3. New York State Education Department. Application for Registration of a New Program in a Licensed Profession[Z]. 2016-09-01.

（九）电子资源

1. Cross-Border Education Research Team. Branch Campus Listing[EB/OL]. (2017-01-20) [2018-06-06]. http://C-BERT.org/?page_id=34.

2. Cross-Border Education Research Team. Quick Facts[EB/OL]. (2017-01-20) [2018-06-06]. http://C-BERT.org/.

3. Cross-Border Education Research Team. International Campus Listing[D/OL]. (2021-02-14) [2021-03-27]. http://C-BERT.org/resources-data/intl-campus/.

4. Dubai International Academic City. About DIAC[EB/OL]. (2019-08-07) [2019-08-07]. http://www.diacedu.ae/about/about-diac/.

5. Embassy of the UAE, Washington DC. Women in the UAE[EB/OL]. (2019-09-15) [2019-09-15] https://www.uae-embassy.org/about-uae/women-uae.

6. Encyclopaedia Britannica. Coeducation[DB/OL]. (2019-09-15) [2019-09-15]. https://www.britannica.com/topic/coeducation.

7. Garrett R. Indian Business School Becomes Australian!? The Latest on International Branch Campuses of Indian Universities[EB/OL]. (2015-01-22) [2018-07-08]. http://www.obhe.ac.uk/documents/view_details?id=1021.

8. Incheon Global Campus. About IGC[EB/OL]. (2019-08-07) [2019-08-07]. http://www.igc.or.kr/en/igc01.do.

9. Indiana University Center for Postsecondary Research. Carnegie Classification of Institutions of Higher Education 2018 edition[DB/OL]. (2018-12-20) [2019-01-12]. http://carnegieclassifications.iu.edu/.

10. Institute of International Education. US Study Abroad Leading Institutions [EB/OL]. (2019-08-30) [2019-08-30]. https://www.iie.org/Research-and-Insights/Open-Doors/Data/US-Study-Abroad/Leading-Institutions.

11. Johns Hopkins University School of Advanced International Studies. Mission & History - Defining International Relations for 75 Years [EB/OL]. (2019-07-22) [2019-07-22]. https://sais.jhu.edu/about-us/mission-history.

12. Krieger Z. The Emir of NYU (on New York Magazine) [EB/OL]. (2008-04-10) [2019-08-01]. http://nymag.com/news/features/46000/.

13. Lakeland University Japan. History and Mission [EB/OL]. (2019-08-07) [2019-08-07]. http://luj.lakeland.edu/Inside-Lakeland/history-and-mission.

14. Middle States Commission on Higher Education. New York University [EB/OL]. (2018-10-29) [2019-09-13]. https://www.msche.org/institution/0360/#locations.

15. New York University [EB/OL]. (2019-09-10) [2019-09-10]. https://www.nyu.edu/new-york/calendar.html.

16. New York University. About NYU [EB/OL]. (2019-09-01) [2019-09-01]. https://www.nyu.edu/about.html.

17. New York University. Faculty Committee on NYU's Global Network Meeting Agendas & Minutes [DB/OL]. (2019-11-14) [2019-12-20]. https://www.nyu.edu/about/university-initiatives/faculty-advisory-committee-on-nyus-global-network/meeting-schedules-and-summaries.html.

18. New York University. Global Academic Partnerships and Affiliations [EB/OL]. (2019-08-26) [2019-08-26]. https://www.nyu.edu/faculty/global-academic-partnerships-and-affiliations.html.

19. New York University. History of NYU Milestones from 1831 to the Present [EB/OL]. (2019-08-25) [2019-08-25]. https://www.nyu.edu/about/news-publications/history-of-nyu.html.

20. New York University. Liberal Studies Mission Global Great Works in the Context of the Contemporary World [EB/OL]. (2019-09-01) [2019-09-01]. https://liberalstudies.nyu.edu/about/our-mission.html.

21. New York University. NYU at a Glance [EB/OL]. (2019-08-25) [2019-08-25]. https://www.nyu.edu/about/news-publications/nyu-at-a-glance.html

22. New York University. NYU Facts, NYU Abu Dhabi, NYU Shanghai [EB/OL]. (2019-09-10) [2019-09-10]. https://www.nyu.edu/admissions/undergraduate-admissions/nyu-facts.html.

23. New York University. NYU Mission Statement [EB/OL]. (2019-09-01) [2019-09-01]. https://www.nyu.edu/about.html.

24. New York University. Office of the President Emeritus [EB/OL]. (2019-08-30) [2019-08-30]. https://www.nyu.edu/about/leadership-university-administration/office-of-the-president-emeritus.html.

25. New York University. Schools and Colleges Adhering to the highest standard of academic enterprise and innovation [EB/OL]. (2019-08-26) [2019-08-26]. https://www.nyu.edu/academics/schools-and-colleges.html.

26. New York University. Studying Abroad [EB/OL]. (2019-08-26) [2019-08-26]. https://www.nyu.edu/academics/studying-abroad.html.

27. NYU Abu Dhabi. Academic Calendar 2019-2020 [EB/OL]. (2019-09-10) [2019-09-10]. https://nyuad.nyu.edu/en/academics/undergraduate/academic-ca lendar.html.

28. NYU Abu Dhabi. Academic Divisions [EB/OL]. (2019-08-26) [2019-08-26]. https://nyuad.nyu.edu/en/academics.html.

29. NYU Abu Dhabi. Class of 2023: NYUAD's Tenth and Largest Incoming Class [EB/OL]. (2019-10-09) [2019-10-10]. https://nyuad.nyu.edu/en/news/latest-news/community-life/2019/october/class-of-2023.html.

30. NYU Abu Dhabi. Graduate [EB/OL]. (2019-08-26) [2019-08-26]. https://nyuad.nyu.edu/en/academics/graduate.html.

31. NYU Abu Dhabi. NYU Abu Dhabi Welcomes Class of 2016 Comprising 151 Students from 65 Countries [EB/OL]. (2012-09-10) [2019-08-26]. https://nyuad.nyu.edu/en/news/latest-news/community-life/2012/september/nyu-abu-dhabi-welcomes-class-of-2016-comprising-151-students-fro.html.

32. NYU Abu Dhabi. NYUAD Welcomes Class of 2015 [EB/OL]. (2011-09-19) [2019-08-26]. https://nyuad.nyu.edu/en/news/latest-news/community-life/2011/

september/nyuad-welcomes-class-of-2015.html.

33. NYU Abu Dhabi. Sheikh Mohamed bin Zayed Scholars Program [EB/OL]. (2019-08-26) [2019-08-26]. https://nyuad.nyu.edu/en/academics/community-programs/sheikh-mohamed-bin-zayed-scholars-program.html.

34. NYU Abu Dhabi. Social Responsibility [EB/OL]. (2019-00-20) [2019-09-20]. https://nyuad.nyu.edu/en/about/social-responsibility/overview.html.

35. NYU Abu Dhabi. Vision and Mission About NYU Abu Dhabi [EB/OL]. (2019-09-01) [2019-09-01]. https://nyuad.nyu.edu/en/about/nyuad-at-a-glance/vision-and-mission.html.

36. NYU Shanghai. 2019-2020 Academic Calendar [EB/OL]. (2019-09-10) [2019-09-10]. https://shanghai.nyu.edu/academics/calendar.

37. NYU Shanghai. NYU Shanghai Admits 7% of International Applicants to Class of 2023[EB/OL]. (2019-04-19) [2019-08-30]. https://shanghai.nyu.edu/news/nyu-shanghai-admits-7-international-applicants-class-2023.

38. Observatory on Borderless Higher Education. Abstract of 2017 IBC Report [EB/OL]. (2017-12-06) [2018-06-06]. http://www.obhe.ac.uk/documents/view_details?id=1076.

39. Qatar Foundation. About QF- Introduction [EB/OL]. (2019-08-07) [2019-08-07]. https://www.qf.org.qa/about.

40. Qatar Foundation. Education City- Introduction [EB/OL]. (2019-08-07) [2019-08-07]. https://www.qf.org.qa/education/education-city.

41. Sexton J. Email to NYU Community on Thoughts on the Report from Nardello & Co. on Construction Labor on Saadiyat Island [DB/OL]. (2015-04-16) [2019-03-06]. https://www.nyu.edu/about/leadership-university-administration/office-of-the-president/communications/email-to-nyu-community-on-thoughts-on-the-report-from-nardello-and-co-on-construction-labor-on-saadiyat-island.html.

42. Sexton J. Global Network University Reflection [EB/OL]. (2010-12-21) [2019-08-30]. https://www.nyu.edu/about/leadership-university-administration/office-

of-the-president-emeritus/communications/global-network-university-reflection.
html.

43. Temple University – Japan Campus. About Temple - History [EB/OL]. (2019-03-17) [2019-07-27]. https://www.tuj.ac.jp/about/japan-campus/history.html.

44. Texas A&M University Qatar. Strategic Plan [EB/OL]. (2016-08-30) [2019-08-05]. https://www.qatar.tamu.edu/about/strategic-plan.

45. The American University of Paris. History of AUP[EB/OL]. (2017-03-17) [2019-07-25]. https://www.aup.edu/about/history-of-aup.

46. Top tier Admissions. NYU Class of 2023 16% Admission Rate - New Low [EB/OL]. (2019-11-10) [2019-11-10]. https://www.toptieradmissions.com/resources/college-admissions-statistics/nyu-acceptance-rates/.

47. Webster University. Webster University Announces MOU in Uzbekistan [EB/OL]. (2017-09-22) [2019-08-07]. http://news.webster.edu/global/2017/Uzbekistan-MOU.html.

48. Wikipedia. History of New York University [EB/OL]. (2019-08-25) [2019-08-25]. https://en.wikipedia.org/wiki/History_of_New_York_University.

49. World Bank. Country and Lending Groups [DB/OL]. (2019-06-30) [2019-09-30] https://datahelpdesk.worldbank.org/knowledgebase/articles/906519-world-bank-country-and-lending-groups.

50. 日本文部科学省, 外国大学等の日本校の指定[EB/OL]，(2019-06-01) [2019-08-05]，http://www.mext.go.jp/a_menu/koutou/shitu/08052204/1417852.htm。

后 记

　　本书是在我的博士学位论文的基础之上修改完成的。2017 年至 2020 年，我在北京师范大学国际与比较教育研究院攻读教育学（比较教育学专业）博士学位。"十三·五"期间，国际与比较教育研究院立项了"教育部人文社会科学重点研究基地"系列重大课题，本研究正是导师王璐教授主持的"中国高校海外办学战略研究"的课题成果之一。

　　博士学位论文的完成，得到了太多机构和老师的帮助。受国家留学基金委资助，在美国印第安纳大学教育学院维克多·伯顿（Victor Borden）教授和亚历山大·麦考密克（Alexander McCormick）教授的支持下，2018 年 9 月至 2019 年 9 月，我到美国进行了一年的联合培养。一年的学习短暂而宝贵，博士论文的主要研究工作均完成于这一阶段内。顾明远先生慷慨捐资，设立"顾明远教育研究发展基金"，为我在美国期间的实地调研解决了诸多燃眉之急；刘宝存、谷贤林、高益民、孙进四位老师指导了我的开题论证；高益民、马健生、滕珺三位老师指导了我的论文预答辩；张斌贤、叶富贵、邓友超三位老师指导了我的论文答辩，并做出通过答辩的决议。

　　虽然已经毕业，我的学术成长道路仍然有幸得到国际与比较教育研究院诸位师长的提携。经刘宝存教授引荐，我的论文得以加入"木兰比较高等教育丛书"出版计划。书稿修改期间，导师王璐教授再一次全力相授，提出了许多宝贵建议。虽业已定稿，仍有诸多不尽满意之处，唯有以此为激励，带着当下的不完美和对完美的良好期待，学路迢迢，继续修行！

　　最后，对花木兰文化事业有限公司给予青年学人的支持，表示诚挚的感谢。

2021 年 9 月